Ulrich Gebhard | Britta Lübke | Dörthe Ohlhoff |
Malte Pfeiffer | Wolfgang Sting (Hrsg.)
Natur – Wissenschaft – Theater

Ulrich Gebhard | Britta Lübke |
Dörthe Ohlhoff | Malte Pfeiffer |
Wolfgang Sting (Hrsg.)

Natur
Wissenschaft
Theater

Performatives Arbeiten im Fachunterricht

BELTZ JUVENTA

FSC
www.fsc.org
MIX
Papier aus verantwortungsvollen Quellen
FSC® C089473

Dieses Buch ist erhältlich als:
ISBN 978-3-7799-3918-4 Print
ISBN 978-3-7799-5165-0 E-Book (PDF)

1. Auflage 2019

in der Verlagsgruppe Beltz · Weinheim Basel
Werderstraße 10, 69469 Weinheim

Herstellung: Hannelore Molitor
Satz: Christine Groh, Frankfurt am Main
Druck und Bindung: Beltz Grafische Betriebe, Bad Langensalza
Printed in Germany

Weitere Informationen zu unseren Autor_innen und Titeln finden Sie unter: www.beltz.de

Inhalt

Vorwort

Performative Akte spielen in der Kunst, aber auch in vielen Alltagssituationen eine produktive (bildungsrelevante) Rolle. In schulischen Lern- und Bildungskontexten ist die Dimension des Performativen allerdings eher unreflektiert. Zumindest bleiben inhaltsbezogene Lern- und Bildungsprozesse dabei ausgeklammert.

Genau hier setzt das Buch an. Es geht uns darum, die im Performativen zu findenden leiblich-körperlichen und situativen Aktionsformen und (Selbst-)Inszenierungen auch für inhaltliche Lern- und Bildungsprozesse zu erschließen. Hier kann das didaktische Potenzial des Performativen deutlich werden.

In diesem sich überlappenden Spannungsfeld von Performativität und Bildung ist die Verknüpfung von Naturwissenschaft und Theater vielversprechend. Mit der Verbindung von naturwissenschaftlich-kognitiver und ästhetisch-performativer Bildung können sich viele Möglichkeiten eröffnen, Welt und Selbst in Beziehung zu setzen. Dabei geht es nicht darum, Theater als Methode für fachliche Lern- und Bildungsprozesse zu instrumentalisieren. Vielmehr geht es um einen Dialog beider Zugänge, die einen unterschiedlichen Blick auf die Welt und das Selbst werfen.

In dem Buch wird zunächst eine theoretische Grundlegung und Begründung für die Produktivität der hier vorgeschlagenen Verbindung von performativen Zugängen und inhaltlich orientierten Lern- und Bildungsprozessen skizziert. Vor diesem Hintergrund werden (erprobte) Projekte und Unterrichtssettings vorgestellt. Alle Beiträge zeichnen sich aus durch ihre jeweils spezifische Verknüpfung von theatralen, performativen, künstlerischen Zugängen und inhaltlichen Akzenten aus dem Bereich der Naturwissenschaften oder Philosophie (Themenbeispiele: Tiere, Nachhaltigkeit, Klima, Wasser, Proteinbiosynthese, Gentechnik).

Ulrich Gebhard, Britta Lübke, Dörthe Ohlhoff, Malte Pfeiffer, Wolfgang Sting
Hamburg im März 2019

Ulrich Gebhard, Britta Lübke, Dörthe Ohlhoff,
Malte Pfeiffer, Wolfgang Sting

Performatives Arbeiten im Fachunterricht

Theoretisch-konzeptionelle Überlegungen am Beispiel des Biologie- und Theaterunterrichts

Wenn die Biologie auf der Bühne erscheint und das Theater die Vorhänge im Fachraum hochzieht, dann geht an vielen Stellen das Licht an. Neues wird denkbar, Altes durchleuchtet und stellenweise herrscht auf ein Neues Dunkelheit. Der Klassenraum wird zur Bühne und damit zum Experimentierfeld: Proteinbiosynthese als Theaterszene, Naturkatastrophen als Performance, ein Theaterstück zu Tierethik oder Klimaforschung. Was passiert, wenn sich Künste wie Theater und Performance mit Themen der Wissenschaft, wie zum Beispiel denen der Biologie beschäftigen? Was geschieht, wenn sich die Naturwissenschaften den Arbeits- und Darstellungsweisen des Theaters öffnen?

Die Grundannahme des vorliegenden Buches ist, dass das Zusammenspiel zweier vermeintlich unterschiedlicher Wissensformen bzw. Weltzugänge – Künste versus Naturwissenschaften – im Kontext von Schule, Unterricht und Bildung produktiv sein kann. Dieses einleitende Kapitel stellt konzeptionelle Überlegungen und vor allem theoretische Kontextualisierungen darüber zusammen, wie und warum theatrale und naturwissenschaftliche Zugänge zu (Lern-)Gegenständen aufeinander bezogen werden können. Dabei werden verschiedene theoretische Positionen und Zugänge zusammengeführt, die sich zum Teil in einem Spannungsverhältnis zueinander befinden. Insofern wird hier kein geschlossenes Theoriegebäude präsentiert. Vielmehr geht es darum, aus den unterschiedlichen Perspektiven aufzuzeigen, wie sich das Zusammenspiel zwischen Biologie und Theater zusammen- und weiterdenken lässt.

1. Biologie auf der Bühne

Eine Verbindung von Biologie und Theater
eröffnet „Schauplätze"
für eine Auseinandersetzung
mit „großen Fragen" der Menschheit.

Die moderne Biologie mit ihrem Potenzial, sowohl die äußere Natur als auch die Natur des Menschen zu verändern, ist in besonderer Weise dazu prädestiniert, politische und ethische Fragen zu provozieren, die gewissermaßen eine „Bühne" zur Verhandlung erfordern. Dazu kommt, dass die moderne Biologie oft implizit Welt- und Menschenbilder aktualisiert und transportiert, die den öffentlichen Diskurs zwar stark beeinflussen, aber nur selten explizit gemacht werden (vgl. Gebhard 2015a; Ah-King 2014). Auch in der außerschulischen und schulischen Theaterarbeit wurden und werden natürlich schon immer gesellschaftliche Vorstellungen und Verhältnisse, Themen des Menschseins sowie daraus erwachsende Fragen und Herausforderungen bearbeitet und inszeniert. Dabei spielen die Naturwissenschaften oder spezifischer die Biologie bislang jedoch nur selten eine zentrale Rolle, wenn man einmal davon absieht, dass in vormodernen Spektakeln, Kuriositätenkabinetten, Jahrmärkten oder Wunderkammern bereits eine Verzahnung von theatraler Präsentation und naturwissenschaftlichem Erkenntnisinteresse zu finden war (vgl. Peters 2011). Im zeitgenössischen Theater der letzten Jahre lassen sich jedoch einige Ansätze beobachten, die ganz dezidiert Theater und Naturwissenschaften in ein produktives Wechselverhältnis setzen. Wenn beispielsweise das Theaterkollektiv *Rimini Protokoll* mit „brain projects" (2016) einen Versuch unternimmt, Erkenntnisse und Fragen der Hirnforschung auf die Bühne zu bringen oder aber im Projekt „Welt-Klimakonferenz" (2015) die Themen und Abläufe einer solchen Konferenz performativ reinszeniert, dann werden an dieser Stelle naturwissenschaftliche Gegenstände mit den Mitteln des Theaters bearbeitet. Weitere solche Verknüpfungsbeispiele im professionellen Theater sind Produktionen wie „Bauen nach Katastrophen" von Eva Meyer-Keller und Sibylle Müller, „Ein Bankett für Tiere" der *Frl. Wunder AG*, „Liquids" des *Fundus Theaters Hamburg* oder „8 Stunden (mindestens)" von *Turbo Pascal.* Diese Projekte nähern sich mit theaterästhetischen Mitteln naturwissenschaftlichen Fragen oder Phänomenen wie der Katastrophenforschung, dem Verhältnis von Mensch und Tier, den Eigenschaften von Flüssigkeiten oder der Beschaffenheit und Bedeutung des Schlafes (siehe auch die Beiträge von Müller et al., Hinz, Kowalski in diesem Band).

Auch wenn entsprechende Ansätze in der schulischen Praxis bisher nur selten realisiert wurden, machen diese Beispiele doch deutlich, dass im Theaterunterricht auch die Welt vermeintlich objektiver Wissensbestände zum Thema gemacht werden kann. Das Theater eröffnet hier eine andere, nämlich ästhetische Perspektive auf diese Gegenstände und damit neue Sichtweisen auf die Wirklichkeit. Dabei geht es weniger darum, Fragen final zu beantworten und objektives Wissen zu generieren, als vielmehr darum, Fragen zu stellen, Konflikte oder Widersprüchlichkeiten aufzuzeigen und so subjektive und leiblich-performative Zugänge zum Bestandteil der Auseinandersetzung mit der Welt zu machen.

Im Biologieunterricht wiederum geht es nicht nur um naturwissenschaftliche Zusammenhänge, sondern auch um die durch biologische Inhalte aktualisierten Welt- und Menschenbilder, gesellschaftlichen Problemlagen und subjektiven Vorstellungen. So werden (wenn auch häufig nur implizit) Elemente des Selbst- und Weltverhältnisses von Subjekten verhandelt, was geradezu den Bildungsanspruch des Biologieunterrichts ausmacht (vgl. Gebhard/Höttecke/Rehm 2016). Bildung verstehen wir dabei nicht als rein inhaltsbezogenes, sondern als prozesshaftes Geschehen im Sinne der Theorie transformatorischer Bildungsprozesse (vgl. Koller 2012a). Ein Bildungsprozess wird dabei als eine Transformation von Welt- und Selbstverhältnissen konzeptualisiert, die sich angesichts einer Problemlage vollzieht, die mit den Figuren des bisherigen Welt- und Selbstverhältnisses allein nicht produktiv bearbeitet werden kann. „Bildung ist demnach – um eine aktuellere Formulierung aufzugreifen – nicht nur als Kompetenzerwerb, sondern vielmehr als eine grundlegende Veränderung der gesamten Person zu begreifen“ (Koller 2012b, S. 20). Für solche Transformationen kann Theater einen Raum eröffnen, der insofern Bildungspotenzial birgt, als dass aktuelle Welt- und Selbstverhältnisse „auf die Bühne“ kommen und damit verhandelbar und zur Disposition gestellt werden. Eine Kombination mit aktuellen naturwissenschaftlichen Problemlagen bietet eine Möglichkeit, auch den gesellschaftlichen Aspekt des Welt- und Selbstverhältnisses zur Sprache zur bringen. Performative Prozesse in der Verkörperung und Darstellung von Selbst und Welt beinhalten nämlich neben der subjektiven Handlungsebene auch immer Momente der Reflexion und Gegenstandsbezogenheit. Theaterarbeit als ästhetische und künstlerische (Lern-)Praxis reproduziert Wirklichkeit nicht nur, sondern personifiziert, verfremdet und transzendiert diese. Performative Akte sind subjektive Deutungsmuster und Inszenierungen, die in der öffentlichen Darstellung als Performance objektiviert werden, da sie das subjektive Sprechen bzw. Zeigen in einen öffentlichen Kontext stellen und somit Kommunikation ermöglichen.

Einem Phänomen nähern sich Menschen stets – folgt man den Überlegungen der Kulturpsychologie von Ernst Boesch (1980) – auf zwei Weisen: Objektivierung und Subjektivierung stellen danach je eine besondere Art der Beziehung dar, die das Individuum (Subjekt) zu einem Gegenstand (Objekt) entwickelt. Unter Objektivierung verstehen wir in Anlehnung an Boesch das Streben nach einer systematisierten, intersubjektiven Wahrnehmung, Beschreibung und Erklärung der empirischen und rational zugänglichen Welt. Bei der Subjektivierung dagegen handelt es sich um die Bedeutungen der Dinge, die in subjektiven Vorstellungen, Phantasien, Narrationen zum Ausdruck kommen. Ein zentraler pädagogisch-didaktischer Gedanke im Hinblick auf diesen Vorgang ist, dass durch das Aufeinander-Beziehen von subjektivierenden und objektivierenden Deutungen Lern- und Bildungsprozesse in ihrer Komplexität betrachtet und sinnvoll interpretiert werden können (siehe ausführlich Gebhard 2015b; Combe/Gebhard 2012). Das bedeutet und erfordert, dass neben der gewissermaßen faktischen Bedeutung eines (Lern-)Gegenstandes auch die subjektive, symbolische, oft latente Bedeutung der Phänomene zu erschließen ist, also zum Gegenstand expliziter Reflexion und Diskussion gemacht werden muss.

Prozesse des Verstehens von Selbst und Welt, also Sinn-Bildungsprozesse, umfassen beides – Subjektives und Objektives. Sie setzen die Interaktion zwischen Subjekt und Objekt voraus, sind also auf den Erfahrungs- und Wissenshorizont der Verstehenden angewiesen, darauf, dass diese gleichsam Beziehung auch zu Gegenständen aufnehmen (vgl. Gebhard 2016). Letztlich geht es in dieser Logik also auch um eine Begegnung und Verbindung von Kunst als stärker subjektivierendem und Naturwissenschaft als stärker objektivierendem Zugang. Bildungsprozesse ereignen sich also – folgt man diesen Überlegungen – zwischen subjektivierenden und objektivierenden Anteilen des Weltbildes, in der Aushandlung des Selbst-und Weltverhältnisses. Wir müssen damit unterscheiden zwischen den vermeintlich objektiven Methoden und Strukturen der Wissenschaft, die Grundlage für den „Schulstoff" sind, und den darüber hinaus gehenden subjektiven Bedeutungen der (Lern-)Gegenstände.

2. Die performative Dimension von Bildung

Eine Verbindung von Biologie und Theater
befragt im Wechselspiel von inhaltsorientierter und
ästhetisch-performativer Bildung
das Verhältnis von Selbst und Welt.

Angesichts dieser Verbindung von Biologie und Theater werden die Erfahrungen aus der performativen Wende (performative turn) in den Kultur-, Kunst- und Sozialwissenschaften auch für die Bildungs- und Erziehungswissenschaft zur Betrachtung und Einordnung von Lern- und Bildungsprozessen (vgl. u. a. Fischer-Lichte 2012 und Wulf/Zirfas 2007) relevant.[1]

1 Mit „performative turn" wird seit den 1960er Jahren – mit Rückgriff auf John Austins Sprechakttheorie (1962), die besagt, dass es in Ergänzung von zu beschreibenden auch performative Akte des Sprechens (und Handelns) gibt, die wirklichkeitskonstituierende

Ein performativ orientiertes Bildungsverständnis sieht und ermöglicht Bildungsanlässe in der Bereitstellung von Lern- und Erfahrungsräumen, die im performativen Handeln (z. B. Theater) sprachliche, körperliche und handlungsorientierte Aktivitäten und Inszenierungen anregen. Dabei geht es primär um das phänomenale Geschehen als wirklichkeitskonstituierendes Handeln, das aus- und aufgeführt wird. So können insbesondere die im Performativen zu findenden leiblich-körperlichen und situativen Aktionsformen und (Selbst-)Inszenierungen durch ihre Erfahrungs- und Subjektorientierung auch für inhaltliche Lern- und Bildungsprozesse erschlossen werden.

> „Das Bildungspotential performativer Prozesse liegt in ihren kreativen und wirklichkeitserzeugenden Momenten, die Dispositionen und Disponibilitäten der Beteiligten hervorbringen können. Im performativen Fokus wird der Begriff der Bildung erweitert; denn das reflexive Potential der traditionellen Bestimmung des Begriffs wird beibehalten und um die Bildungsprozesse ergänzt, die nicht nur als kognitive, sondern auch als körperliche, soziale, situative und inszenierte Prozesse verstanden werden" (Wulf/Zirfas 2006, S. 299).

Unsere grundlegende Annahme ist, dass Lern- und Bildungsprozesse – schulisch wie außerschulisch – an Tiefe gewinnen können, wenn neben der Vermittlung von Wissensbeständen die performative Seite der Beziehung zu (Lern-)Gegenständen eine besondere Zuspitzung erfährt, indem sie inszeniert, sinnlich, körperlich-leiblich oder handelnd erfahrbar wird. Es kann sich eine wechselseitige Verdichtung und Ergänzung von inhaltlichem und ästhetischem Lernen ereignen, indem die Auseinandersetzung mit einem (z. B. naturwissenschaftlichen) Thema nicht nur auf fachlich-kognitiver Ebene, sondern auch auf subjektiver und künstlerisch-performativer Ebene wahrgenommen, erlebt, erforscht, verkörpert und gezeigt wird. In diesem Spannungsfeld von Performativität und Bildung erscheint die Verknüpfung von ästhetischen und gegenstandsorientierten Lern- und Bildungsprozessen insofern vielversprechend, als im Zusammenspiel von inhaltsorientierter und ästhetisch-performativer Bildung Welt und Selbst in besonderer Weise miteinander in Verbindung gesetzt und befragt werden können.

Bedeutung haben – eine elementare Verschiebung in der Praxis und Reflexion der (szenischen) Künste bezeichnet. Im Zentrum steht nicht mehr die Repräsentation von Text oder Rolle, sondern die unmittelbare Präsentation und Aktion von leiblich-körperlichen Handlungen. Somit wird die Handlung und Handlungsfähigkeit der Akteure, die Präsenz, Körperlichkeit und Materialität der Performance in den Blick genommen und herausgestellt (vgl. Fischer-Lichte 2004).

In diesem Zusammenhang ist auf den pädagogisch-didaktischen Ansatz der Alltagsphantasien (vgl. Gebhard 2007; 2015a) zu verweisen, der die Bedeutung der symbolischen, intuitiven, vorbewussten Vorstellungswelten und deren Reflexion hervorhebt. Die zentrale Annahme des Konzepts der Alltagsphantasien ist, dass die explizite Reflexion assoziativer und intuitiver Vorstellungen die Beschäftigung mit (Lern-)Gegenständen vertieft und damit subjektiv bedeutsame, persönlichkeitswirksame Lern- und Bildungsprozesse ermöglicht. Alltagsphantasien gehen zum Teil weit über die jeweils thematisierte fachliche Dimension hinaus, ermöglichen ein breites Spektrum von Anknüpfungsmöglichkeiten für eigene Sinnzuschreibungen und Bedeutungen und transportieren Figuren des Selbst-, Menschen- und Weltbildes. Der entscheidende Akzent dabei ist nicht nur, dass diese intuitiven Vorstellungen die Beschäftigung mit (Lern-)Gegenständen begleiten, sondern dass deren ausdrückliche Berücksichtigung die Auseinandersetzung mit diesen Gegenständen vertieft und damit eine neue, eine sinnkonstituierende Dimension und einen Erfahrungsprozesses eröffnet (Combe/Gebhard 2007). Die explizite Reflexion von Alltagsphantasien und den damit verbundenen Welt- und Menschenbildern kann bei der Beschäftigung mit performativ-künstlerischen, insbesondere theatral-szenischen Zugängen auch zum Element für kulturelle Bildung gemacht werden und zugleich eine Verbindung zu biologie- bzw. naturrelevanten Themen herstellen.

Mit dem an John Dewey angelehnten pragmatistischen Verständnis des Erfahrungsprozesses verbunden ist der Vorgang einer sich fortentwickelnden Wechselwirkung zwischen Subjekt und Objekt der Erfahrung. Ein wesentliches Merkmal des Erfahrungsbegriffes von Dewey (1916/2011) ist der Gedanke, dass erst ein Erlebnis, das zum Gegenstand der Reflexion gemacht wurde, zu einer persönlichkeitswirksamen Erfahrung werden kann. In diesem Zusammenhang verstehen wir den performativen Zugang zu Gegenständen als eine besondere Form der gleichermaßen diskursiven wie präsentativen Reflexion (vgl. Langer 1965). Susanne Langer unterscheidet in ihren symboltheoretischen Überlegungen zwischen diskursiven und präsentativen Symbolen. Im Unterschied zu sprachlich-diskursiver Symbolik zeichnet sich die präsentative Symbolik durch Bildhaftigkeit, Gleichzeitigkeit und Bedeutungsoffenheit aus. Präsentative Symboliken sind geeignet, Inhalte zu transportieren, die sich der sprachlichen Darstellung widersetzen. Durch die Komplexität einer theatralen Szene sind Emotionen, Ganzheiten, Dispositionen anders darstellbar als in diskursiver Sprache.

> „Die Anerkennung des präsentativen Symbolismus als eines normalen Bedeutungsvehikels von allgemeiner Gültigkeit erweitert unsere Vorstellung von Rationalität weit über die traditionellen Grenzen hinaus und wird doch der Logik im strengsten Sinne niemals untreu. Wo immer ein Symbol wirkt, gibt es Bedeutung; andererseits entsprechen verschiedene Erfahrungstypen – wie Erfahrung durch Verstand, Intuition, Wertschätzung – verschiedenen Typen symbolischer Vermittlung“ (Langer 1965, S. 229).

Durch die Kombination von diskursiven und szenischen Zugängen werden diskursive und präsentative Symboliken aufeinander bezogen und bereichern sich auf komplementäre Weise gegenseitig. Denn:

> „Präsentative Symbole entstammen einer Symbolbildung, die lebenspraktische Entwürfe unter und neben dem verbalen Begreifen in sinnlich greifbaren Gestalten artikuliert. [...] Artikulation der Ganzheit in ihrer sinnlichen Fülle – das ist der Vorteil der präsentativen Symbole, erkauft mit dem Nachteil, das Erfahrene nicht ‚auf der Wäscheleine sprachlicher Diskursivität' aufhängen zu können" (Lorenzer 1984, S. 23).

3. Erfahren, Experimentieren, Reflektieren

In der Verbindung von Biologie und Theater
begegnen sich naturwissenschaftliche und
theatral-ästhetische Vermittlungsprozesse
in den zentralen Handlungsweisen des
Erfahrens, Experimentierens und Reflektierens.

Die einführenden Lehrwerke in die Fachdidaktik Biologie betonen an verschiedenen Stellen den allgemeinbildenden Gehalt des Biologieunterrichtes und arbeiten dabei als ein Hauptanliegen des Biologieunterrichtes die Entwicklung eines naturwissenschaftlichen Weltverständnisses heraus (vgl. Spörhase 2013; Kattmann 2013; Mayer 2013; Killermann/Hierig/Starosta 2013). Das bedeute neben dem Erwerb von Kompetenzen auch die Befähigung zur gesellschaftlichen Teilhabe sowie die Persönlichkeitsentwicklung. Das Ziel der Teilhabe an Gesellschaft und Diskurs ist dabei ein zentrales Element des Scientific-Literacy-Ansatzes (vgl. z. B. Gräber et al. 2002). Als Grundlage dieser naturwissenschaftlichen Grundbildung wird dabei besonders ein reflektiertes Verständnis des Wesens und der Bedeutung der Naturwissenschaften (Nature of Science) proklamiert. Falkenhausen (2000, S. 7) sieht dabei in „der auf das Weltverständnis des zukünftigen Bürgers zielenden wissenschaftspropädeutischen Unterweisung die Möglichkeit, wissenschaftliches Vorgehen vorzustellen, einzuüben, zu reflektieren und dabei auch die Grenzen naturwissenschaftlicher Einsicht zu bedenken".

Es gibt verschiedene Vorstellungen darüber, wie das Bildungsziel eines reflektierten Verständnisses der *Natur der Naturwissenschaften* erreicht werden kann. Beispielweise soll im Unterricht anhand von wissenschaftsgeschichtlichen Fallstudien ein Einblick in die Veränderbarkeit und die Grenzen des Wissens gelingen (vgl. Allchin 2014) oder aber auch über ein problemorientiertes forschend-entdeckendes Lernen der Zugang zu den wissenschaftspropädeutischen Metafragen vollzogen werden (vgl. Schmidkunz/Lindemann 1992). In dem hier vorliegenden Sammelband möchten wir noch einen weiteren Zugang zur Eröffnung des Diskurses über die Reflexion der Naturwissenschaften skizzieren. Unser Ausgangspunkt ist, dass eine kritische naturwissenschaftlich-rationale Denkweise nicht nur an Fachinhalten entwickelt werden kann. Die Kombination von Theater und Biologie ermöglicht nämlich, dass sich eine Metaebene eröffnet, welche die *Natur der Naturwissenschaften* entdecken, erarbeiten und hinterfragen lässt, wodurch eine kritische und reflektierte Sicht auf die Naturwissenschaften gefördert wird. Durch theatrale Inszenierungen lässt sich das vermeintlich geradlinig entstandene und nicht zu hinterfragende Fachwissen in seinem gesellschaftlichen Kontext darstellen und wird als intersubjektiv ausgehandeltes Wissen auch in seiner Bedingtheit und Unabgeschlossenheit deutlich.

Blicken wir auf den Theaterunterricht und dessen potentiellen Bildungsgehalt, so liegt hier der Fokus neben der Rezeption von Theater (Theater begreifen) vor allem auf dem Vollzug einer ästhetischen Praxis[2] (Theater spielen, gestalten und kommunizieren) und der damit verbundenen ästhetischen Erfahrung. Diese verkörpert immer einen Möglichkeitsraum: Ästhetische Erfahrung *kann* die Möglichkeit zur Teilhabe, zu Lern- und Bildungsprozessen eröffnen, auch wenn bestimmte Wirkungen nicht planbar sind. Unter ästhetischer Erfahrung ist die sinnliche, leibliche Wahrnehmung und je nach theoretischem Überbau auch deren Reflexion zu verstehen, die wir in der rezeptiven und produktiven Auseinandersetzung mit Kunst(-prozessen), aber auch anderen ästhetischen Phänomenen und Gegenständen oder beim eigenen ästhetischen Gestalten erleben. Ästhetische Erfahrung ereignet sich als unmittelbare Gegenwart, ist „in der Sinnlichkeit der Wahrnehmung verankert“ (Brandstätter 2012, S. 174) und kann von unterschiedlichen Merkmalen und Bezügen begleitet werden: Synästhesie und Leiblichkeit, Selbstzweck und Selbstbezüglichkeit, Selbstbezug und Weltbezug, Eigenzeitlichkeit und Eigenräumlichkeit, Ding- und Zeichencharakter, Differenz und Affirmation, Reflexion und Erkenntnis (vgl. ebd.). Ästhetische Erfahrung basiert auf einer ästhetischen Wahrnehmung, die das Kontinuum dieser Wahrnehmung durch etwas Neues bzw. Fremdes unterbricht (vgl. Seel 1996). Ästhetische Erfahrung bedeutet somit ein Aufeinandertreffen von Subjekt und Fremdem (Unbekanntem, Anderem). Zirfas fasst diesen Moment als „Stillstehen des Beobachters und des Gegenstandes, ein Anhalten der Bewegung von Subjekt, Objekt und ihrer Beziehung“ (2004, S. 78). Die Begegnung und Auseinandersetzung mit den Künsten als Wahrnehmungsraum ermöglicht diese ästhetische Erfahrung in besonderer Weise (vgl. Mollenhauer 1996).

Theater kann so als ästhetischer und sozialer Wahrnehmungs-, Kommunikations- und Erfahrungsraum gefasst werden und Theaterpädagogik setzt sich

---

2 Ästhetische Praxis im Theater meint alle Aktivitäten im kreativ-künstlerischen Schaffensprozess: Recherchieren, Forschen, Proben, Spielen, Gestalten, Inszenieren bis zum Präsentieren eines Produkts in der Aufführung.

folglich theoretisch und praktisch, künstlerisch und pädagogisch-didaktisch mit der Rahmung, Bereitstellung und Gestaltung dieser Räume und den darin möglichen ästhetischen und sozialen Erfahrungen auseinander. Die Einsicht, dass Theater in dieser Weise Lern- und Bildungserfahrungen ermöglichen kann, ist nicht neu. Zahlreiche Wirkungsmodelle beschreiben die sozialen, bildenden oder Erkenntnis fördernden Potenziale von Theater.[3] Aktuelle Transferforschung weist mit qualitativ-empirischen Studien auf unterschiedliche Lernfelder hin, auf soziales Lernen und Persönlichkeitsentwicklung (Domkowsky 2011) wie auf Fremdheits- und Bildungserfahrungen (Thielicke 2016, Klepacki 2016). Auch internationale Befunde zeigen dies. So belegen die Forschungsergebnisse von Anne Bamford[4] differenziert „the impact of arts in education" (Bamford 2006, vgl. auch Lee et al. 2014). Die positiven Effekte von Theateraktivitäten im Unterricht werden dabei meist als Lernleistung, nicht als Bildungsprozess verstanden.

Aktuelle theaterpädagogische Konzepte – im deutschen Kontext meist verstanden als künstlerische Vermittlungsarbeit und weniger als Instrument und Lernmethode – fördern neben dem Theaterbesuch als Rezeptionserfahrung das eigenaktive Theaterspielen als ästhetische und performative Praxis, die vielfältige Selbst- und Fremderfahrungen ermöglicht und somit Lern- und Bildungsprozesse anstoßen kann. Dabei wird die zentrale ästhetische Wahrnehmungs- und Lernkategorie im theatralen Kontext als Differenzerfahrung bezeichnet (vgl. Hentschel 1996). Diese betont die Arbeit einer Gruppe an einem künstlerischen Produkt und zeichnet sich dadurch aus, dass sie im und durch den Produktionsprozess für alle Beteiligten Lern- und Bildungserfahrungen schafft, die weit über das Produkt hinausreichen (vgl. Domkowsky 2011, Klepacki 2016). Das Inhaltliche und Subjektive wie Soziale ist hierbei vom Ästhetischen nicht mehr zu trennen. In jedem Spiel- und Theatervorgang wirken eine Vielzahl sozialer und ästhetischer Prozesse und Produkte konstitutiv zusammen. Nur durch die gelebte ästhetische Praxis ergeben sich die im Theaterspielen angelegten Möglichkeiten wie Gestaltungs- und Präsentationserfahrung, Selbst-, Gruppen- und Differenzerfahrung, Wahrnehmungs- und Ausdrucksschulung (vgl. Hentschel 1996; Sting 2005 und 2014; Hilliger 2017).

---

3 Aristoteles' Begriff der Katharsis, Schillers Modell der ‚Schaubühne als moralischer Anstalt', Brechts dialektisches ‚Lehrstück'-Theater, Boals ‚Theater der Unterdrückten', Morenos ‚Psychodrama' oder Artauds ‚Theater der Grausamkeit'.

4 Anne Bamford, englische Erziehungswissenschaftlerin, hat mit ihrer viel zitierten UNESCO-Studie „The Wow Factor: Global research compendium on the impact of the arts in education" (2006) die Bedeutung und positive Wirkung der Künste für Lernen und Bildung herausgestellt auf der Basis eines Vergleichs von 40 internationalen Forschungsergebnissen. Dabei wird betont, dass maßgeblich für die Lern- und Bildungserfahrung die Qualität der künstlerischen Aktivitäten ist.

Beide Fächer – Theater wie Biologie – sind im schulischen Rahmen an bestimmte Vorgaben gebunden, die in den Bildungsplänen festgeschrieben sind. Das Fach Theater (früher Darstellendes Spiel) im schulischen Kontext steht für ein Curriculum, das die Theorie und Praxis der Darstellenden Künste vermittelt sowie eine Lernform, die theatrale Spiel- und Interaktionsformen im Unterricht methodisch und didaktisch nutzt. Das Fach Theater hat also die Vermittlung und „Entwicklung einer allgemeinen theaterästhetischen Handlungskompetenz zum Ziel" (Freie und Hansestadt Hamburg 2011, S. 14). Der Bildungsplan des Schulfachs Theater nennt fachbezogene Kompetenzen, die sich in vier Bereiche gliedern:

1) Theater begreifen (Sachkompetenz),
2) Theater spielen (Gestaltungskompetenz),
3) Theater reflektieren (Kommunikative Kompetenz) und
4) An Theater teilhaben (Soziokulturelle Kompetenz) (vgl. ebd.).

In diesem Verständnis ermöglicht das Fach Theater eine Verknüpfung von Inhalten und Erfahrungen. Die fachlichen Themen des Theatermachens verbinden sich zwangsläufig mit individuellen ästhetischen Erfahrungen und Interessen der Schülerinnen und Schüler. Im und durch das Theaterspiel ergeben und ergänzen sich – so die grundlegende Annahme des Bildungsplanes – affektive, kognitive, produktiv-praktische und kreativ-ästhetische Erfahrungs-, Handlungs- und Lernebenen.

Seit dem schlechten Abschneiden deutscher Bildungsinstitutionen in den großen Vergleichsstudien wie der PISA-Studie und den 2004 veröffentlichten Bildungsstandards wird die fachliche Überfrachtung des naturwissenschaftlichen Unterrichts überdacht. Stattdessen werden nun in der Biologie die fachspezifischen Arbeitsweisen, das Fachwissen in seinen unterschiedlichen, auch ethischen Kontexten und der sprachsensible naturwissenschaftliche Unterricht als zentrale Aspekte im Bildungsplan benannt. So stehen dem inhaltsbezogenen Kompetenzbereich Fachwissen mit den Kompetenzbereichen Kommunikation, Erkenntnisgewinnung und Bewertung inzwischen drei weitere Bereiche gleichberechtigt und aufeinander bezogen zur Seite. Das Schulfach Biologie orientiert sich unter anderem an Bildungszielen, die das naturwissenschaftliche Weltbild thematisieren. Damit verbunden ist eine reflexive Ebene, die immer auch ethische und wissenschaftsphilosophische Aspekte thematisiert.

Für Lehrende der Naturwissenschaften stellt es dabei durchaus eine Herausforderung dar, den Unterricht diskursiv zu öffnen und beispielsweise ethische Aspekte der Erkenntnisse der Biologie in den Blick zu nehmen (vgl. z. B. Dittmer 2009; Alfs 2012). Demgegenüber ist die Theaterpädagogik in aller Regel vertraut damit, anhand von Inhalten einen Erfahrungsraum durch das Theater zu eröffnen und damit auch die Inhalte in einem weiteren Sinne einer diskursiven

Auseinandersetzung zugänglich zu machen. Mit dem Begriff des Forschens lassen sich jedoch die naturwissenschaftlichen und ästhetischen Zugänge relativ leicht zusammendenken, wie im Folgenden gezeigt werden wird.

4. Forschen mit ästhetischen und naturwissenschaftlichen Mitteln

Für die unterrichtliche Verbindung von Biologie und Theater eignet sich eine forschende Praxis in besonderer Weise.

Für die genauere Betrachtung einer Unterrichtspraxis, die die Fächer Biologie und Theater zu verbinden sucht, erscheint uns der Begriff des *Forschens* bzw. *Forschenden Lernens* produktiv, da mit ihm ein wesentlicher Aspekt jener Aktivitäten beschreibbar wird, die die besagte wechselseitige Bezugnahme subjektivierender und objektivierender Zugangsweisen zum Lerngegenstand und deren Reflexion kennzeichnen. Der Begriff wird in beiden Fachdisziplinen inzwischen verwendet. Das verwundert im Hinblick auf ein naturwissenschaftliches Fach wie die Biologie vermutlich weniger: In den Naturwissenschaften ist der Ansatz des forschenden Lernens grundlegender Teil des Fachunterrichts, da der Erwerb von Fachwissen ebenso wie das Einüben naturwissenschaftlicher Erkenntnismethoden als Selbstverständlichkeit angesehen wird. Die Beschäftigung mit einem entsprechenden Ansatz wird aber auch für den Theaterunterricht als Innovationspotenzial erkannt, zum Beispiel beim bundesweiten Festival *Schultheater der Länder* 2015 in Dresden, das unter dem Schwerpunkt „Forschendes Theater" stand. Eine dezidierte Verknüpfung von theaterpädagogischer Arbeit mit für das Theater fachfremden wissenschaftlichen Methoden oder Gegenständen lässt sich dabei am ehesten einem methodischen Ansatz zuordnen, der im Kontext der Theaterpädagogik häufig als „Forschendes Theater" oder „Künstlerische Forschung" gefasst wird (vgl. u. a. Peters 2013; Hinz 2014; Hinz et al. 2018). Diese Ansätze greifen Impulse und Bezüge aus anderen Fachdisziplinen auf, wie beispielsweise das „Forschende Lernen" aus der allgemeinen Didaktik oder die „Ästhetische Forschung" aus der Kunstpädagogik. Eine Trennschärfe von Begrifflichkeiten ist noch nicht hinreichend ausgebildet, weswegen Begriffe wie z. B. künstlerische Forschung, ästhetische Forschung, forschendes Theater oder das Forschen aller zumeist synonym verwendet werden.

Beim „Forschenden Lernen" (vgl. Bundesassistentenkonferenz 1970; Huber 1970; Neber 1973) geht es um ein interessengeleitetes, selbstgesteuertes Lernen, bei dem Kindern, Jugendlichen oder Erwachsenen Wissen nicht als festes Produkt präsentiert wird, das es nur zu internalisieren und im richtigen Moment abzurufen gilt. Vielmehr stehen individuelle und ergebnisoffene Prozesse im Vordergrund, in denen Wissen gesucht und selbst entworfen wird:

> „Forschendes Lernen zeichnet sich vor anderen Lernformen dadurch aus, dass die Lernenden den Prozess eines Forschungsvorhabens, das auf die Gewinnung von auch für Dritte interessanten Erkenntnissen gerichtet ist, in seinen wesentlichen Phasen, von der Entwicklung der Fragen und Hypothesen über die Wahl und Ausführung der Methoden bis zur Prüfung und Darstellung der Ergebnisse in selbstständiger Arbeit oder in aktiver Mitarbeit in einem übergreifenden Projekt (mit)gestalten, erfahren und reflektieren" (Huber 2009, S. 11).

Hier kann das Konzept des forschenden Lernens in den Naturwissenschaften nahtlos anknüpfen. Unter Forschen wird ein Prozess verstanden, bei dem entsprechend des jeweiligen Vorwissens und mit Hilfe bereits bekannter Erkenntnismethoden (beispielsweise Beobachten, Experimentieren und Modellieren), bereitstehender Geräte (Mikroskop, Becherglas, Lupe & Co) und Materialien (Eiswürfel, Reis und Blumendraht u. v. m.) neue Erkenntnisse gewonnen werden können (vgl. Schmidkunz/Lindemann 1992; Spörhase 2013). Beim Forschen mit naturwissenschaftlichen Methoden und Materialien wird sowohl Wissenschaft als ein sozialer Prozess erfahren als auch mit Hilfe naturwissenschaftlicher Arbeitsweisen und Methoden selbstbestimmt und kreativ an einem Problem gearbeitet.

Hinter der Überzeugung, das Forschen als Unterrichtsprinzip zu fördern, steht auch die bildungstheoretische Überzeugung, dass Wissenschaft nur dann ein Bildungspotenzial zugeschrieben werden kann, wenn man sie selbst betreibt und nicht als abgeschlossenen Prozess mit entsprechenden Ergebnissen vermittelt bekommt. Bildungsprozesse bedürfen in diesem Sinne der Reflexion, auch über die Wissenschaften selbst. Im heutigen Diskurs ist mit forschendem Lernen also die pädagogische Erwartung verknüpft, dass Lernende durch die Forschungspraxis und -erfahrung befähigt werden, nicht nur passiv Wissen zu konsumieren, sondern sich in Anknüpfung an die eigene Lebenswelt und eigene Interessen aktiv und eigenständig Wissen anzueignen und individuelle Lösungsstrategien zu entwerfen. Es soll dazu motivieren, auf die eigenen Kompetenzen bei Problemlösungen zu vertrauen und über den Austausch in der Gruppe, das Diskutieren und Präsentieren von Ergebnissen Kommunikation und soziale Interaktion zu befördern. Nicht zuletzt wird das forschende Lernen im schulischen Kontext auf Grund von potenzieller Interdisziplinarität geschätzt, da es häufig Verbindungen zwischen unterschiedlichen Themen und Fächern eröffnet (vgl. Leuschner/Riesling-Schärfe 2012).

Eine Zuspitzung des forschenden Lernens für den Kontext künstlerischer Auseinandersetzungen stellt das von Helga Kämpf-Jansen geprägte Konzept der „Ästhetischen Forschung" (Kämpf-Jansen 2001) dar. Es bildet einen häufig zitierten Referenzpunkt im begrifflichen und methodologischen Diskurs des Forschenden Theaters und „[...] distanziert sich von einem Unterricht, der pausenlos Antworten gibt, ohne dass Fragen gestellt werden. Das Konzept geht von einer Schul- und Hochschulvision aus, in der Lernende oder Studierende von ihren eigenen Fragen ausgehend forschen; in denen sie sich Welt und Selbst nicht in Fertigteilen aneignen, sondern intensiv wahrnehmend und gestaltend entdecken“ (Seydel 2006, S. 39). Der Ansatz von Kämpf-Janssen stellt dabei als kunstpädagogische Praxis der wissenschaftlichen Forschung eine andere, nämlich ästhetische Dimension gegenüber und macht den Prozess des eigenen Suchens und Entwerfens von Wissen stark. Lernräume ästhetischer Forschung werden als Werkstatt konzipiert, in die künstlerische Praxis mit vorwissenschaftlichen Alltagserfahrungen und -praktiken sowie wissenschaftlichem Theoretisieren und methodischem Vorgehen verbunden und mit der entstehenden Gemengelage experimentiert werden kann.

Das ästhetische wie auch das naturwissenschaftliche Forschen nimmt seinen Ausgangspunkt bei einem subjektiv erfahrbaren und bewussten Sinn, bei einer Frage, einer Idee, einem Wunsch. Von dort aus folgt der Forschungsgang persönlichen Interessen und individuellen Lernbewegungen (vgl. Kämpf-Jansen 2001, S. 263). Für den Kontext des Theaters muss er erweitert werden:

> „Hier geht es um die Generierung einer kollektiven Frage, auf die wiederum individuelle Antworten gefunden werden können – oder anders gesagt: nicht um die einzelne Perspektive, sondern um die Demokratisierung von Wissen und Erfahrungen“ (Hinz 2014, S. 3).

Die Verfahren, die dabei zur Anwendung kommen können, reichen von Archivrecherchen über Interviews bis hin zu Feldforschungen. In laborartigen offenen Probenprozessen werden Materialien unterschiedlich kombiniert, erspielt und in ihren Wirkungsweisen überprüft. Es entstehen klassische Theaterstücke, dokumentarisches Theater, Lecture Performances, theatrale Stadtführungen, Interventionen oder szenische Lesungen – die Bandbreite der Arbeitsmethoden und der daraus entstehenden Präsentationsformate sind vielfältig.

In dem Dazwischen von fachlicher und ästhetischer Auseinandersetzung wäre „Forschendes Theater“ nach Pfeiffer als Hybrid zu verstehen: Es orientiere sich sowohl an der Kunstform Theater, deren Ästhetik und Poetik, als auch an wissenschaftlichem Arbeiten und den damit verbundenen Praktiken. Damit verbunden ist auch das Legitimationsdilemma, dass sich eine solche Form gegenüber ihren beiden Existenzpolen Theater und Forschung gleichzeitig behaupten wie abgrenzen muss (vgl. Pfeiffer 2018).

5. Sprache im Diskurs und auf der Bühne

Eine Verbindung von Biologie und Theater ermöglicht einen sprachbewussten Fachunterricht.

Die Teilhabe am gesellschaftlichen Diskurs, die Reflexion eigener und fremder Vorannahmen und Phantasien, die Bewertung und Reflexion bioethischer und erkenntnistheoretischer Inhalte des Biologieunterrichtes, das Entwickeln und Aufführen eines Theaterstückes, das (gemeinsame) Nachdenken über sich selbst und die Welt – all dies geschieht in der Regel im Medium der Sprache. Bezogen auf Schule und Unterricht ist dies meist nicht die Alltags-, sondern die Bildungs- und Fachsprache, die dabei vorausgesetzt wird. Die Bildungssprache ist im Vergleich zur Alltagssprache stark verdichtet, was sich in zahlreichen Merkmalen wie Pro-Formen, Nebensätzen, Komposita, Nominalisierungen, Fachwörtern usw. zeigt (vgl. z. B. Morek/Heller 2012; Riebling 2013). In einer kurzen Ausführung steckt somit ein hoher Anteil an Informationen. Hinzu kommen die zahlreichen Sprachhandlungen des naturwissenschaftlichen Unterrichts, wie Berichten, Erklären, Definieren, Nennen, Protokollieren, Argumentieren und Beschreiben, die auf Wort-, Satz- und Textebene unterschiedlich realisiert werden (vgl. z. B. Pineker-Fischer 2017). Angesichts der Verflechtung von Lesekompetenz und naturwissenschaftlicher Kompetenz, wie sie in der Beschreibung der Teilkompetenzen naturwissenschaftlicher Grundbildung für die PISA-Studien 2006 deutlich wird (vgl. Prenzel et al. 2007), ist die Forderung nach einem sprachbewussten Fachunterricht in allen Fächern, auch den vermeintlich spracharmen Naturwissenschaften (vgl. Tajmel 2010) eine notwendige Konsequenz. So setzen alle drei Teilkompetenzen (Naturwissenschaftliche Fragestellungen erkennen, Naturwissenschaftliche Phänomene erklären, Naturwissenschaftliche Evidenz nutzen) eine hohe Lese- und Kommunikationskompetenz voraus (vgl. Prenzel et al. 2007).[5] So wird auch im Biologieunterricht inzwischen der Kompetenzbereich der Kommunikation als einer von vier zu fördernden Kompetenzbereichen formuliert. Die Verbindung von Biologie und Theater ermöglicht dabei einen sprachbewussten Unterricht auf drei Ebenen:

---

5 Dies betrifft auch – wenn auch nicht nur – Kinder, die mehrsprachig aufwachsen. So wird für den englischen Sprachraum ein Zeitraum von mindestens fünf Schuljahren angenommen, den Angehörige anderer Erstsprachen benötigen, um sich das für die Schule notwendige Sprachregister anzueignen. Jedoch bleiben die einsprachigen Kinder in ihrer Sprachentwicklung und auch die sprachlichen Anforderungen in dieser Zeit nicht auf einem Niveau, sondern schreiten voran, sodass sich die Schere häufig weiter vergrößert (vgl. Cummins 2010).

1) Die Realisierung eines Unterrichts weg von dem klassischen fragend-entwickelnden Unterricht, der häufig von den Lernenden nur Ein-Wort-Antworten verlangt (vgl. Chlosta & Schäfer 2010), hin zu einer stärkeren diskursiven Öffnung des Unterrichts.
2) Eine Explizierung von unterschiedlichen Sprachebenen und ein bewusster Wechsel zwischen ihnen, z. B. im Sinne des Konzeptes des Scaffoldings (vgl. Gibbons 2002) ein Wechsel von konzeptionell mündlichen Sprachhandlungen (das Feld/Phänomen erkunden/untersuchen, Ideen und Hypothesen entwickeln) zu konzeptionell schriftlichen Sprachhandlungen (ein Drehbuch, einen Bericht, ein Protokoll schreiben, vor der Gruppe über die Ergebnisse und Erfahrungen berichten).
3) Bei der Auseinandersetzung mit Sprache in den Naturwissenschaften geraten zusätzlich die Darstellungen des naturwissenschaftlichen Fachwissens in den Blick, die in aller Regel nicht nur Fakten über die Natur vermitteln. Zugleich werden oft soziale Praktiken und Überzeugungen sowie traditionelle Vorstellungen beispielweise von Geschlecht vermittelt, als seien diese ein Naturgesetz. In diesem Zusammenhang ermöglicht ein sprachreflexiver Fachunterricht, einen wissenschafts- und ideologiekritischen Blick auf die naturwissenschaftlichen Erkenntnisse zu werfen (vgl. Ohlhoff 2002).

All dies erfordert einen Unterricht, in dem Aushandlungsprozesse ermöglicht werden. Die Verbindung von Biologie und Theater ist eine Möglichkeit, eben diesen Raum zu bieten. Das Theaterspiel ist hier ein Forum, das zum Sprechen, Sich-Artikulieren und Ausdrücken auffordern kann. Eine Verbindung von Theaterspielen und Sprache, Sprechen und Sprachförderung hat sich in Projekten und Konzepten wie z. B. den Hamburger TheaterSprachCamps bereits als sinnvoll und produktiv erwiesen (vgl. Neumann et al. 2016; Evan/Schewe 2016; Küppers/Schmidt/Walter 2011). Theater und Sprache gehören im künstlerischen Genre des Sprechtheaters elementar zusammen. Sprache und Sprechen sind im westeuropäischen Theater zusammen mit dem Körper zentrales Ausdrucks- und Gestaltungsmittel der szenischen Aktion und theatralen Kommunikation. Theater arbeitet mit Sprache und fördert daher das Sprechenwollen. Darüber hinaus spricht das Theaterspiel die Beteiligten ganzheitlich an und setzt über seine Spiel- und Interaktionsformen soziale Prozesse und Selbstwahrnehmungsprozesse in Gang. Theater hat verschiedene Merkmale, die es als Lern- und Kommunikationsform auszeichnen: Es stellt eine Live-Kommunikation von Mensch zu Mensch dar und entsteht als soziale und relationale Kunstform nur im gemeinsamen Miteinander. Im Theater ist der Mensch mit seinen Ausdrucksmöglichkeiten Gestaltungsmaterial und Gestaltender zugleich und thematisiert meist Fragen oder Aspekte des menschlichen (Zusammen-)Lebens. Theater führt so in eine Auseinandersetzung mit einem Thema, mit sich selbst und mit anderen. Es geht nicht um „richtig oder falsch". Es geht um „so oder anders", um „es gefällt mir oder auch nicht". Theater akzeptiert und thematisiert Unterschiede, macht sie zum Thema und spiegelt auf diese Weise unterschiedliche Perspektiven und Sichten auf Wirklichkeit. Die Gegenstandsebene der Biologie und die damit verbundenen gesellschaftlichen und individuellen Fragen lassen sich auf all diesen theatralen Bezugsebenen experimentell verknüpfen.

6. Position beziehen im Diskurs und auf der Bühne

Eine Verbindung von Biologie und Theater fördert kritische Reflexion, Urteilsbildung und die gesellschaftliche Teilhabe.

In den aktuellen Bildungsplänen geht es sowohl in der Biologie als auch im Theater darum, Fachwissen im Verhältnis zu verschiedenen gesellschaftlichen Kontexten zu reflektieren. Das bedeutet eine philosophische, oftmals auch ethische und politische Dimensionen bei der Reflexion des Fachwissens der Biologie in den Blick zu nehmen. Im Fach Theater kann das zusätzlich kulturwissenschaftliche und soziologische Aspekte für die schulischen Auseinandersetzungen notwendig machen. Dass im Theater alles möglich ist („so oder anders", siehe oben), heißt natürlich nicht, dass damit alles beliebig werde und in den vielfältigen Begegnungen zwischen Biologie und Theater keine Positionen zu Phänomenen oder Problemen eingenommen werden könnten. Vielmehr wird die Vorläufigkeit und Notwendigkeit zur Begründung der Erkenntnisse und Definitionen der Wirklichkeit hervorgehoben. Im Kontext der Diskussion um Nature of Science ist dies ein Aspekt, der einer naturwissenschaftlichen Grundbildung eindeutig zugehörig ist. So sollen die Lernenden spätestens am Ende ihrer Schulzeit in der Lage sein, sich im Sinne einer Critical Science Literacy aktiv und kritisch reflektierend an öffentlichen Diskursen zu beteiligen, die nicht selten auf zu bewertendes naturwissenschaftliches Fachwissen zurückgreifen (vgl. Costa/Mendel 2016). Geht es um das (ethische) Bewerten im Kontext biologischer Sachverhalte, so bietet sich das performative Arbeiten bisweilen geradezu an. Zum einen ist in verschiedenen Theaterformaten eine Übersetzung oder Transformation des Fachwissens in Theatersprache angelegt, wobei das Fachwissen durch die Inszenierung popularisiert, also in anderen Darstellungsformen neu verhandelt wird. Im Verlauf der Popularisierung des Fachwissens – beispielsweise einer gentechnischen Methode – wird dieses interpretiert und bereits in der Auswahl der dargestellten Inhalte bewertet. Zum anderen benötigt das Bewerten von Sachverhalten mindestens genau jene dialogischen, spekulativen, hermeneutischen, genau wahrnehmenden und analytischen Fähigkeiten, die beim theatralen Gestalten und performativen In-Szene-setzen angelegt sind.

Es gibt inzwischen eine Vielzahl an Modellen zur Urteilsbildung im Biologieunterricht (vgl. Bögeholz et al. 2004). Herausheben möchten wir das Modell der philosophischen Reflexionskompetenz nach Martens (2003), das sich besonders eignet, um die Besonderheiten in der Verknüpfung von naturwissenschaftlichem und ästhetischem Lernen herauszuarbeiten. Dieses Modell entstammt ursprünglich dem Ethik- und Philosophieunterricht, wird aber auch innerhalb der Biologiedidaktik (vgl. z. B. Bögeholz et al. 2004; Reitschert/Hößle 2007) aufgegriffen. In der Tradition der „sokratischen Methodenpraxis [sowie] der aristotelischen Methodenreflexion" (Martens 2013, S. 54) versteht Martens sein Modell als ein „integratives Methodenparadigma" (ebd.) bestehend aus fünf Methoden, welche als ineinandergreifend zu verstehen sind:

1) Bei der phänomenologischen Methode geht es um das Wahrnehmen und Beschreiben von Beobachtungen, Erfahrungen und Denkprozessen.
2) Die hermeneutische Methode zieht bestehende Meinungen und Interpretationen hinzu.
3) Die analytische Methode benennt zentrale Argumente und Begrifflichkeiten und prüft sie.
4) Die dialektische Methode arbeitet verschiedene Positionen heraus, wägt ab und bedenkt Alternativen.
5) Die spekulative Methode erprobt kreative Einfälle.

Dieses Modell zielt auf eine allgemeine (philosophische) Denkfähigkeit ab. Das macht es auch kompatibel mit dem Ansatz der Alltagsphantasien (vgl. Gebhard 2015a), bei dem es um ein Nachdenken über Welt- und Menschenbilder geht, die mit biologischen Themen verknüpft sein können. Die phänomenologische Methode ist vermutlich im Biologie- und Theaterunterricht gleichermaßen präsent, die hermeneutische und analytische Methode sind eher typisch für einen konventionellen Biologieunterricht, die dialektische und spekulative Methode eher für einen primär spielorientierten Theaterunterricht. Mit dieser groben Gegenüberstellung der verbreiteten Fachverständnisse soll deutlich werden, dass gerade in der Verknüpfung beider Ansätze ein Gewinn für die Komplexität von Bewertungskompetenzen liegt. Hermeneutische und analytische Zugänge zu einem Gegenstand vertiefen die reflexive Auseinandersetzung mit Themen und Gegenständen und erweitern bzw. fundieren das Spektrum an Perspektiven und Positionen im Theaterunterricht. Sie fassen möglicherweise genau das, was über die oben beschriebenen Ansätze forschenden Theaters stärker in ästhetische Prozesse und Produkte Einzug erhält. Über die dialektische und die spekulative Methode können zum einen – quasi personifiziert – sich widerstreitende Positionen auf die Bühne und damit zueinander in Beziehung und Abgrenzung gebracht werden. Zum anderen kann die Aufführungssituation eines Theaterstückes stets als wirklichkeitskonstituierend angesehen und zugleich als ein experimentelles Handeln beschrieben werden: So bietet Theater die Chance, „das nicht Beherrschte, das Ungewohnte, das Gefährliche und Verbotene, das Befürchtete und Erhoffte der Erfahrung zugänglich zu machen, ohne dass ein praktisches Risiko damit verbunden wäre" (Simhandl 1994, S. 351 f.). Dies eröffnet – gerade wegen der gleichzeitigen Performativität des Handelns, die diese Möglichkeit von klassischen Bewertungskompetenzsituationen im Unterricht unterscheidet – Räume für die spekulative Methode und damit Raum für ein Nachdenken, das nicht wie andere Modelle der Bewertungskompetenz (vgl. dazu auch Lübke/Gebhard 2016) rein zielorientiert ist, sondern auch Aushandlungsprozesse von Wissen und Wahrheit in den Blick nimmt.

7. Theater trifft Biologie

Eine Verbindung von Biologie und Theater
schafft Impulse zur Weiterentwicklung
beider Unterrichtskulturen.

Für den Theaterunterricht liegen die Potenziale einer Auseinandersetzung mit Phänomenen aus Biologie und Naturwissenschaften vor allem in der Möglichkeit der Thematisierung von komplexen aktuellen gesellschaftlichen Problemlagen – aber auch der spielerischen Übertreibung, fiktiven und ironisierenden Verfremdung oder frechen Provokation dieser Fragestellungen in experimentellen szenischen Laboren und Lecture-Performances. Damit verbunden ist, Theater im Kontext von Gesellschaft wahrnehmen, gestalten und reflektieren zu lernen. Dies eröffnet Möglichkeiten der Partizipation. Spätestens seit dem von Lehmann (1999) formulierten „Einbruch des Realen" im sogenannten postdramatischen Theater und der u. a. von Fischer-Lichte (2004) beschriebenen performativen Wende und Ästhetik des Performativen in den Künsten und Kulturwissenschaften hat die Auseinandersetzung mit Alltag und Lebenswelt, Alltagshandlungen und Selbstinszenierungen im Theater deutlich zugenommen. Einen naturwissenschaftlichen Gegenstand zu erforschen und dafür beispielsweise einen mit diesem Gegenstand verbundenen Ort zu besuchen (z. B. Bauernhof), um ein Theaterprojekt zu entwickeln, spiegelt das gesteigerte Interesse wider, über die Realität von sozialen Feldern direkter an gesellschaftlichen Diskursen teilzuhaben bzw. diese in die künstlerische Arbeit einzubeziehen. Auf diese Weise kann das eher möglich sein als über rein fiktional entwickeltes Bühnenmaterial möglich ist. Die Arbeit im Feld kann auf vielfältigen Ebenen konkrete Impulse, Ideen und Materialien liefern, die auf der Bühne Verwendung finden und nur schwer im Fantasieraum eines Probenraums einfach so entstehen können: Das Interview mit einer Expertin, das als transkribierter Text auf der Bühne erscheint, das Objekt oder Material, das als Bühnenbild oder

Requisit Verwendung findet, oder die Beobachtung von Bewegungen, Abläufen oder Tönen, die in eine Choreografie überführt werden. Wenn so Materialien aus dem gemeinsamen Forschungsprozess auf der Bühne wiederzufinden sind und in Szene gesetzt werden, erweitert das den theaterpädagogischen Diskurs darum, wie auf der Bühne Tatsachen, wissenschaftliche Gegenstände und Fragen oder Alltagssituationen abgebildet und theatral hergestellt werden können.

Theater als Labor und Rahmung für die Auseinandersetzung mit konkreten Gegenständen und fachlichen oder auch lebensweltlichen Themen erfordert außerdem, eigene Gedanken, Beobachtungen und Erlebnisse in szenisches Material zu übersetzen. Ein Forschen im Feld macht über die bereits konstatierte Fremdheit und Differenz zum Alltag von Kindern und Jugendlichen diese ästhetische Übersetzungsleistung in besonderer Weise nötig. Es fordert genau in dieser ästhetischen und kulturellen Praxis heraus und entwickelt zugleich entsprechende Kompetenzen. Nicht zuletzt spielt in einem Ansatz, der Theater zur Verhandlung naturwissenschaftlicher, ethischer oder gesellschaftlicher Problematiken nutzt, auch der Anspruch eine Rolle, Theater als Medium zu stärken, das nicht nur ästhetisch wirkt. Vielleicht gerade durch seinen ästhetischen Zugang kann Theater einen Beitrag zum Diskurs leisten, wie Wissen und Erkenntnis generiert und Parameter von Forschung definiert werden können.

Im Zentrum der Bildungspolitik erscheint oft das einzelne Individuum mit seinen zu fördernden Kompetenzen, wodurch die elementare Erfahrung der Individuen, miteinander in sozialer wie ästhetischer Art und Weise zu kommunizieren, aus dem Blick gerät. Damit einher geht auch das Verhandeln von kontroversem und veränderbarem Wissen als Grundlage für unsere Formen des menschlichen Zusammenlebens verloren. Beim performativen Handeln auf der Bühne, in der szenischen Auseinandersetzung mit naturwissenschaftlichen Fragen und auch in der Kommunikation mit Zuschauenden wird das soziale Miteinander auch in Differenz und Fremdheit bedeutsam. Eben dies ist notwendig, um eine reflektierte und kritische Position zu erlangen. Denn Verhandeln geht nur miteinander. Ein umfassender Bildungsanspruch verbindet einen wissenschaftlich wie ethisch rationalen Zugriff auf die Welt mit sinnlich-ästhetischer Erfahrung und Praxis, die ein Verhältnis zu sich selbst, zu anderen und zur Welt begründen helfen.

Literatur

Ah-King, Malin (2014): Genderperspektiven in der Biologie. Marburg: Philipps-Universität Marburg.

Alfs, Neele (2012): Ethisches Bewerten fördern. Eine qualitative Untersuchung zum fachdidaktischen Wissen von Biologielehrkräften zum Kompetenzbereich „Bewertung". Hamburg: Kovač.

Allchin, Douglas (2014): From Science Studies to Scientific Literacy: A View from the Classroom. *Science and Education*, 23 (9), 1911–1932.

Austin, John L. (1962): How to Do Things with Words. Cambridge: Harvard University Press.

Bamford, Anne (2006): The Wow Factor. Global research compendium on the impact of the arts in education. Münster: Waxmann.

Boesch, Ernst E. (1980): Kultur und Handlung. Bern, Stuttgart, Wien: Huber.

Brandstätter, Ursula (2012): Ästhetische Erfahrung. In: Bockhorst, Hildegard/Reinwand-Weiss, Vanessa/Zacharias, Wolfgang (Hrsg.): Handbuch Kulturelle Bildung. München: kopaed, S. 174–180.

Bundesassistentenkonferenz (1970): Forschendes Lernen - Wissenschaftliches Prüfen. Ergebnisse der Arbeit des Ausschusses für Hochschuldidaktik. Bielefeld: Universitäts-Verlag Webler.

Chlosta, Christoph/Schäfer, Andrea (2010): Deutsch als Zweitsprache im Fachunterricht. In: Ahrenholz, Bernt/Oomen-Welke, Ingelore (Hrsg.): Deutsch als Zweitsprache. Baltmannsweiler: Schneider Verlag Hohengehren, S. 280–295.

Combe, Arno/Gebhard, Ulrich (2007): Sinn und Erfahrung. Opladen: Budrich.

Combe, Arno/Gebhard, Ulrich (2012): Verstehen im Unterricht. Zur Rolle von Phantasie und Erfahrung. Wiesbaden: Springer VS.

Cummins, Jim (2010): Language support for pupils from families with migration backgrounds: Challenging monolingual instructional assumptions. In: Benholz, Claudia/Kniffka, Gabriele/Winters-Ohle, Elmar (Hrsg.): Fachliche und sprachliche Förderung von Schülern mit Migrationsgeschichte: Beiträge des Mercator-Symposiums im Rahmen des 15. AILA-Weltkongresses „Mehrsprachigkeit: Herausforderungen und Chancen". Münster: Waxmann, S. 13–24.

Costa, Rosa/Mendel, Iris (2016): „Zwischen Anpassung und Widerstand: Critical Science Literacy in der Wissensgesellschaft". www.erwachsenenbildung.at/magazin/16-28/meb16-28.pdf (Abfrage: 23.09.2018).

Dewey, John (1916/2011): Demokratie und Erziehung. Eine Einleitung in die psychologische Pädagogik. Hrsg. v. Jürgen Oelkers. Weinheim und Basel: Beltz.

Domkowsky, Romi (2011): Theaterspielen – und seine Wirkungen. www.opus4.kobv.de/opus4-udk/frontdoor/index/index/docId/25 (Abfrage: 20.09.2018).

Even, Susanne/Schewe, Manfred (Hrsg.) (2016): Performatives Lehren, Lernen, Forschen – Performative Teaching, Learning, Research. Berlin: Schibri.

Fischer-Lichte, Erika (2004): Ästhetik des Performativen. Frankfurt a. M.: Suhrkamp.

Fischer-Lichte, Erika (2012): Performativität: eine Einführung. Bielefeld: transcript.

Freie und Hansestadt Hamburg, Behörde für Schule und Berufsbildung (2011): Bildungsplan Theater Gymnasium Sekundarstufe I. Hamburg.

Gebhard, Ulrich (2007): Intuitive Vorstellungen bei Denk- und Lernprozessen: Der Ansatz der „Alltagsphantasien". In: Krüger, Dirk/Vogt Helmut (Hrsg.): Theorien in der biologiedidaktischen Forschung. Berlin, Heidelberg, New York: Springer, S. 117–128.

Gebhard, Ulrich (2015a): Symbole geben zu denken. Zur Bedeutung der expliziten Reflexion von Metaphern und Phantasien in Lernprozessen. In: Spieß, Constanze/Köpcke, Klaus-Michael (Hrsg.): Metapher und Metonymie. Theoretische, methodische und empirische Zugänge. Berlin: De Gruyter, S. 269–296.

Gebhard, Ulrich (2015b) (Hrsg.): Sinn im Dialog. Zur Möglichkeit sinnkonstituierender Lernprozesse im Fachunterricht. Wiesbaden: Springer VS.

Gebhard, Ulrich (2016): Bildung und Biologieunterricht. In: Gebhard, Ulrich/Hammann, Marcus (Hrsg.): Lehr- und Lernforschung in der Biologiedidaktik, Band 7 Bildung durch Biologieunterricht. Innsbruck: Studienverlag, S. 13–22.

Gebhard, Ulrich/Höttecke, Dietmar/Rehm, Markus (2017): Pädagogik der Naturwissenschaften. Ein Studienbuch. Wiesbaden: Springer VS.

Gibbons, Pauline (2002): Scaffolding Language – Scaffolding Learning: Teaching Second Language Learners in the Mainstream Classroom. Portsmouth: Heinemann.

Hentschel, Ulrike (1996): Theaterspielen als ästhetische Bildung: Über einen Beitrag produktiven künstlerischen Gestaltens zur Selbstbildung. Weinheim: Deutscher Studienverlag.

Hinz, Melanie (2014): Forschendes Theater im Sozialen: Künstlerische Feldforschung. Vortrag gehalten im Rahmen der Fachtagung für Lehrkräfte im Fach Theater in Wolfsburg am 24. Juni 2014. www.fraeuleinwunderag.net/wp-content/uploads/2016/07/DOC_Melanie-Hinz_Vortrag-Künstlerische-Feldforschung.pdf (Abfrage: 04.05.2018).

Hinz, Melanie/Kranixfeld, Michael/Köhler, Norma/Scheurle, Christoph (Hrsg.) (2018): Forschendes Theater in Sozialen Feldern. München: kopaed.

Huber, Ludwig (1970): Forschendes Lernen. Bericht und Diskussion über ein hochschuldidaktisches Prinzip. In: Neue Sammlung 10 (3), S. 227–244.

Huber, Ludwig (2009): Warum Forschendes Lernen nötig und möglich ist. In: Huber, Ludwig/ Hellmer, Julia/Schneider, Friederike (Hrsg.): Forschendes Lernen im Studium. Aktuelle Konzepte und Erfahrungen. Bielefeld: Universitäts-Verlag, S. 9–35.

Kämpf-Jansen, Helga (2001): Ästhetische Forschung. Wege durch Alltag, Kunst und Wissenschaft. Köln: Salon.

Klepacki, Tanja (2016): Bildungsprozesse im Schultheater. Eine ethnografische Studie. Münster: Waxmann.

Koller, Hans-Christoph (2012a): Bildung anders denken. Einführung in die Theorie transformatorischer Bildungsprozesse. Stuttgart: Kohlhammer.

Koller, Hans-Christoph (2012b): Anders werden. Zur Erforschung transformatorischer Bildungsprozesse. In: Miethe, Ingrid/Müller, Hans-Rüdiger (Hrsg.): Qualitative Bildungsforschung und Bildungstheorie. Opladen: Budrich, S. 19–34.

Küppers, Almut/Schmidt, Torben/Walter, Maik (Hrsg.) (2011): Inszenierungen im Fremdsprachenunterricht. Grundlagen, Formen, Perspektiven. Bad Heilbrunn: Klinkhardt.

Langer, Susanne (1965): Philosophie auf neuem Wege. Das Symbol im Denken, im Ritus und in der Kunst. Frankfurt a. M.: Fischer.

Lee, Bridget/Patall, Erika/Cawthon, Stephanie/Steingut, Rebecca (2014): The Effect of Drama-Based Pedagogy on PreK–16 Outcomes: A Meta-Analysis of Research From 1985 to 2012. In: Review of Educational Research, H. 85, S. 3–49.

Lorenzer, Alfred (1984): Das Konzil der Buchhalter. Die Zerstörung der Sinnlichkeit. Eine Religionskritik. Frankfurt a. M.: Fischer.

Morek, Miriam/Heller, Vivien (2012): Bildungssprache – Kommunikative, epistemische, soziale und interaktive Aspekte ihres Gebrauchs. Zeitschrift für Angewandte Linguistik, H. 57, S. 67–101.

Neber, Heinz (Hrsg.) (1973): Entdeckendes Lernen. Weinheim: Beltz.

Neumann, Ursula/Priebe, Birte/Sting, Wolfgang/Ruf, Irinell/Kutsch, Ulrike (2016): Theorie und Praxis des Hamburger TheaterSprachCamps. Hamburg (Eigendruck).

Mollenhauer, Klaus (1996): Grundfragen ästhetischer Bildung. Theoretische und empirische Befunde zur ästhetischen Erfahrung von Kindern. Weinheim und München: Juventa.

Ohlhoff, Dörthe (2002): Das freundliche Selbst und der angreifende Feind. Politische Metaphern und Körperkonzepte in der Wissensvermittlung der Biologie. www.metaphorik.de/de/autor/ohlhoff-doerthe.html (Abfrage: 20.03.2019)

Peters, Sibylle (2011): Der Vortrag als Performance. Bielefeld: transcript.

Peters, Sibylle (Hrsg.) (2013): Das Forschen aller. Bielefeld: transcript.

Pfeiffer, Malte (2018): Dritte Räume. Zur Hybridität eines Theaters zwischen Wissenschaft und Kunst am Beispiel des Künstler*innenkollektivs Frl. Wunder AG. In: Hinz, Melanie/Kranixfeld, Michael/Köhler, Norma/Scheurle, Christoph (Hrsg.): Forschendes Theater in Sozialen Feldern. München: kopaed, S. 161–178.

Pineker-Fischer, Anna (2017): Sprach- und Fachlernen im naturwissenschaftlichen Unterricht: Umgang von Lehrpersonen in soziokulturell heterogenen Klassen mit Bildungssprache. Wiesbaden: Springer VS.

Prenzel, Manfred/Schöps, Katrin/Rönnebeck, Silke/Senkbeil, Martin/Walter, Oliver/Carstensen, Claus/Hammann, Markus (2007). Naturwissenschaftliche Kompetenz im internationalen Vergleich. In: PISA-Konsortium Deutschland (Hrsg.): PISA `06. Die Ergebnisse der dritten internationalen Vergleichsstudie. Münster: Waxmann Verlag, S. 63–105.

Riebling, Linda (2013): Sprachbildung im naturwissenschaftlichen Unterricht: eine Studie im Kontext migrationsbedingter sprachlicher Heterogenität. Münster: Waxmann.

Seel, Martin (1996): Ethisch-ästhetische Studien. Frankfurt a. M.: Suhrkamp.

Seydel, Fritz (2006): Knöpfe und immer wieder Knöpfe. Fragmente eines biografischen Gesprächs. In: Blohm, Manfred/Heil, Christine/Peters, Maria/Sabisch, Andrea/Seydel, Fritz (Hrsg.): Über Ästhetische Forschung. Lektüre zu Texten von Helga Kämpf-Jansen. München: kopaed, S. 39–49.

Sting, Wolfgang (2005): Spiel – Szene – Bildung. Zum Verhältnis von künstlerischer Praxis und ästhetischer Bildung. In: Liebau, Eckart/Klepacki, Leopold/Link, Dieter/Schröer, Andreas/ Zirfas, Jörg (Hrsg.): Grundrisse des Schultheaters. Weinheim und München: Juventa, S. 137–148.

Sting, Wolfgang (2014): Theaterpädagogik/Theatertherapie. In: Fischer-Lichte, Erika/Doris Kolesch/ Matthias Warstat (Hrsg.) Metzler Lexikon Theatertheorie (2. Aufl.). Stuttgart, Weimar: Metzler, S. 372–375.

Tajmel, Tanja (2010): DaZ-Förderung im naturwissenschaftlichen Fachunterricht. In: Ahrenholz, Bernt (Hrsg.): Fachunterricht und Deutsch als Zweitsprache. Tübingen: Narr Verlag, S. 176–184.

Thielicke, Virginia (2016): Antworten auf Aufführungen. Ein erfahrungsorientiertes Rezeptionsverfahren für die Theaterpädagogik. München: kopaed.

Wulf, Christoph/Zirfas, Jörg (2006): Bildung als performativer Prozess – ein neuer Fokus erziehungswissenschaftlicher Forschung. In: R. Fatke/H. Merkens (Hrsg.): Bildung über die Lebenszeit. Wiesbaden: Springer VS, S. 291–307.

Wulf, Christoph/Zirfas, Jörg (2007): Performative Pädagogik und performative Bildungstheorien. Ein neuer Fokus erziehungswissenschaftlicher Forschung. In: Wulf, Christoph/Zirfas, Jörg (Hrsg.): Pädagogik des Performativen. Theorien, Methoden, Perspektiven. Weinheim und Basel: Beltz, S. 7–40.

Zirfas, Jörg (2004): Pädagogik und Anthropologie. Eine Einführung. Stuttgart: Kohlhammer.

Ulrich Gebhard, Britta Lübke, Malte Pfeiffer, Wolfgang Sting, Christina Zurek

Schweine-Theater

Theater und Biologie am außerschulischen Lernort Biobauernhof

1. Einleitung

Hühner füttern, Fleisch am Haken, ein Schwein spielen – Erlebnis, Erfahrung und Performance. Theaterspielen auf dem Bauernhof und bioethische Fragen diskutieren – geht das zusammen und was passiert dabei? In diesem Praxisbeispiel wird eine klassische Exkursion auf einen Bauernhof kombiniert mit theaterpädagogischer Arbeit. Dabei interessiert insbesondere das Wechselspiel und die gegenseitige Ergänzung, wenn für die beteiligten Jugendlichen der Bauernhof mit allen Fragen zum Theaterstoff und zum Thema Bioethik erfahrungsorientiert und performativ bearbeitet wird. Die eher diskursiven biologischen, tierethischen und auch umweltpädagogischen Akzente werden einer performativen und szenischen Bearbeitung der auf dem Bauernhof gemachten Erfahrungen gegenübergestellt und zugleich aufeinander bezogen. Die zentrale Annahme dabei ist, dass diese Kombination von natur- und theaterpädagogischen Methoden zu einer Intensivierung beider Zugänge führt. Dabei geht es um eine Vertiefung ästhetischer Erfahrungen einerseits und um eine Vertiefung des reflexiven Zugangs zu Nutztieren andererseits. Die drei zentralen Elemente sind dabei: (1) Konkrete Erfahrungen auf dem Bauernhof, v. a. im Hinblick auf Tiere, (2) die mehrschichtige Reflexion dieser Erfahrung und (3) der performative Ausdruck durch Theaterspiel, wobei letzteres als eine besondere Form der Reflexion verstanden werden kann. Das Zusammenwirken dieser Elemente und die Transformation der Erfahrung auf dem Bauernhof durch diskursive und ästhetisch-künstlerische Praxis und Performance fördert – so unsere These – die Sichtbarwerdung von Selbst-, Welt- und Menschenbildern und ermöglicht zugleich deren Reflexion.

2. Die Praxiseinheit

Die sechsstündige Praxiseinheit auf dem Biobauernhof »Gut Wulksfelde« in Kooperation mit dem Verein Ökomarkt e. V.[1] in der Nähe von Hamburg richtete sich als Projekt an 22 Jugendliche einer 13. Klasse aus einer Hamburger Stadtteilschule. Die Jugendlichen waren als Klasse eingeladen, die Exkursion war somit nicht an ein spezifisches Unterrichtsfach angebunden. Sie wurde von der Klassenlehrerin begleitet, die gleichzeitig die Biologielehrerin der Klasse ist. Die Praxiseinheit umfasste verschiedene Aufgabenschritte, die erst nach und nach mitgeteilt wurden. Die Jugendlichen sollten

1) Eindrücke bei einem „mitmach-orientierten" Gang über den Hof sammeln,
2) sich über diese Eindrücke in einer Gruppendiskussion austauschen,
3) aus den Eindrücken eine Präsentation entwickeln,
4) diese Präsentation vorführen,
5) die Arbeitsschritte in einer Gruppendiskussion reflektieren.

Als Thema war den Jugendlichen die Auseinandersetzung mit dem Verhältnis von Mensch und Tier vorgegeben. Das Forschungsfeld Bauernhof war im Vorfeld daraufhin gewählt worden.

Die erste Aufgabe beinhaltete die Aufforderung, mit einer Kleingruppe unter Leitung einer Expertin über den Hof zu gehen und sich dabei dem Verhältnis von Mensch und Tier zu nähern. Die Jugendlichen wurden aufgefordert, dafür so viele Eindrücke und Informationen wie möglich zu sammeln, waren aber in der Art und Weise der Sammlung frei:

1 Der Ökomarkt e. V. ist ein eingetragener Verein, der seit 1996 pädagogische Projekte rund um die Themenfelder nachhaltige Ernährung und ökologischer Landbau entwickelt und auch mit öffentlicher Förderung (z. B. BMEL) oder Stiftungsgeldern umsetzt. Auf 15 ökologisch wirtschaftenden Betrieben – Bauernhöfen und Bio-Verarbeitungsbetrieben – rund um Hamburg können Kinder und Jugendliche – geführt durch Hofbegleiter oder die Landwirte selbst – die Grundlagen der ökologischen Wirtschaftsweise in eigener Anschauung erleben. Jährlich können sich so ca. 7.000 Teilnehmende eine eigene Meinung über die Herkunft unserer Nahrung bilden. Der Hof ist ein Gemischtbetrieb mit Ackerbau und Tierhaltung sowie Bäckerei, Hofladen, Restaurant und Lieferservice. Die Zusammenarbeit mit der Universität Hamburg eröffnete dem Projektteam des Ökomarkt e. V. die Möglichkeit, die eigene Arbeit zu reflektieren und ein „neues Format" in Zusammenarbeit mit den Forschern zu entwickeln. Seit 2000 beschäftigt sich der Ökomarkt e. V. mit dem Thema „Bildung für Nachhaltige Entwicklung" und er ist seit 2015 als „Bildungszentrum für Nachhaltigkeit" durch die Stadt Hamburg zertifiziert (vgl. Behörde für Umwelt und Energie der Freien und Hansestadt Hamburg 2017).

> Ihr geht jetzt mit eurer Gruppe gemeinsam über den Hof. Dabei geht es darum, dass ihr euch einem Thema nähert. Dieses Thema ist „das Verhältnis von Menschen und Tieren“. Sammelt dabei so viele Eindrücke und Informationen wie möglich, die …
> - etwas mit unserem Forschungsthema „Mensch-Tier-Verhältnis“ zu tun haben
> - euch wichtig oder bemerkenswert erscheinen
> - euch persönlich berühren/bewegen/irritieren/…
>
> Die Art und Weise, wie ihr diese Eindrücke sammelt, ist euch freigestellt. Ob ihr das auf einem Notizblock, im Kopf oder mit dem Handy macht, ist eure Entscheidung.

Der Rundgang dauerte 90 Minuten und fand in zwei Gruppen parallel statt. Er beinhaltete verschiedene Möglichkeit der direkten und praktischen Begegnung mit Tieren:

- Gang zum Hühnergehege, wo man mit Schutzüberziehern über einen Zaun in den Auslauf der Tiere klettern und die Tiere über einen längeren Zeitraum mit Körnern aus Eimern füttern konnte.
- Besichtigung des Hühnerstalls. Dort konnten Eier vom Förderband genommen und verpackt werden.
- Besuch des Schweinestalls, bei dem im Außenbereich die Tiere und das Ausmisten beobachtet werden, im Innenbereich die Tiere mit Brotresten und altem Gemüse gefüttert werden konnten.
- Besichtigung des Hof-Restaurants inklusive der Fleischkammer, in der verschiedene tote Tiere und Fleischteile hingen.
- Gang durch das Kleintiergehege zur Schafsweide, wo wiederum Tiere gefüttert werden konnten.

Nach dem Rundgang trafen sich die Jugendlichen in drei Gruppen für ein halbstündiges Auswertungsgespräch. Von der Gesprächsleitung wurden die Gruppen jeweils aufgefordert, sich untereinander über die Frage auszutauschen, was sie gerade erlebt hatten und was sie daran besonders berührt habe.

> Wir bitten euch jetzt, euch in einem gemeinsamen Gespräch über eure Eindrücke und Erfahrungen auszutauschen, die ihr gerade gemacht habt. Dabei geht es darum, dass ihr möglichst viel von euch aus erzählt und *miteinander* ins Gespräch kommt – wir werden sehr wenig Zwischenfragen stellen. Die Frage für das Gespräch lautet: Was habt ihr gerade erlebt und was hat euch besonders berührt?

Im Anschluss bereiteten die Jugendlichen ein gemeinsames Mittagsessen vor, wobei auch Fleisch von verschiedenen Tieren und vegetarische Gerichte probiert werden konnten. Dieses eigentlich als Pause konzipierte Element der Praxiseinheit erscheint im Nachhinein sowohl als sozialer Raum des Austauschs relevant als auch als Inspirationsquelle für die szenische Arbeit, in welcher teilweise Erlebnisse aufgegriffen wurden, die in der Mittagspause gemacht wurden.

Der auf die Pause folgende zentrale Arbeitsauftrag zielte auf die Entwicklung einer Präsentation auf der Grundlage der Eindrücke des Rundgangs. Dabei kamen wieder die Gruppen aus dem ersten Gespräch zusammen. Aus den inhaltlichen und ästhetischen Eindrücken des Rundgangs über den Hof sollten Ideen für einen Theaterabend zum Thema „Das Verhältnis von Menschen und Tieren" entwickelt werden. Dafür hatten die Gruppen insgesamt 45 Minuten Zeit.

- Stellt euch vor, aus den Eindrücken des Rundgangs sollt ihr im nächsten Halbjahr einen Theaterabend entwickeln. Welche Beobachtungen habt ihr gemacht, die ihr als Ausgangspunkt dafür verwenden könnt? Um welche Themen könnte es gehen? Welche Eindrücke könnt ihr konkret als Inspirationen nutzen für Texte, Handlungen, Bewegungsmuster, Kostüme, Figuren, Kulissen, Ausstattung, Geräusche, Gerüche, Musik, Licht …?
- Sichtet kurz eure Aufzeichnungen und stellt euch gegenseitig das vor, was ihr interessant und bemerkenswert findet.
- Entscheidet gemeinsam, was von dem Material Potenzial hätte, später in einer szenischen Arbeit Verwendung zu finden und entwerft Ideen, wie diese Inszenierung aussehen könnte.
- Entwickelt für heute gemeinsam eine szenische Präsentation von maximal fünf Minuten Länge, in der ihr Elemente dieses Abends beispielhaft zeigt.

Auch wenn das in der Aufgabenstellung so nicht explizit formuliert war, entwickelten alle Gruppen unabhängig voneinander eine szenische Präsentation in Form einer in sich konsistenten Spielszene mit verteilten Rollen. Diese Szenen wurden dann im Anschluss an die Gruppenarbeitsphase der Gesamtgruppe präsentiert, jedoch nicht weiter im Plenum besprochen.[2] Den Abschluss der Praxiseinheit bildete dann eine zweite Gruppendiskussion, die 30 Minuten dauerte. Dabei ging es um einen Austausch darüber, wie der Rundgang und die Entwicklung der Präsentation erlebt wurden. Nachfragen durch die Gesprächsleitung bezogen sich darauf, was die Jugendlichen im Prozess verunsichert und was ihnen Orientierung gegeben habe, was sie als produktiv und weniger produktiv erlebt haben.

2 Eine ausführlichere Darstellung und Interpretationen der szenischen Präsentation findet sich in: Gebhard et al. 2018; Pfeiffer 2018 und Pfeiffer (im Erscheinen).

3. Anders lernen am anderen Ort: Die Chance originärer Erfahrungen

Außerschulischen Lernorten wird in mehrfacher Hinsicht ein besonderes Potenzial für Lern- und Bildungsprozesse zugesprochen und sie werden als gute Möglichkeit für handlungs- und erfahrungsorientiertes Lernen beschrieben (vgl. Traub 2003). Außerschulische Lernorte können dabei Erfahrungen ermöglichen, die in der Schule nicht gemacht werden können (vgl. Thomas 2009).

Die Auseinandersetzung mit einem Feld außerhalb des Theaterraumes ermöglicht Lernenden „produktive Erfahrungen von Fremdheit, durch die die Projektbeteiligten Bekanntes, wie den Lebensraum eines Stadtteils, plötzlich mit anderen Augen sehen" (Hinz 2014, S. 5). Das Erforschen von kulturellen Praktiken und Sozialräumen stellt für die Beteiligten eine Differenzerfahrung dar, die es zu reflektieren gilt:

> „Aus der Erfahrung des Fremden resultiert so die Befragung des eigenen" (ebd., S. 8).

Diese Differenz schafft mit Hentschel sowohl die Möglichkeit ästhetischer Erfahrung als auch das Potenzial, Prozesse kultureller Bildung anzustoßen (vgl. Hentschel 1996). Aus naturwissenschaftsdidaktischer Sicht ergeben sich bei der Nutzung außerschulischer Lernorte folgende Chancen (vgl. z. B. Dühlmeier 2010): Neben einer Steigerung der Motivation bietet das Lernen in authentischen Kontexten die Möglichkeit, originäre Erfahrungen über alle Sinneskanäle hinweg zu machen. Dabei ergibt sich zudem die Möglichkeit, im Feld Menschen mit einer besonderen Expertise zu treffen. Die komplexe Lernumgebung bietet zudem viele Möglichkeiten zu fächerübergreifendem Unterricht, außerdem können sowohl soziales Lernen als auch der Erwerb von Methodenkompetenzen gefördert werden. Damit soll jedoch nicht gesagt werden, dass eine Verbindung von Biologie und Theater nur an außerschulischen Lernorten Sinn ergebe und Erfolg verspreche. Vielmehr sollte der Unterricht – an welchem konkreten Ort auch immer – vor allem folgende Merkmale erfüllen:

- Herstellung eines Alltags- und Weltbezugs und damit Schaffung einer authentischen und komplexen Ausgangssituation
- Auseinandersetzung mit Fremdem und Unbekanntem
- Ermöglichung unterschiedlicher inhaltlicher und leiblicher Zugänge

Ein besonderes Potenzial wird damit im Allgemeinen der Möglichkeit des fächerübergreifenden Lernens zugeschrieben, für das der außerschulische Lernort häufig als gelungene Umsetzung gilt, da dort in der Regel ein mehrperspektivisches und auf Vernetzung ausgerichtetes Arbeiten notwendig wird (vgl. Sauerborn/Brühne 2014, S. 16). Darüber hinaus führt das fächerübergreifende Arbeiten oft dazu, dass „die gewohnte Ordnung eines Schulfaches vorübergehend außer Kraft [gesetzt wird]" (Duncker 1997, S. 126). Damit ist die Forderung des Lebensweltbezugs (vgl. Messner 2009, S. 149; Bönsch 2003) an außerschulischen Lernorten in besonderem Maße realisierbar. Dieser Bezug war in unserem Beispiel insofern gegeben, da das Thema des Fleischverzehrs sowie die Forderung nach einer bewussten und nachhaltigen Ernährungsweise auch bereits für Jugendliche eine reale Bedeutung haben. Zudem hatten viele der Teilnehmenden bisher weder lebende Schweine noch ein ganzes, frisch geschlachtetes Tier gesehen. Auch hatten sich die meisten noch nicht an der Produktion von Nahrungsmitteln (hier z. B. dem Einsammeln der Eier) beteiligt. Dieser außerschulische Lernort ermöglichte also diverse (unmittelbare und ästhetische) Erfahrungen, die im Klassenraum nicht möglich gewesen wären.

Der Besuch auf dem Bauernhof stellt dabei zum einen die in der Schule häufig vermittelte Trennung von objektivierenden Naturwissenschaften und subjektivierenden Künsten in Frage und eröffnet die Möglichkeit von ‚wirklichen' und damit stets komplexen Erfahrungen mit Naturphänomenen, im vorliegenden Fall insbesondere denen mit Tieren und dem tierethischen Thema der Tiernutzung und des Tierverzehrs. In diesem Zusammenhang wird in der Didaktik der außerschulischen Lernorte häufig eine sogenannte „originale Begegnung" (Sauerborn/Brühne 2014, S. 11) gefordert. Dafür gibt es gute Gründe, weil die Begegnung mit lebendigen Naturphänomenen erstens eine besondere Motivationskraft hat (vgl. Gebhard 2013a), zweitens eine realistische Sicht auf die Natur eröffnet und drittens originale Naturerfahrungen auch eine umweltpädagogische Funktion (vgl. Gebhard 2013b, S. 115 f.; Lude 2001; Unterbruner/Forum Umweltbildung 2005) haben können. Erlebnispädagogische Ansätze werden hier kombiniert mit dem Konzept des „Erfahrungslernens" (Combe/Gebhard 2007, S. 9 f.).

Mit diesem an John Dewey (1916/2000) angelehnten pragmatistischen Verständnis des Erfahrungsprozesses verbunden ist der Vorgang einer sich fortentwickelnden Wechselwirkung zwischen dem Subjekt der Erfahrung – hier den Jugendlichen – und ihrem Objekt – hier den Tieren auf dem Bauernhof. Eine solche Erfahrung kann sowohl unsere Beziehung zu Tieren als auch zu uns selbst beeinflussen.

Zugleich liegen in dieser Auseinandersetzung mit Bauernhof, Tieren und den Reaktionen bzw. Positionen der anderen immer auch Momente intensiver sinnlich-ästhetischer Wahrnehmung und Erfahrung. Die Erfahrungen im Kontext der ästhetischen Praxis des Theaters können über eine rezeptive oder produktive Auseinandersetzung mit Theater stattfinden. Beim späteren Theaterspielen, im Gestaltungsprozess und in der Aufführung erlebt das Subjekt gestaltend oder beobachtend differenzierte Selbst- und Fremdwahrnehmungen und kann unterschiedliche Perspektiven sehen und einnehmen. Die Unterschiede, das Dazwischensein und die Doppelheit von Spieler/in und Figur, Akteur/in und Publikum,

Körperhaben und Körpersein oder von Inhaltswissen und Alltagserfahrung werden im Theaterprozess erfahren, gestaltet und reflektiert. Diese Möglichkeiten der Selbst- und Differenzerfahrung im Kontext von Wahrnehmung, Ausdruck, Inszenierung und Aufführung markieren die im Theaterprozess angelegten ästhetischen Erfahrungen (vgl. Brandstätter 2012; Hentschel 1996), die hier offensichtlich werden und wiederum Einblicke in die Konstruiertheit und Inszeniertheit von Kommunikation und Performance geben können. Der Ermöglichung von originären Erfahrungen kommt also aus theaterpädagogischer wie biologiedidaktischer Sicht eine zentrale Rolle zu.

Ein wesentliches Merkmal des Erfahrungsbegriffes von Dewey (1916/2000) ist der Gedanke, dass erst ein Erlebnis, das zum Gegenstand von Reflexion gemacht wurde, zu einer wirklichen, die Person berührenden Erfahrung werden kann (ebd., S. 186–203). Zusätzlich ist beim Ansatz des Erfahrungslernens die Annahme zentral, dass persönlichkeitswirksame Erfahrungen v. a. im Zusammenhang einer Krise bzw. Irritation gemacht werden. Im Folgenden werden die Strukturelemente des Erfahrungsprozesses in ihrem Bedeutungszusammenhang herausgearbeitet und auf das hier vorgestellte Praxisbeispiel bezogen:

Dewey (1988, S. 80 ff.) beschreibt den Beginn des Erfahrungsprozesses als ein Geschehen, das aus der Zeit und Kontinuität herausrückt. Die erste Stufe des Erfahrungsprozesses bezeichnet Dewey als Krise bzw. Irritation. Eingespielte Routinen versagen; die Situation erscheint fremd. Das zeigt unsere Durchführung sehr deutlich: Im direkten und weitgehend unkontrollierbaren Kontakt mit Tieren zeigen sich diese Irritationen durch Mimik, Gesten und auch verbale Äußerungen. Auch in moralisch-ethischer Hinsicht wird dies deutlich: „Bin ich nicht ein Dieb, wenn ich Hühnern ihre Eier wegnehme?" Auch in der Reflexion der leiblichen Erfahrungen in Gespräch und Theater zeigen sich zahlreiche irritierende Momente. Ausgangspunkt für Irritationen im Gespräch waren hierbei wieder meist die schon angesprochenen originären Erfahrungen beim Rundgang über den Bauernhof. Zentrales Thema sowohl im Gruppengespräch als auch in der performativen Inszenierung war die von Anna geäußerte Irritation: „Ich fand es komisch, dass wir den Fleischraum [samt Anblick eines toten Schweines] so eklig fanden."

Eine wesentliche Bedingung für besagte krisenhafte Erscheinungen ist natürlich, dass wir von einem Phänomen überhaupt emotional berührt werden. Diese *emotionale Involviertheit* kann sowohl positiv (im Falle der Tierbegegnung nicht selten) als auch krisenhaft sein. Das klingt im Beispiel des Eierklauens bereits an. Die paradoxe Struktur, das Genießen der Teilhabe an der Produktion, an einem Alltagsgegenstand einerseits und zugleich das schlechte Gewissen über diese Handlung andererseits zeigt sich an mehreren Stellen. Charakteristisch für das Erfahrungslernen ist nun, dass diese bisweilen auch widersprüchlichen, ambivalenten Gefühle zum Lerngegenstand willkommen geheißen werden. Sie sind ein wesentlicher Motor von Lernprozessen (vgl. Combe/Gebhard 2012).

Die *Öffnung eines Vorstellungs-und Phantasieraumes* ist der entscheidende Schritt für die Produktivität der Erfahrungsbewegung, die Oszillation zwischen Ich und Gegenstand (vgl. Oevermann 1991). Aus Sicht des Theaters eröffnet sich über das szenische Spiel darüber hinaus ein *Spielraum*, in dem die Vorstellungen und Phantasien durch Verkörperung und performatives Handeln greif- und verhandelbar werden. Dieser Schritt führt über die Irritation und einen möglichen Widerstand hinaus und kann zu einer Öffnung gegenüber dem Überraschenden und Fremden führen. Die Gruppendiskussionen und auch die Entwicklung einer Theaterszene haben diesen Möglichkeitsraum zwar prinzipiell eröffnet, jedoch besteht – aus der Perspektive des Erfahrungslernens – zusätzlich die Notwendigkeit, dass die Erlebnisse einschließlich ihrer widersprüchlichen und irritierenden Anteile zum Gegenstand von expliziter *Reflexion und Versprachlichung* gemacht werden. Wichtig ist also die Suche nach einer Sprache, im Theaterkontext auch nach einer Inszenierung, in der Erfahrungen, Wünsche, Phantasien und Emotionen artikuliert werden können, die bislang keinen (sprachlichen) Ausdruck finden konnten und die zudem nicht nur zur inneren Phantasieebene Bezug nehmen, sondern auch zur äußeren Realität. Erst durch die Reflexion – so Dewey – wird das Erlebnis zur Erfahrung (1988, S. 47 f). In diesem Projekt sind mehrere Anlässe zur Versprachlichung ausdrücklich angelegt: Da wäre zunächst die Reflexion der Erlebnisse auf dem Hof in dem unmittelbar nach dem Rundgang stattgefundenen Gruppengespräch im Stile des Philosophierens mit Kindern und Jugendlichen (vgl. Billmann-Mahecha/Gebhard 2014; Michalik 2015) zu nennen. Im Folgenden ein kurzer Gesprächsausschnitt zu der Erfahrung während des Hofrundgangs, dass Hühner, wenn eines zu Tode kommt, sich auch gegenseitig aufessen:

> Livana: Nein, ein anderes, weil okay es ist tot. Ich mein, was würden wir Menschen eigentlich tun, also ich find das, also keine Ahnung, hätte ich gedacht.
> Tanja: Naja, aber wir würden den toten Menschen ja begraben, damit er hier keine Bakterien, Viren … keine Ahnung was, macht. Und die können halt nicht graben und ein Huhn vergraben … Aber dann essen sie es halt!
> Anna: Aber wenn ein Mensch tot wäre, wär das glaube ich schädlicher den zu essen als Menschen als für ein Huhn.
> Livana: Aber Hühner fressen doch auch kein Fleisch, oder?
> […]
> Adnan: Ja, aber im Grunde machen die ja genau dasselbe wie wir. Sie nehmen sozusagen das tote Tier und nehmen es sozusagen aus der Bevölkerung, aus der Gruppe.
> Anna: Ja, aber wir essen das überhaupt nicht.
> Janina: Ja, wir essen die Menschen nicht, obwohl wir eigentlich Fleisch essen und die Hühner essen ja eigentlich nur…

Adnan: Ja, es gibt ja Völker, die das trotzdem machen.
Livana: Menschen sind *auch* so?

Auch das resümierende Abschlussgespräch ist als Einladung zur Versprachlichung zu sehen. Nicht zuletzt werden bei der Entwicklung und Planung der kleinen Theaterszene natürlich die Erlebnisse auf dem Hof auch sprachlich verarbeitet. Damit wird zusätzlich der im Ansatz der Alltagsphantasien geforderten „Zweisprachigkeit" Rechnung getragen (Gebhard 2012, S. 45). Die Annahme dahinter ist, dass Menschen sich Objekten ihrer Umwelt (und damit auch Unterrichtsgegenständen) immer sowohl objektivierend (über beschreibende und erklärende Wissensbestände) als auch subjektivierend (über Symbole, Narrationen und Phantasien) nähern, dass also nur im Wechselspiel beider Weltzugänge Sinn konstituiert werden kann. Gelingender Unterricht sollte immer beide Zugänge gleichermaßen fördern und wertschätzen sowie dazu befähigen, gleichsam spielerisch zwischen ihnen zu wechseln.

4. Chancen und Herausforderungen der Praxiseinheit für das Fach Biologie

Eine Chance (und zugleich eine Herausforderung) eines fächerverbindenden Unterrichts am außerschulischen Lernort Bio-Bauernhof ist die Auseinandersetzung mit den ethischen Implikationen der Biologie, wie sie durch den Kompetenzbereich Bewertung in den aktuellen Bildungsstandards vertreten sind. Häufig wird mit dem Plädoyer für unmittelbare Naturerfahrungen – und das gilt auch im Hinblick auf die Erfahrung mit Tieren – die Hoffnung verbunden, dass diese Erfahrungen sich im Hinblick auf naturethische Einstellungen auswirken (vgl. Gebhard 2013b, S. 115 f.; Lude 2001, Unterbruner/Forum Umweltbildung 2005). Schon Kant behauptete einen Zusammenhang zwischen der Hochschätzung des Naturschönen und einer moralischen Gesinnung, nämlich, „daß ein unmittelbares Interesse an der Schönheit der Natur zu nehmen […] jederzeit ein Kennzeichen einer guten Seele sei; und daß, wenn dieses Interesse habituell ist, es wenigstens eine dem moralischen Gefühl günstige Gemütsstimmung anzeige, wenn es sich mit der Beschauung der Natur gerne verbindet" (Kant 1790/1977, S. 395).

Die Bauernhofpädagogik interessiert vor allem die Frage, ob die Tierbeziehung auch zu einer erhöhten Bereitschaft zur Verantwortungsübernahme für Lebendiges im Allgemeinen führt. Verantwortung für den Erhalt der Biodiversität zu übernehmen und zu vermitteln, ist ausgewiesenes Ziel der Agenda 21 und des UN-Übereinkommens über die biologische Vielfalt. Es scheint, als ob das Bewusstsein für die Gefährdung der Biodiversität am Stellvertreter Tier konkreter werden kann (vgl. Leske/Bögeholz 2008). Das nährt den Gedanken, dass die in der Tierbegegnung übernommene Verantwortung auch Verantwortlichkeit gegenüber Lebendem und der Natur überhaupt fördere. Dabei handelt es sich bislang allerdings mangels empirischer Fundierung allenfalls um eine hoffnungsvolle Vermutung, auch wenn einige Ergebnisse in diese Richtung deuten (vgl. Wilde/Bätz 2009). Auch der Befund, dass durch die Interaktion mit Tieren Werthaltungen beeinflusst werden (vgl. Klingenberg 2012) und die Aufgeschlossenheit gegenüber der Natur im Allgemeinen steigt (vgl. Storrer/Hirschfeld 2007), unterstreicht den positiven Effekt auf das Verantwortungsbewusstsein.

Die direkte Erfahrung von und die Beziehung zu Tieren (hier vor allem zu Hühnern und Schweinen) kann moralische Gefühle und Intuitionen beeinflussen. Deutlich wird dies zum Beispiel durch die Kontrasterfahrung während des Hofrundgangs: einerseits die Erfahrung lebendiger Schweine (die zudem artgerecht gehalten werden) und andererseits der Anblick eines toten Schweines im Fleischraum des Restaurants. Die Beziehung zu lebendigen Tieren und zugleich die Erfahrung von Tod und Vergänglichkeit wurden in den Gesprächen zu einem zentralen Thema, das offenbar nachdenklich gemacht hat. Im Folgenden ein Ausschnitt aus den Gesprächen:

> Anna: Ich fand's komisch, dass wir diesen Fleischraum so eklig fanden, weil wir essen es ja.
> Tanja: Ja, aber er war nicht so eklig, wie wenn da jetzt geschlachtet würde.
> Janina: Es war ja überhaupt nicht roh oder also, du hast ja kein Blut da gesehen.
> Tanja: Also ich fand das nicht eklig oder so, aber einfach dieser Anblick von einem Schwein, was da so hängt.
> Janina: Aber das ist das ja.
> […]
> Mesut: Wir haben jetzt halt alle diesen Luxus, dass wir jeden Tag Fleisch essen können für günstige Preise und wenn wir jetzt alle Tiere nur Bio halten würden, dann könnten wir vielleicht in der Woche uns das nur einmal leisten. Und die meisten Menschen hier vor allem in so ner Konsumgesellschaft würden diesen Standard niemals aufgeben wollen.
> Tanja: Ja und das finde ich so traurig, ich habe erst vorn paar Tagen einen Artikel in einer Zeitschrift gelesen, dass wir eindeutig viel zu viel Fleisch essen und dass, wenn wir uns weiter so ernähren, die Erde das irgendwann so nicht mehr mitmachen würde. Und dann, das war so ein Interview mit dem Starkoch, Jamie Oliver.
> Mesut: Nach zehn Jahren sind die ersten Menschen auf dem Mars, dann haben wir das Problem nicht mehr.

Die moralische Frage des Fleischkonsums erfährt durch die direkte Erfahrung der originalen Begegnung eine Zuspitzung, zumindest einen unmittelbaren Anlass nachzudenken. Diese Verknüpfung von affektiver Berührtheit bzw. intuitiver Reaktion und (moralischer) Nachdenklichkeit passt gut zu neueren moralpsychologischen Erkenntnissen. Im Anschluss an v. a. Haidt (2001) kann davon ausgegangen werden, dass Natur- und Tiererlebnisse vor allem und primär die Intuition beeinflussen (vgl. Gebhard 2016). Bisherige eher rationalistische Ansätze in der Moralpsychologie gehen mit Piaget und Kohlberg davon aus, dass der Mensch zu moralischem Wissen und moralischem Urteilen primär durch einen Prozess des rationalen Denkens gelangt. In dem sozialintuitionistischen Ansatz von Haidt (2001) wird dagegen angenommen, dass zunächst eine moralische Intuition vorhanden ist und diese das moralische Urteil verursacht. Das rationale Denken findet überwiegend nach dem intuitiven Urteil, also als post-hoc-Rechtfertigung statt. Dabei wird in der Regel überwiegend nach Pro-Argumenten für das intuitive bereits gefällte Urteil gesucht. Somit bleibt das am Anfang intuitiv gefällte moralische Urteil auch nach dem rationalen Denken unverändert (vgl. ebd.).

Im Unterschied zu klassischen Modellen zur Förderung von Bewertungskompetenz im Biologieunterricht, die eine zielorientierte und (überwiegend) rationale Sicht auf Urteilsprozesse entfalten (Ausnahme: Dittmer et al. 2016; Reitschert/Hößle (2007); vgl. Lübke/Gebhard 2016), beeinflussen die Erfahrungen auf dem Bauernhof auch die intuitive Ebene. Das ermöglicht zum einen in besonderer Weise Prozesse allgemeiner Nachdenklichkeit in Bezug auf bioethische Themen und zum anderen verschiedene Bearbeitungsformen der Thematik. Die Jugendlichen bearbeiten sowohl in der biologieunterrichtstypischen Gruppendiskussion als auch in der Entwicklung einer Theaterszene den gleichen, von ihnen frei gewählten Themenaspekt des Fleischkonsums. Zentral ist dabei der Widerspruch zwischen dem Ekelempfinden beim Anblick eines geschlachteten Schweins und der Praxis des eigenen Fleischkonsums. Die Gruppendiskussion bietet dabei die Chance, Intuitionen, die, wie wir mit Haidt annehmen, Einfluss auf ihre Urteile haben, zum Gegenstand gemeinsamer Reflexion zu machen, wie im erfahrungsorientierten Ansatz nach Combe und Gebhard (2018; siehe oben) gefordert. Besonders die Entwicklung der Theaterszene führt dabei zu neuen und abstrakteren Aushandlungs- und Nachdenkprozessen, z. B. die Infragestellung der Hierarchie von Mensch und Tier. In der Gruppendiskussion verhandeln die Jugendlichen das Thema hingegen orientiert an ihrer eigenen Person und Lebenswelt. An dieser Stelle gehen die beiden Zugänge und v. a. deren Verknüpfung über die klassische Bewertungskompetenz hinaus, weil sowohl lebensweltliche, das persönliche Handeln betreffende Räume als auch abstrakte, allgemeine Werte und Normen der Gesellschaft betreffende Räume eröffnet und weitere verschiedenartige Mittel für Denk- und Aushandlungsprozesse bereitgestellt werden. Damit dies gelingen kann, benötigen die Jugendlichen die Kompetenz zur Übernahme und Aushandlung verschiedener Perspektiven sowie Kommunikationskompetenzen, die es ihnen ermöglichen, sich argumentativ mit der Komplexität ethischer Dilemmata wie hier aus dem Bereich der Tierethik auseinanderzusetzen.

Eine weitere Chance für den Biologieunterricht besteht in dem konsequent erfahrungspädagogischen Ansatz. Die Gruppe sammelt nicht nur Erlebnisse auf dem Hof, sie bekommt nicht nur Informationen, sondern die Erlebnisse werden in doppelter Weise reflektiert: zum einen in den Gruppengesprächen im Stile des Philosophierens mit Kindern und Jugendlichen und zum anderen durch die szenische Bearbeitung. Durch diese doppelte Reflexivität – nämlich gleichermaßen auf diskursive und präsentative Weise – haben die Erlebnisse auf dem Hof im Sinne des Erfahrungslernens (vgl. Combe/Gebhard 2012) und der Erfahrungstheorie von Dewey (1916/2011) die Chance, zu einer die Person berührenden Erfahrung zu werden.

5. Chancen und Herausforderungen der Praxiseinheit für das Fach Theater

Die besondere Chance und zugleich Herausforderung dieser Praxiseinheit aus Theatersicht besteht darin, den vertrauten Ort und Ablauf der Theaterarbeit, der Probe, der Aufführung zu verlassen und sich nicht nur inhaltlich auf ein neues Thema einzulassen, das mit Bioethik im Kontext Naturwissenschaft liegt, sondern auch den kreativen Produktionsprozess erfahrungsorientiert am anderen Ort Bauernhof durchzuführen.

Die für das Fach Theater in aktuellen Bildungsplänen formulierten und zu vermittelnden allgemeinen theaterästhetischen Handlungskompetenzen beziehen sich auf vier Kompetenzbereiche, die auch in dieser Praxiseinheit exemplarisch gefragt sind:

1) Theater begreifen (Sachkompetenz),
2) Theater spielen und erfinden (Gestaltungskompetenz),
3) Theater reflektieren (Kommunikative Kompetenz) und
4) an Theater teilhaben (Soziokulturelle Kompetenz) (vgl. Freie und Hansestadt Hamburg 2011).

So gehört es elementar zur Theaterarbeit, sich auf einen offenen kreativen Suchprozess zu begeben. Auch die Verknüpfung von Inhalten und Erfahrungen ist im theatralen Gestaltungsprozess angelegt und muss immer wieder aufs Neue entwickelt werden. Ebenso gehört das sich ergänzende Wechselspiel von affektiven und kognitiven Aspekten zum Handlungsrepertoire des Theatermachens, wenn fachliche Inhalte mit individuellen Erfahrungen und körperlichen Ausdrucksmöglichkeiten verbunden, gestaltet, ausprobiert und kritisch reflektiert werden in Bezug auf ihre szenisch-theatralen Bedeutungswirkungen. Dennoch waren die Rahmung und die thematische Komplexität an diesem anderen Ort und in diesem erlebnis- und erfahrungsintensiven Setting für die Jugendlichen sehr herausfordernd.

Bei dem an den Rundgang anschließenden kreativen Arbeitsprozess und den dabei entstandenen szenischen Ergebnissen war zu beobachten, dass die Gruppe im kollektiven Entwicklungsprozess erstaunlich produktiv und schnell zu inhaltlichen und dramaturgischen Zugriffen kam und die über den Rundgang aufgeworfenen zentralen bioethischen Fragestellungen sehr pointiert und zugespitzt verhandelte. Die Jugendlichen zeigten auf diese Weise eine souveräne Gestaltungskompetenz. Die aus theaterpädagogischer Perspektive im Theorieteil dieses Bandes formulierte Erwartung, dass ein szenisches Forschen am außerschulischen Lernort Jugendliche über die Realität von sozialen Feldern direkter an gesellschaftlichen Diskursen teilhaben lässt, zeigt sich hier deutlich erfüllt. Die Lernenden greifen nicht nur irgendwelche Beobachtungen auf, sondern gezielt solche, die mit ihren Alltagserfahrungen in Verbindung stehen und diese über zusätzliche Perspektiven erweitern. In den Präsentationen wird in ästhetischer Form eine Brücke zwischen dem beforschten und erlebten Feld (Bauernhof) und aktuellen bioethischen Diskursen wie beispielsweise der Frage nach Fleischkonsum oder einem artgerechten Umgang mit Tieren geschlagen. Gleichzeitig erarbeiten die Jugendlichen sich über ihre Erfahrungen im Feld eine Art Expertenwissen aus erster Hand, das sie in die weitere Auseinandersetzung mit den Themen hineintragen.

Auch die Erwartung, dass ein Forschen im Feld über die bereits konstatierte Fremdheit und Differenz zum Alltag der Jugendlichen in besonderer Weise ästhetische Übersetzungsleistung fordert und Gestaltungswille zeigt, wird erfüllt. Indem die Jugendlichen beispielsweise die Erfahrung des Fleischraumes oder die Beobachtung der Lebensbedingungen der Tiere auf dem Hof in Spielsequenzen transformieren, in denen Menschen in einem Erlebnisrestaurant ihr Fleisch selbst schlachten oder Tiere in einem Interview über ihr Leben berichten, werden die Eindrücke nicht nur abstrahiert, sondern auch reflektiert und in eine ästhetische Formsprache gebracht. Sie erwerben durch das Theaterspiel kommunikative und soziokulturelle Kompetenz.

Die Chance aus Theatersicht liegt in diesem reflexiven Moment, das nach Dewey erst die Erfahrung als aktuelle und zukünftige Handlungsfähigkeit konstituiert. Reflexion in dieser Praxiseinheit erfolgt sowohl über die Theatergestaltung als auch über die thematische bioethische Auseinandersetzung. Beides bedingt und befruchtet sich gegenseitig. In den Gesprächen während der Auswertungen und der Arbeitsphase zur Szenenentwicklung zeigt sich außerdem sehr deutlich, dass die Jugendlichen in der intensiven Selbst- und Fremdwahrnehmung auf dem Bauernhof und durch den Theaterprozess unterschiedliche Differenzerfahrungen machen und sogar selbst thematisieren.

Unter ästhetischen Kriterien und im Hinblick auf den Prozessverlauf ist allerdings auch kritisch anzumerken, dass die mit der sehr offenen Aufgabenstellung verbundenen Spiel- und Experimentiermöglichkeiten nicht voll ausgeschöpft oder entdeckt wurden. Bereits während des Rundgangs wird deutlich, dass die große Zurückhaltung der Lehrpersonen auch bedeutet, dass bestimmte Aspekte der Aufgabenstellung schnell aus dem Blick geraten. Die Jugendlichen sind dem Forschungsfeld gegenüber zwar sehr interessiert und tauschen sich in vielen persönlichen Gesprächen über das aus, was sie sehen, hören und erleben. Jedoch scheinen sie schnell vergessen zu haben, dass sie mit dem Arbeitsauftrag unterwegs sind, ästhetisches *Material* zu sammeln und festzuhalten. Sehr wahrscheinlich waren die unterschiedlichen Eindrücke und Handlungsmöglichkeiten, die für die meisten Beteiligten neu waren, so vielschichtig, dass dieser Sammelauftrag an Wichtigkeit verlor. Hier zeigt sich aus theaterpädagogischer Perspektive die Herausforderung, ein produktives Verhältnis zwischen Erleben und gleichzeitiger Materialsammlung für den späteren kreativen Theaterprozess zu finden. Eine mögliche Lösung hierfür könnte in einer anderen zeitlichen Aufteilung oder kleinteiligeren Beobachtungsaufträgen liegen (siehe Pfeiffer in diesem Band).

Die nur sehr spärliche Sammlung von Material spiegelt sich dann auch unmittelbar im szenischen Entwicklungsprozess – nur ein sehr kleiner Teil der entwickelten Ideen bezieht sich unmittelbar auf etwas, was im Feld gesehen, gehört oder erlebt wurde. Diejenigen Elemente, die in Bezug zum vorangegangen Rundgang stehen, zeigen sich eher mittelbar, weil sie ein Thema oder eine Situation aufgreifen. Unmittelbare Impressionen oder Aussagen, die auf der Bühne wiederholt, Handlungen, die dokumentiert, nachgeahmt oder (re-)inszeniert werden oder aber Objekte, die als Requisiten zum Einsatz kommen oder Geräusche und Töne finden sich so gut wie gar nicht. Zwar bezogen die Jugendlichen ihre Impulse durchaus aus den Eindrücken aus dem Feld, diese waren aber eher inhaltlicher und weniger ästhetisch-formaler Art. Sollen solche Impulse aus dem Feld stärker Eingang in die theaterästhetische Arbeit finden, müsste die Gruppe vermutlich noch gezielter dazu aufgefordert werden.

Auffällig ist, dass alle Gruppen unabhängig voneinander ihre szenische Präsentation in Form einer klassischen Spielszene mit verteilten Rollen und einer einfachen Narration entwickelten, die sehr an einem konventionellen Theaterverständnis orientiert ist. Die Aufgabenstellung war im Kontrast dazu bewusst sehr offen formuliert und hatte eben dies nicht eingefordert, sondern lediglich von einer „Präsentation von Ideen für einen Theaterabend“ gesprochen.

Eine didaktische Herausforderung für eine aus theaterpädagogischer Perspektive differenziertere Praxis würde also darin liegen, den Lernenden einerseits die Freiheit zu lassen, inhaltliche wie ästhetische Entscheidungen eigenständig zu treffen, sie andererseits aber gleichzeitig gezielt in diesem Prozess zu begleiten, durch Zwischenschritte herauszufordern und mögliche Gestaltungswege aufzuzeigen, die in den Ideen der Gruppe zwar bereits aufscheinen, aber vielleicht von den Jugendlichen selbst gar nicht gesehen oder weiter verfolgt werden. Der Artikel von Malte Pfeiffer in diesem Band sucht nach eben solchen Elementen und entwirft auf der Basis unserer Beobachtungen ein Spektrum an praktischen Arbeitsformen und Methoden.

6. Die Perspektive des Praxis-Partners Ökomarkt e. V.

Das Thema „Lernen am außerschulischen Lernort Bauernhof" ist in den vergangenen 20 Jahren in Deutschland sowie den europäischen Nachbarländern gewachsen und hat sich stark professionalisiert. Dennoch stellt sich immer noch die Frage, wie Schulen und landwirtschaftliche Betriebe optimal zusammenarbeiten können. Welche Veranstaltungsformate und Inhalte erscheinen sinnvoll, um Themen wie Landwirtschaft, Ernährung, Ressourcenschutz, Konsumentenverantwortung, Welthandel, Klimaschutz usw. im Sinne einer Bildung für Nachhaltige Entwicklung (BNE)[3] voran zu bringen? Die hier beschriebene Praxiseinheit kann aus der Perspektive der Bauernhofpädagogik als ein konstruktives Beispiel für die Weiterentwicklung der herkömmlichen Bauernhoferkundungen im Sinne einer Bildung für Nachhaltige Entwicklung verstanden werden.

Mit der Diskussion um die Agenda 21 und neue Methoden in der Umweltbildung stellt sich die Frage, wie es gelingen kann, dass sich Kinder und Jugendliche emotional mit einem Thema verbinden und eigene Ideen und Konzepte entwickeln, um das Erlernte in Handeln umzusetzen. Nach dem Motto „Global denken, lokal handeln" wurden die Hofveranstaltungen des Ökomarkt e. V. immer stärker so gestaltet, dass die kognitiven Inhalte in den Hintergrund rücken und die Hofbegleiter sich immer konsequenter darum bemühen, die aus der Anschauung entstehenden Fragen der Kinder und Jugendlichen zu beantworten. Geführt durch die Fragen der Teilnehmenden geht es darum, eigenständige Lernprozesse zu begleiten, emotionale Zugänge zu schaffen und das Lernen mit allen Sinnen durch eigenes Tun zu ermöglichen. Ein wichtiges Ziel des Ökomarkt e. V.-Teams war es, das Lernen am positiven Beispiel zu ermöglichen, um Kindern und Jugendlichen Visionen von dem mitzugeben, was möglich ist,

---

3 BNE ist die Abkürzung von Bildung für nachhaltige Entwicklung. Die Vereinten Nationen haben 2015 Ziele nachhaltiger Entwicklung (die so genannten Sustainable Development Goals, kurz SDGs) verabschiedet, in denen der Bildung durch die Umsetzung des Weltaktionsprogramms Bildung für Nachhaltigkeit (im Zeitraum 2015–2019) eine zentrale Rolle zugeschrieben wird. Das federführende Ressort in Deutschland ist das Bundesministerium für Bildung und Forschung. Eines der fünf zentralen Handlungsfelder im Weltaktionsprogramm beschäftigt sich mit der Frage, wie es gelingen kann, Jugendliche über die Auswirkungen ihrer täglichen Entscheidungen und Handlungen zu informieren, dabei aber auch ihre Kreativität und Entschlossenheit einzufordern, um machbare und innovative Lösungen und Alternativen für Veränderungen unserer Gesellschaft zu finden (vgl. UNESCO 2014).

und nicht im Sinne einer „Katastrophenpädagogik" (Gebhard 2013, S. 266) die Verantwortung für Fehlentwicklungen und Defizite bei den nachfolgenden Generationen ‚abzuladen'.

Die Diskussion im Rahmen der Dekade „Bildung für Nachhaltigkeit" ist geprägt durch de Haans Begriffe der „Handlungsorientierung" und der „Schlüsselqualifikationen" (de Haan/Harenberg 1999, S. 59). Im Orientierungsrahmen der Bund-Länder-Kommission „Bildung für eine Nachhaltige Entwicklung" beschreiben de Haan und Harenberg eine Reihe von didaktischen Prinzipien und Schlüsselqualifikationen. Je nach Ausgestaltung der Hoferkundung können alle zu fördernden Schlüsselqualifikationen einbezogen werden. Die Schlüsselqualifikationen „Selbstorganisation", „Gemeinsinnorientierung", „Wertorientierung" und „Teamfähigkeit" (ebd.) werden jedoch insbesondere dann angesprochen, wenn Hofführung und die pädagogische Reflexion ineinandergreifen. Hier einige Beispiele dazu:

Wenn Kinder und Jugendliche selbst aktiv werden und sich selbst spüren können (z. B. beim Kartoffeln ernten), fördert dies die „*Selbstorganisation*". Die Fähigkeit in der Gruppe, Verantwortung z. B. für das Füttern der Tiere zu übernehmen, erfordert darüber hinaus „*Teamfähigkeit*" und „*Gemeinsinnorientierung*". Insbesondere die Reflexion des Mensch-Nutztier-Verhältnisses erfordert, die eigene „*Wertorientierung*", d. h. „dem eigenen Leben und Handeln Sinn und ethischen Halt geben können" (ebd.), zu überdenken und einen eigenen Standpunkt dazu zu beziehen. Die Eindrücke aus dem Hofrundgang (z. B. Stall- und Hofladenbesuch mit Fleischtresen) müssen verarbeitet und mit den Informationen, die die Jugendlichen zur globalen Fleischproduktion erhalten haben, kombiniert werden. So kann „*vielfältige Wahrnehmungs- und Erfahrungsfähigkeit*" (ebd.) trainiert werden. Die Gruppe ist dazu aufgefordert, „Phänomene und Probleme multiperspektivisch wahrzunehmen und zu reflektieren" (ebd.). Spätestens bei der gemeinsamen Essenspause, bei der fleischhaltige und vegetarische Speisen gereicht werden, wird deutlich, dass das Gesehene Wirkung zeigen kann. Da jeder Mensch schon ab sehr jungen Jahren selber dafür verantwortlich ist, welchen Teil der angebotenen Speisen er oder sie wirklich isst, kann bereits beim (oder nach) dem Hofbesuch das Essverhalten reflektiert und ggf. verändert werden. Dies thematisiert eine Schülerin im Interview während der Reflexionsrunde sehr deutlich:

> Tanja: Ich hab aber vorhin nach der Runde, nachdem wir über den Hof gegangen sind, habe ich L. gefragt gehabt, ob sie jetzt nach der Führung eine andere Einstellung haben würde, also dadurch, dass sie gesehen hat, oh wie süß die Schweinchen da und die Hennen hatten ihren großen Auslauf und so. Sie meinte so, wenn sie das finanzieren könnte, ja, aber so würd sich das nicht durchsetzen.

Im Gegensatz zu vielen anderen Interventionen bzw. Themen der Umweltbildung können Kinder und Jugendliche die im Rahmen der Hoferkundung gesammelten Erkenntnisse und Eindrücke unmittelbar in ihr Leben, d. h. in ihr Ernährungsverhalten integrieren (wenn sie das möchten). Es geht dabei nicht darum, Menschen ‚umzuerziehen'. Vielmehr geht es darum, den Kindern und Jugendlichen ihre Rolle als mündige Konsument/innen ins Bewusstsein zu holen, was wiederum ein wichtiges Ziel einer Bildung für Nachhaltige Entwicklung ist[4] (vgl. Ziel 12 der Sustainable Development Goals, United Nations 2016). Dabei sollte das Ziel des Hofbegleiters und der begleitenden Pädagogen nicht sein, die Teilnehmenden z. B. für oder gegen den Fleischkonsum gewinnen zu wollen, sondern es geht darum, den Lernenden ihre Handlungs- und Entscheidungsspielräume bewusst zu machen. Dadurch kann das Gefühl von „Selbstreflexionsfähigkeit"[5] und „Werteorientierung" wachsen (vgl. Bund-Länder-Kommission 1998; de Haan/Harenberg 1999). Eine Schülerin beschrieb diese Erkenntnis in der Abschlussdiskussion wie folgt:

> Lea: Also ich muss sagen, dass ich jetzt nicht unbedingt auf Fleisch verzichte, aber vielleicht mehr darauf achte. Was weiß ich, dass ich vielleicht mehr darauf achte halt, Bio-Fleisch dann zu kaufen, wenn ich Fleisch esse. Oder generell einfach, ja, darauf achte.

Im Rahmen einer Bildung für Nachhaltige Entwicklung wird jedoch auch das Ziel verfolgt, im Rahmen des „Whole Institutional Approaches" (BMBF 2015) Lernende dazu zu befähigen, die Schulgemeinschaft bzw. die Schule als Lebens- und Erfahrungsraum im Sinne einer Nachhaltigen Entwicklung zu gestalten (vgl. ebd.).

Der Ökomarkt e. V. entwickelte für dieses Ziel Projektformate, bei denen Unterrichtsbesuch, Hoferkundung und die Organisation eines Aktionstages als sogenannter Dreisprung[6] angeboten werden. Nach der Vorbereitung im Unterricht (1) besuchen die Kinder oder Jugendlichen einen außerschulischen Lern-

4 Die Bundesregierung hat 2017 ein Nationales Kompetenzzentrum für Nachhaltigen Konsum eingerichtet (vgl. www.k-n-k.de/).

5 Im Orientierungsrahmen der BLK ist Selbstreflexionsfähigkeit wie folgt beschrieben: „[...] indem persönliche Motive und Interessen, eigene Wahrnehmungs- und Deutungsmuster, aber auch Motiv- und Verhaltensambivalenzen artikuliert und reflektiert werden; indem aber auch eigene besondere Lern- und Leistungspotentiale erkannt werden." (BLK 1998, S. 29) Wertorientierung wird beschrieben als „die Fähigkeit, dem eigenen Leben und Handeln sinnhafte und humane Orientierungen geben zu können, indem Entscheidungen und Verständigungsbemühungen immer wieder auf die ethischen Zielsetzungen und Begründungen einer nachhaltigen Entwicklung bezogen werden." (BLK 1998, S. 29)

6 Siehe auch den methodischen Dreischritt des außerschulischen Lernens nach Sauerborn/Brühne (2014, S. 91 f.).

ort, um dort Eindrücke und Erfahrungen zu sammeln (2). Das Erlernte und Erlebte soll (3) dann in Form eines Aktionstages in der Schule mit der Schulgemeinschaft geteilt werden (vgl. Ökomarkt 2017). Dieses Veranstaltungsformat ist in der Regel sehr viel aufwendiger als die Organisation von halbtägigen Hoferkundungen und erfordert eine gute Abstimmung mit der Schule und dem schulischen Kontext, in dem diese komplexe Unterrichtseinheit platziert wird. Die intensivere Auseinandersetzung mit dem Thema gibt den Teilnehmenden mehr Zeit, um sich Lerninhalte zu erschließen und das Erlernte durch die gemeinsame Reflexion aufzubereiten und mit der Schulgemeinschaft zu teilen. Vielen Kindern und Jugendlichen fiel es jedoch schwer, in diesem Format eine eigene Position zu entwickeln und nicht nur (vermeintlich) erwünschte Lerninhalte wiederzugeben. Im Anschluss an die Aktionstage bzw. den Dreisprung bleibt oft offen, welcher Aspekt der Hoferkundung oder des zu bearbeitenden Themas für die Teilnehmenden am beeindruckendsten, bewegendsten, kontroversesten, inspirierendsten war. Hier öffnet sich das Potenzial der Verknüpfung von Theater und Biologie. Natürlich sind die in Kleingruppen erarbeiteten Infoposter oder Aktionstische, die auf Aktionstagen präsentiert werden, auch eine Möglichkeit im Sinne einer Bildung für Nachhaltige Entwicklung, das Erlebte aufzubereiten, aber die szenische Darstellung ermöglicht der Gruppe alternative Zugangs- und Ausdruckformen, die sowohl reflexive als auch handelnde Momente beinhaltet. Im Gegensatz zu den üblichen Power-Point Präsentationen, Infotischen oder Texten für die Schul-Internetseite, bei denen (vermeintlich) richtige oder falsche Fakten durch die Lernenden präsentiert werden, werden die Teilnehmenden im Theaterspiel dazu gezwungen, für sich eine eigene Position zu dem Erlebten zu entwickeln und dies auf der Bühne zu präsentieren. Sie sind – so wie auf einer guten Bauerhoferkundung auch – mit allen Sinnen beteiligt.

Ein wichtiges Ergebnis für den Ökomarkt e.V. aus der Zusammenarbeit mit der Universität war die Erkenntnis, dass die künstlerisch-theatrale Auseinandersetzung mit dem auf der Hofführung Erlebten es den Jugendlichen ermöglicht, „(wert-)freier“ und „kreativer“ mit dem Erlebten und Erlernten umzugehen. Im Theaterspiel konnten die vermittelten Fakten in den Hintergrund treten und die primären Eindrücke und emotionalen Bezugsgrößen wurden szenisch aufgegriffen und sichtbar.

Auffällig war beispielsweise, dass alle Gruppen Szenen entwickelten, die sich mit der Tierhaltung beschäftigten, obwohl auch der Pflanzenbau oder Vermarktungsorte auf dem Hof angesprochen und gezeigt worden waren. So scheint durch den direkten Kontakt mit den Tieren die emotionale Bindung und Ansprache am stärksten hervorzutreten. Die entwickelten Szenen waren dabei nicht auf den Bio-Landbau fokussiert, sondern thematisierten – der Aufgabe entsprechend – das Mensch-Tier-Verhältnis als Ganzes. Zwei Gruppen setzten sich im Kern ihrer Szene mit der Rolle der Konsumenten auseinander. Die Fragen „Wie halten wir die Nutztiere?", „Dürfen wir Tiere schlachten, um sie zu essen?", „Sollte ich Fleisch essen?" dominierten diese Szenen.

Besonders erschien, dass alle Gruppen nicht dabei stehen blieben, die Haltungsformen zu beschreiben, sondern die Rolle des Verbrauchers in diesem Kontext aufgriffen. Die Jugendlichen schlagen in ihren Szenen so die Brücke zum persönlichen Konsumverhalten und den daran geknüpften Fragen für unsere Gesellschaft. So wurde die Schlüsselkompetenz „Gemeinsinn- und Wertorientierung" (vgl. de Haan/Harenberg 1999) angesprochen. Die Übersetzung des Erlebten in Szenen spiegelt dabei die jeweilige Einstellung und Wahrnehmung des Themas gut wider. Möchte man ergründen, was Jugendliche wirklich bewegt und worüber sie nachdenken, so eröffnet die theatrale Verarbeitung große, noch nicht annähernd in der schulischen Praxis ausgelotete Chancen. Zum Beleg der oben beschriebenen Eindrücke anbei noch Zitate aus der Abschlussdiskussion, die die Hoferkundung in Kombination mit dem Theaterspiel (in Abgrenzung zum normalen Schulunterricht) positiv beschreiben:

> Pia: Also über diese Bindung habe ich eigentlich nie nachgedacht. Aber ich finde, dass, also dass ist das, was mir heute was gebracht hat, dass während ich vorher nie nachgedacht hab', hab' ich das halt heute so reflektiert, wie man eigentlich selber darüber denkt. Und das unterstützt mich dann eigentlich auch selber nochmal in meinem Handeln. Also wie ich dann das Fleisch konsumiere und so weiter. Weil ich halt jetzt auch wirklich weiß eigentlich, warum ich das so mache und wie ich dazu eigentlich stehe.
> Viviane: Kann ich auch voll und ganz zustimmen. Ich find also auch total gut, dass wir so'n – ja man konnte auch sehr schnell dieses Gespräch suchen. Und ich fand's auch schön einfach, nochmal Menschen zu hören, die wirklich diesen Lebensstil verfolgen. Und ihr Leben, ihr Lebensziel zum Beruf gemacht haben. Aber auch gleichzeitig sozusagen etwas für unsere Zukunft tun. Und einfach dieses Bewusstsein haben, dass, was gerade auf dem Markt passiert, was für fatale Folgen das hat. Und ich finde, – klar, mir ist klar, ich wusste schon vorher, dass wir nicht mehr dieses Vier-Stationen-System haben. Sondern alles in, alles für sich alleine steht und diese großen Transportkosten und etc. pp. haben. Aber es ist trotzdem nochmal schön, dass es einfach, dass sowas existiert. Und dass man nochmal erklärt, wie das hier funktioniert und dass man wirklich vor Augen alles hat, dass es ja geht. Dieser Bezug, der macht einem, der öffnet einem eigentlich nur die Augen und sagt: es geht, es ist erreichbar. Man muss nur dran bleiben.

Das Team des Ökomarkt e. V. hat die Zusammenarbeit mit der Universität überzeugt und es besteht große Offenheit, Methoden und Veranstaltungsformate weiter zu entwickeln, die das szenische Spiel oder Theaterspiel in die Nachbereitung von Hof- und Betriebsführungen einbeziehen. Die Freiheit im Denken und die Möglichkeit, eine emotionale Betroffenheit im Theaterspiel auszudrücken, erscheint sehr wertvoll und übertrifft die Möglichkeiten, die eine allein kognitive Auseinandersetzung mit dem Thema bietet, um ein Vielfaches.

7. Fazit

Mit der vorgestellten Praxiseinheit und in dem komplexen Zusammenspiel der beiden Fächer Biologie und Theater zeigt sich das produktive Lern- und Bildungspotenzial, wenn sich in einem erfahrungsorientierten Setting naturwissenschaftliche und künstlerisch-ästhetische Gegenstände, Zugänge und Perspektiven aufeinander beziehen. In der Herausforderung, ja teilweise irritierenden Überforderung durch Lernort, Thema und performative Aufgabenstellung vermittelt sich eine intensive Lernerfahrung für die beteiligten Jugendlichen. Diese intensive affektive und körperlich-leibliche Erfahrung, die durch die Arbeitsaufgaben als diskursive und szenische Bearbeitung eine vielschichtige Vertiefung und Reflexion erfährt, bahnt Möglichkeiten an, individuelle Selbst- und Weltverhältnisse in Frage zu stellen. Es wird auch deutlich, dass die Konzeption und Organisation solcher Praxiseinheiten in der Vorbereitung, aber auch in der Durchführung, Engagement, Zeit und Muße, aber vor allem auch der Bereitschaft aller Beteiligten bedarf, sich auf offene Lern- und Entwicklungsprozesse einzulassen. Dann aber überzeugt diese Praxis wie jede gute Performance durch Intensität, Einmaligkeit und Getroffensein.

Anregungen für die Praxis aus der Perspektive des Biologieunterrichts

1. Vorbereitung und/oder Nachbereitung

1.1 Kompetenzbereich Bewertung

Ethische Perspektiven erarbeiten

Modelle der Ethik zum Wert (und zur Hierarchie) von Lebewesen in ihren Unterschieden und Konsequenzen für Werturteile erarbeiten: Anthropozentrismus (klassischer & gemäßigter Anthropozentrismus) und Physiozentrismus (Holismus; radikaler Biozentrismus; Zoozentrismus; Pathozentrismus; gemäßigter Biozentrismus)

Perspektivwechsel üben (z. B. durch ein Rollenspiel)

In einer moderierten Fernsehsendung wird über folgende Frage diskutiert: Fleisch essen ja oder nein? Und zu welchem Preis? Diskutiere aus der Perspektive deiner Rolle.

Mögliche Rollen: Vertreter/in einer Tierschutzorganisation, der konventionellen Landwirtschaft mit Massentierhaltung, eines familiengeführten Bio-Bauernhofes mit Hofladen, Vegetarier/in, ein Fleisch essender Mensch, eine Ärztin und ein/e Tierethiker/in

Vorbereitung: In Kleingruppenarbeit werden anhand von Material Argumente für die jeweilige Perspektive erarbeitet.

1.2 Kompetenzbereich Kommunikation

Argumentieren üben

Was ist ein gutes Argument? Gesprächsstrategien: Weiterführen, Widersprechen, Anknüpfen, Umdeuten, Provozieren…

2. Bei der Durchführung

Während der Hoferkundung:

Beobachtungaufträge formulieren

Während der Gruppendiskussion:

Ziel der Diskussion explizieren; Moderation festlegen; Moderationskärtchen mit möglichen Impulsen: Begründung einfordern; Beispiel einfordern, Perspektivwechsel anregen, Bezüge herstellen; Gedankenexperimente durchführen etc.

Anregungen für die Praxis aus der Perspektive des außerschulischen Lernortes

Das Thema Lernort Bauernhof ist über die vergangenen 20 Jahre in Deutschland und in den europäischen Nachbarländern gewachsen. In fast allen Bundesländern gibt es Koordinierungsstellen, die zwischen Schulen und aufgeschlossenen landwirtschaftlichen Betrieben vermitteln und dabei helfen, einen für ihre Unterrichtszusammenhänge passenden Hof zu finden. Die entsprechenden Adressen finden Sie unter: www.lernenaufdembauernhof.de

Im Rahmen eines EU-Projektes entstanden eine Homepage und ein E-Learning Kurs zum Thema „Lernort Bio-Bauernhof" mit umfangreichen Hinweisen für Bauernhof-Erkundungen und Unterrichtsprojekte. Die Internetseite lautet: www.learningonbiofarm.eu

Wer eine Hoferkundung planen möchte, sollte bedenken:

- Es gibt spezielle Schulbauernhöfe, die für eine Woche oder 10 Tage von Schulklassen besucht werden können. Sie eignen sich besonders für intensive Erlebnisse und bieten die Möglichkeit, vor Ort konzentriert an einem gemeinsamen Projekt zu arbeiten. (Liste der Schulbauernhöfe unter www.baglob.de)
- Planen Sie den Bauernhofbesuch mit ausreichend Vorlauf (3 Monate). Beachten Sie dabei, in welcher Jahreszeit Sie den Hof erkunden werden. Klären Sie mit dem Hofbegleiter oder Landwirt, welche Anbauschwerpunkte bzw. Tiere oder auch andere Arbeitsbereiche zu erkunden sind und ob es möglich ist, dass die Schüler selber aktiv werden können (z. B. Füttern der Tiere, Ernte, Brötchen backen, Pflege des Geländes).
- Denken Sie an wetterfeste Kleidung und an Möglichkeiten, wie die Schüler die Eindrücke für sich dokumentieren können.

Anregungen für die Praxis aus der Perspektive des Theater-Unterrichts 1

- Grundlagen, die einen aus theaterästhetischer Perspektive produktiven Arbeitsprozess mit Material und Thematiken aus einer Feldexkursionen anbahnen, können unter anderem sein: Die Beschäftigung mit Realitätsbezügen und der Produktion von Zeichen und Bedeutung im Theater, das eigenständige Recherchieren sowie das Schreiben von Texten für Probenprozesse und generell das Entwickeln von szenischem Material auf der Grundlage von Ideen oder bestimmten Fragmenten wie einem Objekt, einer Figur, einem bestimmten Text, etc.
- Zur Vorbereitung sollte gemeinsam geklärt werden, welche Art von ästhetischem Material die Gruppe während der Exkursion für den späteren Probenprozess sammeln kann bzw. soll. Dafür bietet sich an, konkrete Beobachtungsaufträge zu entwickeln und diese eventuell bereits in einem Testlauf auszuprobieren, damit die Sammlung im Feld dann routinierter verlaufen kann. Sollen Bewegungen gesammelt werden, Geräusche oder Dialoge, Ideen für Kostüme, Figuren oder Bühnenbild, inhaltliche Informationen oder Videomaterial für Projektionen? Sollen individuelle Erlebnisberichte entstehen? Wie können diese Elemente am besten festgehalten werden, so dass sie später tatsächlich genutzt werden können?
- Vor Ort genügend Zeit einplanen, damit während der Exkursion Zeit zum Beobachten bleibt und gleichzeitig aber auch Gelegenheit besteht, aktiv Erfahrungen zu sammeln: Welche Möglichkeit für aktive Teilnahme gibt es vor Ort? Darf in der Bäckerei selbst gebacken werden? Im Labor an einer Versuchsreihe teilnehmen? Auf dem Friedhof eine Grabpflege begleiten? Die Phase der Feldforschung ist bewusst als maximal offener Prozess zu denken, in dem die Schüler/innen jeweils individuellen Spuren folgen und eigene Erfahrungen machen können.

Anregungen für die Praxis aus der Perspektive des Theater-Unterrichts 2

- Probenprozess: Zu Beginn unbedingt genügend Zeit für Reflexion der Exkursion und den Austausch über die Erfahrungen einplanen. Im Arbeitsprozess, wenn die gemachten Beobachtungen in szenisches Material transformiert werden, kann die Lehrperson immer wieder dazu ermutigen, konkretes Material aus dem Feld als Impuls und ästhetisches Material zu verwenden. Dafür sollte der Arbeitsraum auch Möglichkeiten bieten, Material aus der Sammlung gut zugänglich aufzubewahren und zu visualisieren, sowie eine kleine technische Ausstattung bereitstellen. Wichtig ist bei der Anleitung außerdem, immer wieder Zwischenschritte zu besprechen, Variationen auszuprobieren und ergänzende Aufgaben zu stellen, wenn die Schüler/innen sich im Prozess verlieren. Konkrete Aufgaben zur Transformation von Beobachtungen in szenisches Materials finden sich u. a. bei Pfeiffer in diesem Band sowie bei Peters 2006, Hinz et al. 2018, Pfeiffer 2018 und 2019.

Literatur

Behörde für Umwelt und Energie der Freien und Hansestadt Hamburg (2017): Qualitätsentwicklung in der außerschulischen Bildung. Zertifizierung außerschulischer Anbieter im Rahmen einer Bildung für nachhaltige Entwicklung in Hamburg, Mecklenburg-Vorpommern und Schleswig-Holstein. www.hamburg.de/contentblob/8914382/c4881f1ea20a48778f8725787d638c6d/data/d-nunbroschuere.pdf (Abfrage: 17.6.2018).

Billmann-Mahecha, Elfriede/Gebhard, Ulrich (2014): Die Methode der Gruppendiskussion zur Erfassung von Schülerperspektiven. Beispiele zu bioethischen Fragestellungen und Alltagsphantasien. In: Krüger, Dirk/Parchmann, Ilka/Schecker, Horst (Hrsg.): Methodenhandbuch für die naturwissenschaftsdidaktische Forschung. Berlin: Springer, S. 147–158.

Bönsch, Manfred (2003): Unterrichtsmethodik für außerschulische Lernorte. In: Das Schullandheim, H. 2, S. 4–10.

Brandstätter, Ursula (2012): Ästhetische Erfahrung. In: Bockhorst, Hildegard/Reinwand-Weiss, Vanessa/Zacharias, Wolfgang (Hrsg.): Handbuch Kulturelle Bildung. München: kopaed, S. 174–180.

Bund-Länder-Kommission für Bildungsplanung und Forschungsförderung (1998): Bildung für eine nachhaltige Entwicklung – Orientierungsrahmen, BLK Heft 69.

Combe, Arno/Gebhard, Ulrich (2012): Verstehen im Unterricht. Die Rolle von Phantasien und Erfahrung. Wiesbaden: Springer.

Combe, Arno/Gebhard, Ulrich (2007): Sinn und Erfahrung. Zum Verständnis fachlicher Prozesse in der Schule. Opladen: Budrich.

Dewey, John (1916/2011): Demokratie und Erziehung. Eine Einleitung in die psychologische Pädagogik. Hrsg. Jürgen Oelkers. Weinheim/Basel: Beltz.

Dewey, John (1988): The later works of John Dewey. Ed. by J. A. Boydston. Carbondale [u. a]: Southern Illinois: UP.

Dittmer, Arne/Gebhard, Ulrich/Höttecke, Dietmar/Menthe, Jürgen (2016). Ethisches Bewerten im naturwissenschaftlichen Unterricht: Theoretische Bezugspunkte für Forschung und Lehre. In: Zeitschrift für Didaktik der Naturwissenschaften, H. 22, S. 97–108.

Dunker, Ludwig (1997): Vom Sinn des Ordnens. Zur Rekonstruktion der Wirklichkeit in und zwischen den Schulfächern. In: Duncker, Ludwig/Popp, Walter (Hrsg.): Über Fachgrenzen hinaus.

Chancen und Schwierigkeiten des fächerübergreifenden Lehrens und Lernens, Band 1: Grundlagen und Begründungen. Heinsberg: Dieck Verlag, S. 119-134.

Dühlmeier, Bernd (2010): Mehr außerschulische Lernorte in der Grundschule. Baltmannsweiler: Schneider Verlag Hohengehren.

Freie und Hansestadt Hamburg, Behörde für Schule und Berufsbildung (2011): Bildungsplan Gymnasium, Sek. I Theater. Hamburg.

Gebhard, Ulrich (2013a): Schülerinnen und Schüler. In: Gropengießer, Harald/Harms, Ute/Kattmann, Ulrich (Hrsg.): Fachdidaktik Biologie. 9. Aufl. Hallbergmoos: Aulis, S. 198–211.

Gebhard, Ulrich (2013b): Kind und Natur. Die Bedeutung der Natur für die psychische und physische Entwicklung. 4. Aufl. Wiesbaden: Springer.

Gebhard, Ulrich (2012): Phantasie und Phantasien im Lernprozess. In: Sting, Wolfgang/ Miruch, Gunter/Stüting, Eva Maria Klinge, Anne Katrin (Hrsg.): TUSCH: Poetiken des Theatermachens. München: kopaed, S. 35–54.

Gebhard, Ulrich (2016): Intuition und Reflexion. Der Ansatz Alltagsphantasien. In: Eser, Uta (Hrsg.): Jenseits von Belehrung und Bekehrung: Wie kann Kommunikation über Ethik im Naturschutz gelingen? In: BfN-Skripten, H. 437, S. 84–97.

Gebhard, Ulrich/Lübke, Britta/Pfeiffer, Malte/Sting, Wolfgang (2018): Antworten auf Irritationsmomente im Biologie- und Theaterunterricht In: Bähr, Ingrid/Gebhard, Ulrich/Krieger, Claus/ Lübke, Britta/Pfeiffer, Malte/Regenbrecht, Tobias/Sabisch, Andrea/Sting, Wolfgang (Hrsg.): Irritation als Chance – Bildung fachdidaktisch denken. Wiesbaden: Springer VS, S. 221–258.

Haan, Gerhard de/Harenberg, Dorothee (1999): Bildung für eine nachhaltige Entwicklung. Gutachten zum Programm. Bonn: BLK.

Haidt, Jonathan (2001): The Emotional Dog and its Rational Tail. A Social Intuitionist Approach to Moral Judgement. Psychological Review 108, H. 4, S. 814–834.

Hentschel, Ulrike (1996): Theaterspielen als ästhetische Bildung: über einen Beitrag produktiven künstlerischen Gestaltens zur Selbstbildung. Milow: Schibri.

Hinz, Melanie (2014): Forschendes Theater im Sozialen: Künstlerische Feldforschung. Vortrag gehalten im Rahmen der Fachtagung für Lehrkräfte im Fach Theater in Wolfsburg am 24. Juni 2014. fraeuleinwunderag.net/wp-content/uploads/2016/07/DOC_Melanie-Hinz_Vortrag-Künstlerische-Feldforschung.pdf (Abfrage 04.05.2018),

Hinz, Melanie/Kranixfeld, Michael/Köhler, Norma/Scheurle, Christoph (Hrsg.) (2018): Forschendes Theater in Sozialen Feldern. München: kopaed.

Kant, Immanuel (1790/1977): Kritik der Urteilskraft (Werkausgabe Band X) Frankfurt a.M.: Suhrkamp.

Klingenberg, Konstatin (2012): Lebende Tiere im Unterricht. Analysen – Studien – Konzepte. Berlin: Logos.

Leske, Susanne/Bögeholz, Susanne (2008): Biologische Vielfalt regional und weltweit erhalten. Zur Bedeutung von Naturerfahrung, Interesse an der Natur, Bewusstsein über deren Gefährdung und Verantwortung. Zeitschrift für Didaktik der Naturwissenschaft, H. 14, S. 167–184.

Lübke, Britta/Gebhard, Ulrich (2016): Nachdenklichkeit als Element von Bewertungskompetenz? Fallstudien zur Reflexion von Alltagsphantasien im Biologieunterricht. In: Menthe, Jürgen/Höttecke, Dietmar/Zabka, Thomas/Hammann, Marcus/Rothgangel, Martin (Hrsg.): Befähigung zu gesellschaftlicher Teilhabe. Beiträge der fachdidaktischen Forschung. Münster u. a.: Waxmann, S. 119–130.

Lude, Armin (2001): Naturerfahrung und Naturschutzbewusstsein. Innsbruck: Studienverlag.

Michalik, Kerstin (2015): Philosophieren mit Kindern. Sinnkonstitution im Gespräch. In: Gebhard, U. (Hrsg.): Sinn im Dialog. Zur Möglichkeit sinnkonstituierender Lernprozesse im Fachunterricht. Wiesbaden: Springer-VS, S. 179–198.

Oevermann, Ulrich (1991): Genetischer Strukturalismus und das sozialwissenschaftliche Problem der Entstehung des Neuen. In: Müller-Dohm, S. (Hrsg.): Jenseits der Utopie. Frankfurt am Main: Suhrkamp, S. 267–338.

Ökomarkt e. V. (2017): Der Dreisprung. www.oekomarkt-hamburg.de/schule-und-landwirtschaft/der-dreisprung/ (Abfrage 17.6.2018).

Peters, Sibylle (2006): Anleitung zur Wundersuche. www.fundus-theater.de/wp-content/uploads/2017/09/brsch_wundervorn.pdf (Abfrage 16.03.2018).

Pfeiffer, Malte (2018): Aufgaben zur Feldforschung mit Jugendlichen. In: Hinz, Melanie/Kranixfeld, Michael/Köhler, Norma/Scheurle, Christoph (Hrsg.): Forschendes Theater in Sozialen Feldern. München: kopaed, S. 141–144.

Pfeiffer, Malte (2019): Szenische Interpretationen von Beobachtungen in naturwissenschaftlichen Forschungsfeldern – Anregungen für die Praxis. In: Gebhard, Ulrich/Lübke, Britta/Ohlhoff, Dörthe/Pfeiffer, Malte/Sting, Wolfgang (2019): Natur | Wissenschaft | Theater. Performatives Arbeiten im Fachunterricht. Weinheim/Basel: Beltz Juventa.

Pfeiffer, Malte (i. E.): Feldforschung als künstlerische Praxis in der Theaterpädagogik. Fallstudie zur Entwicklung eines theoretisch und empirisch fundierten Praxisansatzes. München: kopaed (erscheint 2019).

Reitschert, Katja/Hößle, Corinna (2007): Wie Schüler ethisch bewerten. Eine qualitative Untersuchung zur Strukturierung und Ausdifferenzierung von Bewertungskompetenz in bioethischen Sachverhalten bei Schülern der Sek. I. Zeitschrift für Didaktik der Naturwissenschaften 13, S. 125–143.

Sauerborn, Petra/Brühne, Thomas (2014): Didaktik des außerschulischen Lernens. Baltmannsweiler: Schneider Verlag Hohengehren.

Storrer, Jürgen/Hirschfeld, Emma (2007): Lebende Wirbellose im Unterricht. In: Praxis der Naturwissenschaften – Biologie in der Schule, H. 56, S. 4–8.

Thomas, Bernd (2009): Lernorte außerhalb der Schule. In: Arnold, Karl-Heinz/Sandfuchs, Uwe/Wiechmann, Jürgen (Hrsg.): Handbuch Unterricht. Bad Heilbrunn: Klinkhard, S. 283–287.

Traub, Silke (2003): Das Museum als Lernort für Schulklassen. Hamburg: Kovač.

United Nations (2016): Sustainable development Goals. https://sustainabledevelopment.un.org/sdgs (Abfrage 17.6.2018).

Unterbruner, Ulrike/Forum Umweltbildung (Hrsg.) (2005): Naturerleben. Innsbruck: Studienverlag.

Wilde, Matthias/Bätz, Katrin (2009): Sind die süüüß! – Der Einfluss des unterrichtlichen Einsatzes lebender Zwergmäuse auf Wissenserwerb, Motivation und Haltungswunsch. In: Didaktik Biologie, H. 17, S. 19–30.

Christian Gefert

Philosophieren in der Performanz

Theatrales Philosophieren als performative Textarbeit

Der *performative turn* in den Kultur- und Sozialwissenschaften (vgl. Bachmann-Medick 2009, S. 104–143) hat auch für die pädagogische Forschung unübersehbare Konsequenzen: Mit dieser performativen Wende ist die Idee verbunden, „Prozesse der Interaktion und dramaturgische Sprach- und Handlungsvollzüge sowie Körperlichkeit und Materialität der Erziehungs- und Bildungssituationen in den Mittelpunkt zu rücken" (Wulf/ Zirfas 2007, S. 10). Damit lässt sich „der Gegenstand der Pädagogik" nicht nur „als ein in der Geschichte verlaufendes Geschehen bestimmt, das sich in objektiven und tradierbaren Systemen von Institutionen, Intentionen und Methoden kondensiert" (ebd., S. 8). Gleichzeit rückt bei der Betrachtung von Erziehungswelten die Perspektive auf „Inszenierungs- und Aufführungspraktiken sozialen bzw. pädagogischen Handelns, deren wirklichkeitskonstitutive Prozesse sowie den Zusammenhang von körperlichem und sprachlichen Handeln, Macht und Kreativität in den Mittelpunkt" (ebd., S. 10; vgl. auch Wulf/Göhlich/Zirfas 2001). Diese Perspektive ist nicht nur analytisch von Interesse, sie verändert auch die Sichtweise auf die didaktische Inszenierung von Bildungsprozessen: Das „Zusammenspiel von Sprache und Körper bei der Erzeugung von Bedeutung" (Even/Schewe 2016, S. 15) rückt in den Mittelpunkt der Betrachtung. Lernende werden dabei „nicht als passiv, sondern als Gestaltende, und als dynamisch statt statisch wahrgenommen" (Fleming 2016, S. 44).

Die performative Verkörperung von Bedeutung innerhalb eines didaktischen Settings lässt sich unter diesem Gesichtspunkt als eine Form des *Embodiments* begreifen (vgl. Fischer-Lichte 2004, S. 131). Dabei geht es *nicht* darum, dass Lernende in einem solchen Prozess – wie noch im psychologisch-realistischen Verständnis des Theaters seit Ende des 18. Jahrhunderts üblich – als Zeichenträger eine (vermeintlich) feststehende Bedeutung (eines Textes) als *„dramatis personae"* an und mit ihrem Körper zum Ausdruck und damit ihr „leibliche[s] In-der-Welt-Sein [...] zum Verschwinden" bringen (ebd.). Im Gegensatz dazu geht es im Rahmen einer zeitgemäßen performativen Didaktik vielmehr darum, ein Verkörperungskonzept zu realisieren, im Rahmen dessen die „Verwendungen des Körpers im leiblichen In-der-Welt-Sein der Darsteller bzw. Performer ihr Fundament und ihre Begründung [findet]" (ebd., S. 139). Dem Lernenden als Performer obliegt es demnach nicht, mit dem eigenen Körper eine vorgegebene Bedeutung lediglich nachzuahmen. Sein Körper erscheint auch nicht als das Instrument bzw. als das Material für die physisch-materiale Veranschaulichung einer vorab festgelegten Intention des Lehrenden. Vielmehr geht es darum, den „Körper selbst als etwas Geistiges in Erscheinung treten zu lassen, ihn als verkörperten Geist zur Erscheinung zu bringen" (ebd.) (vgl. dazu auch Grotowski 2000). Der Lernende als Performer generiert also *selbst* eine Bedeutung, die er mit dem eigenen Körper, der „als verkörperter Geist (*embodied mind*)" (Fischer-Lichte 2004, S. 140) verstanden wird, zum Ausdruck bringt. Erika Fischer-Lichte hebt hervor, dass in dieser Sichtweise des Performativen ein „radikal neudefinierter Begriff der Verkörperung" entsteht: Der Begriff „betont, daß das leibliche In-der-Welt-Sein des Menschen überhaupt erst die Bedingung der Möglichkeit dafür darstellt, daß der Körper als Objekt, Thema, Quelle von Symbolbildungen, Material für Zeichenbildungen [...] fungieren und begriffen werden kann" (ebd., S. 153).

Mit dieser Sichtweise auf performative Prozesse als *Embodiment* wird auch die grundlegende didaktische Relevanz für die Arbeit an Texten in Bildungsprozessen deutlich: Die Verkörperung der Interpretation eines Textes als *Embodiment* ist keine passiv-reproduktive, sondern eine aktiv-deutende Tätigkeit, um „am bzw. durch den Körper etwas in Erscheinung [zu] bringen, das nur durch den Körper Existenz hat" (ebd., S. 142). Durch dieses Verständnis wird „dem Körper eine vergleichbar paradigmatische Position" verschafft wie dem Text, „anstatt ihn unter das Textparadigma zu subsumieren" (ebd.). Die Verkörperung einer Lesart in *Körperbildern* (vgl. Lehmann 1999, S. 371 ff.) wird somit zur *embodied activity* (vgl. Fischer-Lichte 2004, S. 154; vgl. auch Varela/Thompson/Rosch 1996 und Johnson/Lakoff 2002), bei der die Bedeutung eines Textes erforscht werden kann.

Beim *theatralen Philosophieren* (vgl. dazu grundlegend Gefert 2002) geht es darum, dieses allgemein für die Pädagogik relevante Embodiment-Konzept spezifisch für die Philosophiedidaktik fruchtbar zu machen: Philosophierende sollen mit Hilfe dieses Verfahrens nicht zum „schale[n] Hinterherdenken" (Sloterdijk 1986, S. 10) hinter den Intentionen eines „großen" Philosophen animiert werden. Sie sollen vielmehr durch den Arbeitsprozess mit Körperbildern in das philosophische Denken als einem „Abenteuer der Erkenntnis" (ebd.) involviert werden. Das theatrale Philosophieren ermöglicht es nämlich, einen für die Philosophiedidaktik grundlegenden Anspruch zu realisieren, nämlich „Person" (Lernender) und „Sache" (philosophisches Denkmodell) in einen Prozess zu verwickeln, „in dem Theorie und Praxis ihre strikten Abgrenzungen verlieren, Leben und Denken einander näherkommen könnten, ohne jemals aufeinander reduziert werden zu müssen" Heintel/Macho 1986, S. 72).

Das *theatrale Philosophieren* nutzt die produktiven Effekte einer Verbindung unterschiedlicher Rationalitätstypen (vgl. Schnädelbach 2000, S. 256 ff.) für die Textinterpretation. Grundsätzlich rekurriert dieser Ansatz dabei auf ein

Rationalitätsverständnis im Anschluss an die symboltheoretischen Ansätze von Ernst Cassirer (vgl. 1997) und Susanne K. Langer (vgl. 1979): Ein performativer Ausdruck wird in diesem symboltheoretischen Verständnis genauso wie ein diskursiv formuliertes Argument als *rationaler* Ausdruck des Menschen und nicht als irrationale Äußerung aufgefasst. Eine präsentativ-körperliche Artikulation im Rahmen einer Performance ist demnach eine „zweckfreie reine Geste" (vgl. Lehmann 1999, S. 374 f.) (*virtual gesture*), die sich von der natürlichen Geste (*natural gesture*) dadurch unterscheidet, dass sie nicht vorrangig Ausdruck der unmittelbaren Gemütsbewegung einer Person ist (vgl. Langer 1953, S. 175), sondern eine *symbolische* Bedeutung, d. h. in diesem Fall konkret eine Vorstellung von der Bedeutung eines philosophischen Textes zum Ausdruck bringt (vgl. ebd., S. 154).[1]

Diese symbolische Bedeutung erhält eine künstlerische Geste dadurch, dass sie aufgrund der Vorstellungskraft einer Person entsteht und nicht aufgrund einer bloßen Befindlichkeit. In einem Körperbild vermitteln sich also „Ideen von Gefühlen, Bewusstseinslagen und Ahnungen" (Langer 1953, S. 175), die auch eine philosophische Relevanz besitzen können. Eine philosophische Relevanz besitzen sie immer dann, wenn sie zum *Deuten von Deutungen* genutzt werden: Die Tätigkeit des Philosophierens lässt sich nämlich symboltheoretisch als ein potenziell unabgeschlossener Prozess des Deutens von (vorgefundenen) Deutungen mit dem Ziel verstehen, weiterreichende, klarere, besser anwendbarere, artikuliertere Bedeutungen zu formulieren (vgl. Langer 1979, S. 289). Vor dem Hintergrund dieses Philosophieverständnisses ist es demnach möglich, dass eine philosophische Idee präsentativ durch eine prägnante Geste im Rahmen einer Performance genauso treffend wie diskursiv durch ein gutes Argument in einem Gespräch artikuliert werden kann. Es handelt sich dabei lediglich um unterschiedliche Ausdrucksmodi des Menschen, in denen er sich rational äußert.

Das besondere Merkmal einer *Didaktik theatralen Philosophierens* liegt darin, dass sie die Potenziale *sowohl* diskursiver *als auch* präsentativer Ausdrucksweisen für das Philosophieren fruchtbar macht.[2] Methodisch oszilliert das theatrale Philosophieren dabei zwischen diskursiv-argumentativ strukturierten Gesprächsphasen und Phasen der Arbeit mit präsentativ-theatralen Ausdrucksformen. Es ermöglicht den Beteiligten so, eine performativ verkörperte Lesart eines philosophischen Textes zu entwickeln. Im Einzelnen lassen sich dabei vier Phasen unterscheiden:

1 Zur Unterscheidung der logischen Struktur von Anzeichen und Symbolen vgl. auch Langer 1979, S. 61–85.

2 Vgl. zusammenfassend zum produktiven Verhältnis zwischen präsentativen und diskursiven Ausdrucksformen in philosophischen Bildungsprozessen Maeger 2013, S. 15 ff.

Die Argumentationsphase:

Ein philosophischer Text wird abschnittsweise (laut) gelesen. Die Bedeutungen verschiedener Begriffe oder Argumente werden erörtert und es werden diejenigen für die Projektgruppe relevanten Begriffe oder Argumente identifiziert, deren Bedeutungen später theatral artikuliert und auf diese Weise möglichst weitreichend gedeutet werden sollen.

Die Vorbereitungsphase:

Zur Vorbereitung und Durchführung des Arbeitsprozesses mit theatralen Formen zu diesen Begriffen oder Argumenten werden spezifische Übungen im Rahmen eines „Warming-Ups" initiiert. Die Beteiligten werden dabei für den Arbeitsprozess mit theatralen Formen sensibilisiert.

Die Erprobungsphase:

Die Beteiligten experimentieren im Rahmen von spezifischen Improvisationsübungen mit eigenen theatralen Ausdrucksformen, die es ihnen ermöglichen, ihre eigenen Deutungen relevanter Begriffe oder Argumente des Textes zu artikulieren. Folgende Übungen könnten beispielsweise in einer Erprobungsphase realisiert werden, um die Bedeutung eines philosophischen Textes performativ zu erforschen:

a) Übung „Zug um Zug"

Auf dem Boden wird ein Feld mit mindestens vier mal vier Feldern abgeklebt. Zwei oder drei theatral Philosophierende gestalten eine improvisierte Szene zu einer Formulierung aus dem philosophischen Text. Dabei ziehen sie abwechselnd Zug um Zug jeweils auf ein neues Feld und verbinden diesen Zug mit einer deutlichen Geste.

b) Übung „Heiße Stühle"

Zwei leere Stühle stehen in der Mitte eines Stuhlkreises. Im Stuhlkreis sitzen alle Beteiligte. Der Projektleiter gibt eine Formulierung aus dem philosophischen Text, die in der Argumentationsphase diskutiert wurde, als Thema für eine Improvisation vor. Zwei theatral Philosophierende setzen sich jeweils auf die Stühle und improvisieren dazu eine (angemessene) Szene. Die anderen im Stuhlkreis können die Szene mit einem Klatschen unterbrechen. Nach einem Klatschen müssen die Spielenden in der Mitte ihre Szene „einfrieren". Die klatschende Person aus dem Stuhlkreises löst einen „eingefrorenen" Spielenden auf dem Stuhl in der Mitte ab und spielt die Szene mit einer neuen Spielidee weiter.

Die Reflexionsphase:
Im Gespräch wird herausgearbeitet, welches szenische Material (sogenannte *Kernszenen*) aus der Erprobungsphase im Rahmen einer performativen Deutung des Textes angemessen ist und weiterentwickelt werden soll.

Einerseits werden also (in der Erprobungsphase) diskursive Zugriffe auf den Text als Impuls für die Arbeit an Körperbildern genutzt. Andererseits bietet der Ausdruck von Körperideen (in der Reflexionsphase) vielfältige Anknüpfungspunkte für den argumentativen Diskurs über die Bedeutung des Textes. Das Ziel eines solchen Arbeitsprozesses besteht darin, die Deutung eines philosophischen Textes sukzessiv als *Performance* zu realisieren, indem der Text diskursiv *und* präsentativ interpretiert wird. Der Text kann so konkreter und nachhaltiger erfahren werden als im bloßen Gespräch über ihn, denn den Akteuren steht beim theatralen Philosophieren ein breiteres rationales Deutungspotenzial für die Arbeit am Text zur Verfügung als im bloßen Diskurs über seine Bedeutung.[3]

Im Entwicklungsprozess einer Performance werden beim theatralen Philosophieren zunächst Szenen, Standbilder oder Bewegungschoreographien erarbeitet. Dieses *szenische Material* entsteht durch Improvisationen, die vielfältige Anknüpfungspunkte, aber immer einen nachvollziehbaren Deutungsbezug zu einem philosophischen Text haben. So können beispielsweise folgende Anknüpfungspunkte für eine Improvisation in der Erprobungsphase genutzt werden:

- eine im philosophischen Text genannte Rahmensituation (z. B. in den platonischen Dialogen);
- konkrete Beispiele, die im Text oder auch im Gespräch über den Text in der Argumentationsphase zur Veranschaulichung von abstrakten Begriffen oder Argumenten angeführt werden;
- Argumente oder Begriffe aus dem philosophischen Text, die als Grundlage für eine nonverbal gestaltete Bewegungsimprovisation (z. B. in Form von Standbildern) herangezogen werden;
- Situationen, die aufgrund der Anregungen durch rezipiertes präsentatives Material (z. B. in Form von Filmausschnitten) entstanden sind, die die theatral Philosophierenden in den Arbeitsprozess einbringen, um ihre Vorstellungen über die Bedeutung des philosophischen Textes angemessen zum Ausdruck zu bringen.

3 Für diese fruchtbare didaktische Verbindung zwischen performativen und diskursiven Arbeitsprozessen beim Philosophieren liegen inzwischen auch erste empirische Befunde vor: vgl. Stelzer/Opitz 2017.

Auf der Grundlage der erarbeiteten präsentativ-theatralen Ausdrucksformen wird die zweite Projektphase realisiert: Das Ziel besteht in dieser Phase darin, im erprobten szenischen Material *Kernszenen* zu identifizieren. Kernszenen sind Szenen, die die Lesart der theatral Philosophierenden – aus Sicht der Beteiligten und nach gemeinsamer Prüfung in der Reflexionsphase – besonders prägnant wiedergeben.[4] Der Maßstab für diese *Angemessenheit* des szenischen Materials ist dessen prägnante, intersubjektiv nachvollziehbare Deutung des philosophischen Textes. Diese gemeinsame Prüfung des szenischen Materials leisten die theatral Philosophierenden im gemeinsamen Dialog in der Reflexionsphase. Darüber hinaus wird in der Reflexionsphase auch das dramatische Gesamtkonzept für eine Performance entwickelt. Dabei werden die unterschiedlichen Kernszenen so miteinander verknüpft, dass eine möglichst weitreichende und klare Deutung des *gesamten* Textes wahrnehmbar wird. Die Erarbeitung eines solchen Konzepts kann auf unterschiedliche Art und Weise erfolgen: Die Idee für ein dramatisches Gesamtkonzept zielt beispielsweise darauf ab, einzelne oder alle erarbeiteten Kernszenen in der Dramaturgie eines Plots zu ordnen. Die einzelnen Szenen können aber auch der Argumentationslogik des philosophischen Textes folgen, indem sie gemäß der Reihenfolge der hier auftretenden Begriffe oder Argumente angeordnet werden.

In einer dritten Projektphase werden schließlich die Kernszenen innerhalb des Gesamtkonzepts im Hinblick auf eine möglichst präsentable ästhetische Form weiterentwickelt. Dabei wird immer wieder ihre inhaltliche Angemessenheit und Prägnanz überprüft. Zudem stehen in der dritten Projektphase die Bühnen- oder Raumgestaltung, die Gestaltung der Kostüme und das Beleuchtungskonzept, eventuell auch der Einsatz von Musikstücken, Filmausschnitten oder projizierten Bildern im Mittelpunkt des Arbeitsprozesses. In dieser Phase wird so lange an der ästhetischen und inhaltlichen Plausibilität der inszenierten Körperideen zur Deutung des philosophischen Textes gearbeitet, bis eine Präsentation vor nicht notwendigerweise mit dem philosophischen Text vertrauten Zuschauern möglich wird.

Der Arbeitsprozess beim theatralen Philosophieren findet seinen Abschluss in einer Performance. Diese Performance ist insofern integraler Bestandteil des Bildungsprozesses, als dass sich in ihr im Idealfall die spezifische Lesart eines philosophischen Textes manifestiert. Art und Umfang der Realisierung einer solchen Performance sind in hohem Maße von den jeweiligen zeitlichen, räumli-

---

4 Diese Prüfung kann und soll jedoch nicht dazu dienen, die Bedeutung einzelner theatral-präsentativer Ausdrucksformen vollständig in die Diskursivität zu überführen. Dann würden Kernszenen lediglich die diskursiv darstellbare Bedeutung des Textes illustrieren. Die Körperidee als Kernszene entsteht vielmehr vor dem Hintergrund ihrer hinreichend angemessen begründbaren Anbindung an die diskursiv erörterte Bedeutung des Textes.

chen und materiellen Rahmenbedingungen des Projekts abhängig – hier reicht das Spektrum beispielsweise von einer gegenseitigen Präsentation in einer Lerngruppe bis zur Aufführung eines abendfüllenden Programms vor einer interessierten Öffentlichkeit. Die Aufführung einer Performance markiert lediglich eine pragmatische Zäsur im potenziell unabschließbaren Forschungsprozess des Deutens von (philosophischen) Texten. Dennoch ist die Performance ein unverzichtbares Element im Prozess des theatralen Philosophierens, bündelt sie doch die hermeneutischen Deutungsanstrengungen der Projektbeteiligten auf das Ziel hin, den Text *gemeinsam* immer besser bzw. weitreichender zu verstehen und dieses Verständnis auch als Ensemble zum Ausdruck zu bringen.

Beim theatralen Philosophieren geht es also nicht darum, einzelne Körperbilder in der Performance als letztlich „wahre" Körperideen zur Deutung eines philosophischen Textes zum Ausdruck zu bringen. Eine Performance beschreibt vielmehr eine vorläufige Zäsur im offenen Prozess des Deutens von Deutungen (von Texten). Die Bedeutung des Textes bleibt aufgrund des prinzipiell offenen Verweisungszusammenhangs in der Interpretation von (philosophischen) Texten immer grundsätzlich offen und die theatral Philosophierenden kommen der Bedeutung des Textes mit Hilfe dieses Verfahrens auf die *Spur* (vgl. Derrida 2006). Das theatrale Philosophieren motiviert die Rezipienten eines philosophischen Textes, die aktuelle Bedeutung des Textes in der Performanz intensiv zu erforschen. In diesem Forschungsprozess ist die Texteröffnung nicht allein an den Nachvollzug von abstrakter „systematischer Begrifflichkeit" sowie an die „Rekonstruktion von Argumentationsgängen" gebunden, sondern ebenso an die jeweils relevante performative Verkörperung seiner Bedeutungsdimensionen für die Prozessbeteiligten. Den Rezipienten der Schrift wird so die Bildungschance eröffnet, die „Denkbemühungen" der Tradition nicht als „totes Bildungsgut" (vgl. Martens 1986, S.95) zu erleben, sondern „klassische" Texte der Tradition (philosophischer) „Denkbemühungen" unter dem Gesichtspunkt wahrzunehmen, welche spezifischen Bedeutungsdimensionen ihnen vor dem Hintergrund ihres je besonderen lebensweltlichen Kontextes als so relevant erscheinen, dass sie sie in der konkreten Situation einer Performance verkörpern wollen.

Literatur

Bachmann-Medick, Doris (2009): Cultural Turns. Neuorientierungen in den Kulturwissenschaften. 3. neu bearb. Auflage. Reinbek: Rowohlt.

Cassirer, Ernst (1997): Philosophie der symbolischen Formen. 3 Bd., Darmstadt: Primus.

Derrida, Jacques (2006): Die Schrift und die Differenz. 12. Auflage. Frankfurt a. M.: Suhrkamp.

Even, Susanne/Schewe, Manfred (Hrsg.) (2016): Performatives Lehren, Lernen, Forschen. Berlin: Schibri.

Fleming, Mike (2016): Überlegungen zum Konzept performativen Lehrens und Lernens. In: Even, Susanne/Schewe, Manfred (Hrsg.): Performatives Lehren, Lernen, Forschen. Berlin: Schibri, S. 27–46.

Fischer-Lichte, Erika (2004): Ästhetik des Performativen. Frankfurt a. M.: Suhrkamp.
Gefert, Christian (2002): Didaktik theatralen Philosophierens. Untersuchungen zum Zusammenspiel argumentativ-diskursiver und theatral-präsentativer Verfahren bei der Texteröffnung in philosophischen Bildungsprozessen. Dresden: Thelem.
Göhlich, Michael/Wulf, Christoph/Zirfas, Jörg (2014): Pädagogische Theorien des Lernens. 2. Auflage, Weinheim und Basel: Beltz Juventa.
Grotowski, Jerzy (2000): Für ein armes Theater. 3. Auflage. Berlin: Alexander.
Heintel, Peter/Macho, Thomas H. (1986): Fachdidaktik Philosophie: Voraussetzungen und Konsequenzen. In: Rehfus, Wulff D./Becker, Horst (Hrsg.): Handbuch des Philosophieunterrichts. Düsseldorf: Schwann.
Johnson, Mark/Lakoff, George (2002): Leben in Metaphern. Heidelberg: Carl-Auer.
Langer, Susanne K. (1953): Feeling and Form: A theory of art developed from Philosophy in a New Key. New York: Charles Scribner's Sons.
Langer, Susanne K. (1979): Philosophie auf neuem Wege. Das Symbol im Denken, im Ritus und in der Kunst. 2. Auflage. Mittenwald: Mäander Kunstverlag.
Lehmann, Hans-Thies (1999): Postdramatisches Theater. Frankfurt a. M.: Verlag der Autoren.
Martens, Ekkehard (1986): Philosophieunterricht als Problem- und Lerngeschichte. In: Rehfus, Wulff D./Becker, Horst (Hrsg.): Handbuch des Philosophieunterrichts. Düsseldorf: Schwann.
Maeger, Stefan (2013): Umgang mit Bildern. Bilddidaktik in der Philosophie. Paderborn: Schöningh.
Schnädelbach, Herbert (2000): Philosophie in der modernen Kultur. Frankfurt a. M.: Suhrkamp.
Sloterdijk, Peter (1986): Der Denker auf der Bühne. Nietzsches Materialismus. Frankfurt a.M.: Suhrkamp.
Stelzer, Hubertus/Opitz, Julia (2017): Philosophieren im Theater? Eine Studie zur Effizienzmessung pragmatisch-dialogischen Philosophierens in theatralen Prozessen. Bochum und Freiburg: Projektverlag.
Varela, Francisco J./Thompson, Evan/Rosch, Eleanor (1996): Der mittlere Weg der Erkenntnis. Der Brückenschlag zwischen wissenschaftlicher Theorie und menschlicher Erfahrung. München: Goldmann.
Wulf, Christoph/Göhlich, Michael/Zirfas, Jörg (Hrsg.) (2001): Grundlagen des Performativen. Eine Einführung in die Zusammenhänge von Sprache, Macht und Handeln. Juventa: Weinheim und München.
Wulf, Christoph/Zirfas, Jörg (2007): Performative Pädagogik und performative Bildungstheorien. Ein neuer Fokus erziehungswissenschaftlicher Forschung. In: Wulf, Christoph/Zirfas, Jörg (Hrsg.): Pädagogik des Performativen. Theorien, Methoden, Perspektiven. Weinheim und Basel: Beltz, S. 7–40.

Melanie Hinz

Ästhetisches Forschen über das Verhältnis von Mensch und Tier

Am Beispiel des Performanceprojektes *Ein Bankett für Tiere. Performatives Dinnertheater* der Frl. Wunder AG

Einführung: Mensch-Tier-Verhältnisse anders denken

Tiere stellen Bildungsanlässe dar. Häufig sind sie einer der ersten Untersuchungsgegenstände, durch den Kinder spielerisch lernen. Kleinkinder üben anhand von Tierbüchern erste Laute, wenn eine Katze oder ein Hund auf dem Bild zu sehen sind. Sie streicheln über Wolle, um ein Schaf zu erraten oder über schimmernde Alufolie, um einen Goldfisch zu bestimmen. Wenn die eigene Hauskatze kratzt, weil gegen den Strich gestreichelt wurde, erfahren Kinder Bedürfnisse anderer einzuschätzen. Von klein auf lernen Kinder über Tiere, von und mit Tieren.

> „Wie andere Beziehungen und soziale Praktiken auch, implizieren sie immer Lernprozesse und haben damit Relevanz für die Bildungswissenschaft" (Spannring 2015, S. 29).

Spannring weist allerdings auf den Unterschied zwischen Theorie und Praxis hin: Während in der pädagogischen Praxis, z. B. in der tiergestützten Pädagogik, Tiere häufig als Bildungsanlässe eingebunden werden, stellt die Untersuchung von Mensch-Tier-Verhältnissen in der Bildungswissenschaft noch eine Forschungslücke dar (vgl. ebd.). Doch deren Potenziale werden zunehmend thematisiert, bspw. in dem aktuell von Bilstein und Westphal (2018) herausgegebenen Sammelband „Tiere – Pädagogisch-anthropologische Reflexionen". Insgesamt geht es in den pädagogischen und kulturwissenschaftlichen Diskursen derzeit darum, Mensch-Tier-Verhältnisse *anders zu denken*, nämlich als wechselseitige Interaktionsprozesse. Tiere sind Teil unseres Alltags und unserer Biografie, ob wir sie als Haustiere halten, sie im Zoo bestaunen oder ihr Fleisch im Supermarkt kaufen. Wie wir mit Tieren umgehen, wie wir sie halten, welche von ihnen heilig sind, welches Begehren wir auf sie projizieren, ist Ausdruck kultureller Praxis der Gesellschaft, in der wir leben. Wie sich das Verhältnis und die Unterscheidung vom Mensch zum Tier gestaltet, daraus entsteht immer auch das Selbstbild des Menschen und seiner Kultur.

> „Wer wir als Menschen sind, erfahren wir über unsere Beziehungen und Bilder von den Tieren“ (Wulf 2018, S. 17).

Solche interdisziplinären erziehungswissenschaftlichen, kulturwissenschaftlichen, soziologischen Perspektiven sind noch jungen Datums. Sie waren lange Zeit nur Gegenstand der Analyse in der Biologie bzw. in den „zoologischen Disziplinen: für ihre Gestalt die Physiologie, für ihr Verhalten die Ethologie, für ihre Geschichte die Evolutionsbiologie, für ihre Umwelt die Ökologie“ (Bogards 2016, S. 1). Eine zunehmende Aufmerksamkeit erfährt das Verhältnis zwischen Menschen und Tieren als Forschungsgegenstand Ende des 20. Jahrhunderts aufgrund der Brisanz globaler Massentierhaltung und deren gravierender Folgen für Mensch, Tier und Umwelt (vgl. Kompatscher/Spannring/Schachinger 2017, S. 17). Die Überlegenheit des Menschen gegenüber dem Tier wird dadurch in Frage gestellt; zugunsten einer eigenen Existenzberechtigung von Tieren, die sich nicht „über den Nutzen für die Menschen definiert“ (Bilstein/Westphal 2018, S. 5).

So visieren Tierethik und Tierschutzbewegung eine moralische Gemeinschaft an, die Tiere als gleichwertige Lebewesen mitberücksichtigt. Unter dem Schlagwort *Animal Agency* entwerfen Theoretiker*innen wie Donna Haraway (vgl. 2003; 2008) und Bruno Latour (vgl. 2007) nichtmenschliche Tiere als mit Handlungsmacht ausgestattete Akteure, mit denen der Mensch permanent in Kontakt und somit Teil eines Netzwerkes ist (vgl. Roscher 2015, S. 83). Bezeichnet wird dieser Paradigmenwechsel im Verhältnis von Tier und Mensch auch als *animal turn*, der besonders von den Human-Animal Studies (kurz: HAS) transdisziplinär beforscht wird (vgl. u. a. Kompatscher/Spannring/Schachinger 2017; Chimaira – Arbeitskreis für Human-Animal Studies 2011; Brucker et al. 2015; DeMello 2012; Bundeszentrale für politische Bildung 2012)[1]. Hierbei geht es HAS darum, Menschen oder Tiere „als Subjekte mit *intrinsischem* Wert wahrzunehmen“ (Kompatscher/Spannring/Schachinger 2017, S. 25, Herv. i. O.).

Damit weisen die Human-Animal Studies in ihren theoretischen Verbindungslinien und sozialen Anliegen durchaus eine Nähe zu den Gender Studies auf. Beide Fachdisziplinen sind aus sozialen Bewegungen hervorgegangen, die Gender Studies aus der Frauenbewegung, HAS aus der Tierrechtsbewegung. Ihre Forschungen sind politisch motiviert, interdisziplinär und werfen einen

1 Insbesondere das Buch „Human-Animal Studies“ (2017) von Gabriela Kompatscher, Reingard Spannring und Karin Schachinger bietet eine gute Einführung für Lehrende und Lernende und enthält Aufgabenstellungen zu einzelnen zentralen Begriffen.

kritischen Blick auf das Geschlechterverhältnis bzw. auf das Verhältnis von Mensch und Tier (vgl. Schachinger 2015, S. 54).

Ein Hauptaugenmerk beider Forschungen liegt auf der Dekonstruktion von Dichotomien. Dualismen wie Mann/Frau, Kultur/Natur, Mensch/Tier sind gesellschaftliche Konstruktionen, die an Unterdrückungs- und Machtverhältnisse geknüpft sind. Diese Dichotomien führen zur Herstellung von Andersartigkeit:

> „Etwas als ‚anders' zu bezeichnen baut Distanz auf und betont in Abgrenzung dazu die eigene ‚Normalität'" (Schachinger 2015, S. 57).

Dies passiert bspw. bezogen auf Geschlecht, sexuelles Begehren, Ethnizität, Behinderung, Alter oder Religion und wird *Othering* genannt. Dieser Begriff wird aber auch in den HAS angewandt. Tiere werden in ihrer Unterschiedlichkeit zum Menschen charakterisiert, damit werden sie zu Objekten gemacht und der Mensch in seiner Hegemonie über das Tier bestätigt (vgl. ebd., S. 56). Um zu einer Auflösung dieser Differenz beizutragen und das Näheverhältnis zu betonen, wird in den HAS von menschlichen und nichtmenschlichen Tieren gesprochen. Die Dekonstruktion solcher Dualismen zugunsten einer posthumanen/gleichberechtigen Gesellschaft ist dabei ein gemeinsames politisches Anliegen. Durch die Perspektiven der Human-Animal Studies wird eine politische und ethische Haltung im Umgang mit Tieren und der Umwelt gefordert, was ebenso einen interessanten Gegenstand für Bildungsprozesse von Kindern und Jugendlichen darstellt. Hierbei lohnt es sich, insbesondere auch für die naturwissenschaftlichen Fächer wie Biologie, in denen Tierthemen verhandelt werden, Tiere nicht allein auf ihre biologische Funktion zu reduzieren, sondern interdisziplinäre Perspektiven miteinzubeziehen. Christoph Wulf (vgl. 2018, S. 18) verweist darauf, dass das posthumane Verständnis von Mensch und Tier auch einer Thematisierung in den (außer-)schulischen Bildungsprozessen von Kindern und Jugendlichen bedarf. Durch Klimawandel und Umweltzerstörung ist in den letzten Jahrzehnten eine „Bildung für Nachhaltigkeit" (ebd., S. 18) entstanden, in der auch eine objektivierende Einstellung gegenüber Tieren problematisiert und in ihren Konsequenzen für die Umwelt reflektiert wird.

Dies „führt zu einer Haltung, die Tier und Mensch gelten lässt und die ich als eine mimetische Haltung beschrieben habe, die den Gestus des Verfügens, der Dominanz und der Unterwerfung suspendiert. [...] Hier setzen Bildungsaufgaben an, die im UN-System entworfenen Ziele globaler Entwicklung zu verwirklichten versuchen. Widerstände gegen eine solche Ausrichtung der Bildung sind gewaltig. Dennoch mag sich der Einsatz für ihre Realisierung lohnen." (ebd., S. 19)

In diesem Beitrag möchte ich ausgehend vom Recherche- und Probenprozess der Theaterperformance *Ein Bankett für Tiere. Performatives Dinnertheater* (2014) des Performancekollektivs Frl. Wunder AG[2], dessen Mitglied ich bin, didaktische Vorschläge machen, wie Mensch-Tier-Verhältnisse von Kindern und Jugendlichen mittels der von uns entwickelten Methode der Künstlerischen Feldforschung (vgl. Frl. Wunder AG 2012, S. 6 f.) performativ und ästhetisch erforscht werden können.

Für unsere Stückentwicklungen im Experimentellen Theater unternehmen wir in einer Recherchephase ethnografische Gänge in Soziale Felder[3], beobachten Sozialräume, führen Interviews mit Expert*innen, erlernen in teilnehmender Beobachtung oder Workshops spezifische Alltagspraxen des Feldes. Die gesammelten Beobachtungen, Objekte, Texte und das hervorgebrachte Wissen werden szenisch in einer partizipativen Theateraufführung mit dem Publikum geteilt. Unser Ansatz ist damit im Kontext der Debatten von Künstlerischer Forschung (vgl. Peters 2013) und eines Forschenden Theaters (vgl. Hinz et al. 2018) einzuordnen.

Auswerten möchte ich im Folgenden unseren Ansatz im Hinblick auf den Vermittlungs-Transfer von Biologie und Theater: Welche Bildungspotenziale bieten ethnografische Rechercheverfahren und Performanceaufgaben für Kinder und Jugendliche und wie könnten diese im Kontext von Biologie-Unterricht oder künstlerischer Projektarbeit Anwendung finden.[4]

Eine Forschungsfrage haben

Jeder Forschungsprozess, so auch ein künstlerischer, braucht ein Ausgangsinteresse oder eine Ausgangsfrage. In diesem Sinne eines *Forschen aller* (vgl. ebd.) geht es uns darum, eine Vielfalt von „lebenden Quellen" (Ziemer/Reimers 2013,

2 Mitglieder der Frl. Wunder AG: Anne Bonfert, Carmen Grünwald-Waack, Melanie Hinz, Micha Kranixfeld, Verena Lobert, Vanessa Lutz, Malte Pfeiffer, Maike Tödter, Svenja Wolf und Marleen Wolter. (vgl. Frl. Wunder AG 2018)

3 Soziale Felder wurden von Bourdieu als strukturierte gesellschaftliche Räume mit eigenen Regeln beschrieben (z. B. Wirtschaft, Militär oder Kunst). Die dort zu beobachtenden Praktiken ergeben sich aus dem Zusammenspiel der Sozialen Felder mit dem individuell verinnerlichten Habitus der Akteur*innen. (vgl. Bourdieu 1987, S. 277–285, 355–361). Im Kontext der Künstlerischen Forschung konstruieren Künstler*innen selbst, was als Soziales Feld beobachtet werden soll.

4 Eine solche didaktische Perspektive, das sei hier angemerkt, war nicht Untersuchungs- und Reflexionsgegenstand des Projektes selbst – sie hat sich vielmehr im Nachhinein durch Reflexion über unseren methodischen Ansatz von einigen Mitgliedern unserer Gruppe im theaterpädagogischen, kulturvermittelnden und wissenschaftlichen Bereich hergestellt.

S. 49) zusammenzutragen, um mit ihren Biografien, Erfahrungen und Praktiken die Forschungsfrage beantworten zu können.

Insofern interessieren wir uns in der Produktion „Ein Bankett für Tiere“ für die Vielfalt von Mensch-Tier-Beziehungen, die unsere Kultur auszeichnet: fürs Schlachten ebenso wie für das Leben mit Haustieren, für das Gespräch mit dem Jäger genauso wie mit der Tiertelepathin. In der Ethnologie hat die Beziehung zwischen Mensch und Tier schon immer eine Rolle gespielt:

> „Tiere wurden entweder im Hinblick auf ihre Funktion zur menschlichen Überlebenssicherung betrachtet oder im Hinblick auf ihre symbolische Bedeutung – also entweder als *food* oder als *food for thought*“ (Wenk 2016, S. 289, Herv. i. O.).

Im Recherche- und Probenprozess von *Ein Bankett für Tiere* interessieren wir uns sowohl für diese traditionellen Ansätze der Ethnologie, die das Tier als Spiegel benutzen, um zu fragen, was die Spezies des Menschen auszeichnet und welche Gesellschaftsstruktur so sichtbar wird. Wir interessieren uns aber auch für neuere ethnologische Ansätze, die danach suchen, die Perspektive des Tiers in das Forschungssetting miteinzubeziehen und in Interaktionsprozesse zu treten. Hieraus ergeben sich drei Modi der Untersuchung in unserem Projekt:

1) Wir sprechen über Tiere beispielsweise mit Angestellten auf dem Schlachthof und dem Tierkrematorium. Wir erfahren durch Interviews über eine berufliche Expertise im Umgang mit Tieren und sammeln Faktenwissen.
2) Wir interagieren mit Tieren beispielsweise beim Falkentraining, im Wolfstiergehege beim gemeinsamen Geheul oder auf der Pirsch und lernen so Praktiken der Kommunikation mit Tieren.
3) Wir imaginieren uns selbst als Tiere beispielsweise beim Qi Gong, beim Krafttiertanzen[5], im Gespräch mit Furries (Menschen, die ihre Identität als tierhaft beschreiben) oder bei der späteren Probenarbeit von Tierdarstellungen und thematisieren so das Tier als symbolische Projektionsfläche des eigenen Begehrens.

Zu Anfang einer forschenden Projektarbeit sollte also durch die Anleitung oder durch die Gruppe zunächst eine Eingrenzung des Themengebiets stattfinden oder eine erkenntnisleitende Fragestellung gefunden werden. Diese kann sich

5 Krafttiertanzen ist eine schamanistische Praxis. In dem von uns praktizierten Workshop rief eine Schamanin bei Trommelmusik unsere Krafttiere herbei und nannte jeder Person ihr persönliches Krafttier. In einem Tanz sollte man dann mental in Kontakt mit dem eigenen Krafttier treten. Davon verspricht man sich eine Energetisierung und Aufladung der eigenen Ressourcen. Heilung, Kraft und Stärkung des Selbstbewusstseins.

am Lehrplan orientieren oder frei gewählt werden. Ebenso muss bereits im Vorfeld geklärt werden, welche Form der Präsentation angestrebt werden soll. Wir arbeiten immer auf eine Präsentation hin, weil sich nur dann die Potenziale von Theater für den Wissenstransfer von der Beobachtung in die Präsentation einstellen können: die reflektierende subjektiv-leibliche Bezugnahme in einem zugleich kollektiven Findungsprozess (vgl. hierzu auch Hinz 2018). Die Präsentation kann dabei sehr unterschiedlich aussehen: von einer Vortragsperformance (also einer Art Referat mit spielerischen Elementen, z. B. zu Verhaltensweisen von Rehen) über eine Idee für eine Intervention im öffentlichen Raum (z. B. Demo für Tierrechte), der Gestaltung eines partizipativen Ereignisses mit Publikum (z. B. einer Kochshow, in der kritisch Aspekte von Massentierhaltung befragt werden und gemeinsam gegessen wird) bis hin zur Erarbeitung eines Theaterstück in Form einer szenischen Collage, in der auch literarische Texte miteinfließen können.

Eine Rechercheise organisieren und unternehmen

Ein gängiges Bildungssetting im Kontext des Biologieunterrichtes stellt der Zoobesuch dar. In Form von Beobachtungsprotokollen werden Schüler*innen beauftragt, beispielweise Verhaltensweisen von Primaten zu beobachten (vgl. Neumann 1979, S. 73). Dies bezeichnet Neumann bereits 1979 als „Forschendes Lernen“ (ebd.). Das Habitat von Tieren zu beobachten, stellt damit eine Anschaulichkeit und Anwendung im Unterricht vermittelten Wissens und ihre Überprüfung dar. Von daher ist der Gang ins Feld keine Neuheit im Kontext des Biologieunterrichtes.

Der Ausgangspunkt der Recherche für *Ein Bankett für Tiere* ist letztlich vergleichbar. Auf einer Reise durch die niedersächsische Provinz untersucht die Frl. Wunder AG Sozialräume, in denen Mensch und Tier in einem besonderen Verhältnis zueinanderstehen. Die Auswahl der Orte, die wir besuchen, ist dabei nicht davon geleitet, objektives Wissen anzuhäufen, um mehr zu *lernen*. Vielmehr gehen wir – auch für uns selbst – von transformativen Bildungsprozessen aus, wie Koller (2018) sie dargelegt hat. Er versteht darunter, „dass Bildung in der Erweiterung und Umgestaltung der bisherigen Weltsicht eines Individuums besteht“ (Koller 2018, S. 14). Transformative Bildungsprozesse brauchen laut Koller (ebd.) „Problemlagen“, „Krisenerfahrungen“ oder gar Erfahrungen des Scheiterns für das sich bildende Subjekt.[6]

6 Eine ausführliche Diskussion des transformativen Bildungsbegriffs auf die Methode der Künstlerischen Feldforschung in der theaterpädagogischen Arbeit mit Jugendlichen vgl. Pfeiffer 2018a.

Wie bereits dargelegt, stellt gerade das Mensch-Tier-Verhältnis im gesellschaftspolitischen Zusammenhang eine solche Problemlage dar. So kann ein Zoobesuch eben nicht allein dazu dienen, naturwissenschaftliche Fakten über Verhaltensweisen oder Habitate zu vermitteln, sondern kann auch daraufhin befragt werden, welches Mensch-Tier-Verhältnis in einem Zoo inszeniert wird. Die Rolle der Beobachter*in, in die Zoobesuchende zwangsläufig gerückt sind und auch die Schüler*innen durch Beobachtungsprotokolle gesetzt werden, geht mit einem Othering des *wilden* Tiers einher. Im Sinne der HAS lohnt sich somit immer auch ein zweiter, kritischer Blick darauf, wie wir selbst das Tier konstruieren – auch im Unterricht oder bei einem Zoobesuch. Für uns sind daher bei unserer Recherche vor allem solche Orte interessant, in denen wir selbst vor ethischen Herausforderungen stehen und Erfahrungen von Fremdheit machen.

So besuchen wir auf unserer Reise Orte wie ein Kleintierkrematorium, einen Schlachthof und eine Hühnermastanlage. Hier spiegeln sich ganz unterschiedliche Vorstellungen von der Interaktion zu nichtmenschlichen Tieren und ihrem Tod wider. Während im Tierkrematorium Tiere *vermenschlicht* werden, eine Beerdigung erfahren können wie ein nahestehender Freund, sterben Hühner in der Massenproduktion, weil für ihr angefüttertes Körpergewicht gar kein Platz in der Halle ist und sie sich gegenseitig tottrampeln. Der Mensch ist dabei immer für die Lebensbedingungen zuständig.

An dieser Stelle braucht es bei der Arbeit mit Kindern und Jugendlichen immer auch den Mut, sich mit ihnen zusammen in solche Prozesse zu involvieren, bei denen man nicht sicher weiß, was passieren wird und wie man darauf reagieren wird. Das Primatenprotokoll ist eine sichere Methode des Lernens, aber nicht unbedingt der Impuls für einen transformativen Bildungsprozess über das Verhältnis von Mensch und Tier. Während Lernprozesse vor allem auf die Vermittlung und Verarbeitung von Informationen ausgerichtet sind (vgl. Koller 2018, S. 15), geht es uns im Sinne von Humboldt (vgl. 1851, S. 10) darum, mannigfaltige Erfahrungen zu machen.

Eine Erfahrung entsteht meist erst dann, wenn das Subjekt leiblich-sinnlich involviert ist und diese später als solche reflektieren kann. Von daher verbinden wir unseren Besuch eines Feldes mit performativen Praktiken: Im Wolfsgehege heulen wir mit Wölfen, im Schlachthof führen wir ein Interview mit dem Schlachter und auf der Jagd üben wir das Anpirschen. So erschaffen wir uns durch die Rechercheriese konkrete Erfahrungsräume und Gesprächssituationen, um uns Wissen handlungsbasiert und interaktiv anzueignen, aber dabei auch die subjektiven Erfahrungen, Beobachtungen und Gefühle mitzureflektieren. Diese Erfahrungen betreffen sowohl das Gemeinschaftsgefühl als Gruppe als auch den Selbstbildungsprozess jedes Einzelnen.

Wichtig für die Reise ist bereits die gemeinsame Vorplanung: Wessen Expertise zu Tieren interessiert uns? Welche Orte sind für das Mensch-Tier-Verhältnis im abgesteckten Reisegebiet relevant für uns? Was wollen wir in der Mensch-Tier-Kommunikation körperlich erlernen und ausprobieren? Und für was ist welches Format passend (Interview, Workshop, teilnehmende Beobachtung)?

So wie wir als Künstler*innen in einem Brainstorming im Hinblick auf unser Forschungsinteresse unsere Ideen für Stationen der Reise sammeln, so ist es wichtig, dass auch Kinder und Jugendliche in die Planung involviert werden und ihre Wünsche äußern können. Durch Abstimmungsverfahren (z. B. Punkte vergeben) können dann die Themen/Orte/Praktiken für die Reise evaluiert werden und auch auf die zeitlichen Ressourcen abgestimmt werden.

Die Konzeption und Durchführung einer Recherchereise kann als performative Bildung bezeichnet werden. Christoph Wulf und Jörg Zirfas beschreiben den *performative turn* in den Erziehungswissenschaften folgendermaßen:

> „Die Perspektive des Performativen rückt die Inszenierungs- und Aufführungspraktiken sozialen bzw. pädagogischen Handelns, deren wirklichkeitskonstitutive Prozesse sowie den Zusammenhang von körperlichen und sprachlichen Handeln, Macht und Kreativität in den Mittelpunkt" (Wulf/Zirfas 2007, S. 10).

Die Untersuchung des Mensch-Tier-Verhältnis ist als phänomenales Geschehen zu beschreiben und eignet sich besonders für eine performative Untersuchung. Die Mensch-Tier-Interaktion gründet sich auf konkreten Handlungspraxen: Wir bestaunen Tiere im Zoo, wir füttern sie, wir gehen mit ihnen spazieren, wir töten sie, wir essen sie, wir beerdigen sie auf einem Tierfriedhof.

Die Konzeption einer Reise zu Mensch-Tier-Interaktionen hat damit bereits eine Handlungsstruktur durch die Auswahl der verschiedenen Stationen. Alle Beteiligten müssen sich handelnd auf das Unvorhersehbare einlassen. Aber auch das vermeintliche Scheitern bei der Planung einer Recherchereise kann einen wichtigen Erkenntnismoment mit sich bringen und sollte nicht einfach ad acta gelegt werden. Häufig kann gerade, wenn ein Zutritt ins Feld verweigert wird, Anlass zur Reflexion, zu Thesen und szenischen Ideen führen: Bei unseren Anfragen wurde offensichtlich, dass Tiere als Essen und ihre Herstellung zu diesem ein gesellschaftliches Tabuthema darstellt. Der Gang in Räume wie Schlachthöfe oder Tiermastanlagen wird uns versperrt. Es hagelt Absagen auf unsere Anfragen, diese für ein Kunstprojekt betreten zu dürfen. Die ökonomischen Schauplätze des Handels mit toten Tieren werden sehr bewusst vor den Augen der Öffentlichkeit verschlossen gehalten. Im Foucaultschen Sinne sind es *Heterotopien*, deren Ausbeutungslogik sich an den Rändern der Gesellschaft abspielt.

> „Der letzte Zug der Heterotopien besteht schließlich darin, daß sie gegenüber dem verbleibenden Raum eine Funktion haben. Diese entfaltet sich zwischen zwei extremen Polen. Entweder haben sie einen Illusionsraum zu schaffen, der den gesamten

> Realraum, alle Platzierungen, in die das menschliche Leben gesperrt ist, als noch illusorischer denunziert. [...] Oder man schafft einen anderen Raum, einen anderen wirklichen Raum, der so vollkommen, so sorgfältig, so wohlgeordnet ist wie der unsrige ungeordnet, mißraten und wirr ist" (Foucault 1992, S. 45).

Jene Räume der Massentierproduktion, die vor unseren Augen ferngehalten werden, stellen somit eine Entlarvung und Negation unseres Alltagsraumes dar, in dem wir, sofern wir nicht ländlich aufgewachsen sind, vom Töten der Tiere ferngehalten werden – und das schockgefrostete männliche Eintagsküken, was es als sorgfältig abgepacktes Futter für Reptilien zu kaufen gibt, uns in einer Illusion lässt. Es ist ein Objekt ohne Kontext und Geschichte. So kann ein Impuls daraus entstehen, wenn Räume und Interviewpartner*innen nicht zur Verfügung stehen, zu überlegen, welche Zeugen dieser Massentierproduktion uns im Alltag z. B. in Form von Objekten begegnen. In unserer Aufführung zeigen wir ein totes Eintagsküken und beerdigen es. Wir sprechen dem Tier damit einen Kontext, eine Geschichte und eine Individualität zu, wie es andere Haustiere wie Katzen oder Hunde auch von uns erfahren. Zugleich machen wir durch die Sichtbarkeit des Eintagsküken auf die Massentierproduktion aufmerksam, die männliche Küken sofort tötet, da sie zur Eierproduktion ungeeignet sind. Für die Zuschauenden entsteht so Mitgefühl und damit möglicherweise auch eine ethische Reflexion.

Die Kreation eigener Forschungssituationen und Experimentierfelder von Kindern und Jugendlichen ist ein wichtiger Ansatz performativer Bildung, es ist das, woran künstlerische Forschung per se forscht: Wie lässt sich Wissen durch performative Situationen kreieren? Wer wird als Expert*in adressiert? Was bedeutet es auch, wenn die Teilhabe an Expertisen und Räumen verweigert wird? Zugleich wird Kindern und Jugendlichen Partizipation und Handlungsmacht zugesprochen, wenn sie selbst als Forscher*innen akzentuiert werden. Sie sind dabei sicher mehr Forscher*innen an ihrer eigenen Selbstbildung, als dass es darum geht, gänzlich neues Fachwissen hervorzubringen. Für den Biologieunterricht können performative Settings und Handlungsaufträge vor allem dazu führen, über körperliche und entdeckende Erfahrungen Schüler*innen zugleich in die Reflexion von Fachdiskursen zu verwickeln. Denn meist entsteht über das Handeln im Feld, durch konkrete Interaktionen auch die Lust, mehr wissen zu wollen.

Eine ethnografische Perspektive einnehmen

Wenn die Reise geplant ist und es endlich losgeht, ist es wichtig, eine ethnografisch forschende Haltung der Welt gegenüber einzunehmen. Wie diese für Kinder und Jugendliche aussehen kann, schlägt die Kunstvermittlerin Keri Smith in ihrem Buch „Wie man sich die Welt erlebt" (2011) vor:

„1. Verlass das Haus niemals ohne Stift und Notizbuch.
2. Wenn Du mit der Methode des genauen Hinsehens oder Hinhören arbeitest, arbeitest Du am besten alleine.
3. Respektiere die Gemeinschaft, die du erforschst. Das betrifft alle Aspekte der Natur, Menschliche oder sonstige (und beinhaltet auch öffentliches oder privates Eigentum).
4. Falls Du danach gefragt werden solltest, was Du da machst. Der Satz: „Ich führe eine Forschungsarbeit durch" reicht für gewöhnlich auch dem neugierigsten Nachfrager.
5. Erwarte das Unerwartete (und es wird dir begegnen)" (Smith 2011, S. 25).

Der Satz „Ich führe eine Forschungsarbeit durch" ist die Möglichkeit, um die uns umgebende alltägliche Welt wie durch eine Lupe vergrößert zu betrachten. Stift, Notizbuch, Fotoapparat, Aufnahmegerät und andere Dokumentationsmittel gehören zur Ausrüstung eine*r jeden kleinen oder großen Feldforscher*in. Der eigene Blick wird durch die Wahl der Dokumentationsmittel bereits ästhetisch geschärft und gerahmt. Im Vorfeld der Reise muss also abgesprochen werden, welche Dokumentationsmittel zur Verfügung stehen. Hierbei kann es hilfreich sein, Gruppen zu bilden, sodass jede*r mal mit dem Fotoapparat oder mit dem Stift hantieren muss, da jedes Medium andere Ausdrucksformen ermöglicht. Mit der Wahl der Dokumentationsmedien und des Untersuchungsfeldes ist der Prozess ästhetischer Forschung eingeleitet. Für unsere ethnografische Untersuchung sind wir vor allem ausgerüstet mit Diktiergeräten, auf die wir unsere Beobachtungen als Erinnerungsstütze aufsprechen. Geleitet werden unsere Beobachtungen durch einen Katalog von Fragen, wobei jede*r von uns pro Station jeweils nur für eine Frage zuständig ist und wir die Beobachtungsaufgabe an jeder neuen Station durchtauschen.

- Wie spricht das Tier?
- Wie bewegt es sich?
- Was nimmt es wahr?
- Welche Objekte sind vor Ort zu sehen?
- Wie ist das Verhältnis von Mensch und Tier im untersuchten Raum zu beschreiben?

Mit diesen Fragen wird der Blick auf die performativen Dimensionen von Tieren, ihren Lebensräumen und Mensch-Tier-Interaktionen gerichtet. Lautlichkeit, Körperlichkeit, Wahrnehmung, Räumlichkeit, Atmosphäre und Interaktion – jene Kriterien einer *Ästhetik des Performativen* (2004), wie sie Erika Fischer-Lichte dargelegt hat, werden hier mit einem ethnografischen Blick verschaltet, sodass an dieser Stelle des Rechercheprozesses von einer ästhetischen Feldforschung gesprochen werden kann.

Jede_r von uns hält somit während der Recherche fest, was sich der Wahrnehmung markant auftut. Als markanter Moment wird das beschrieben, was das eigene ästhetische Erleben affiziert, was wir in unserem Alltag sonst nicht so genau sehen und hören: die Klangwellen von Detektoren bei der Fledermauswanderung, die Eleganz der Rehe auf dem offenen Feld, die Enge in der Mastanlage, die mit jedem zugenommenen Kilo der Hühner noch brutaler wird, der Kitsch bemalter Tierurnen mit dem Abbild der eigenen Hauskatze oder das choreografische Spiel von Pirschen und Verstecken auf der Jagd. Durch den gelenkten Blick auf die performativen Dimensionen des Mensch-Tier-Verhältnis wird die Inszenierungsstruktur von Alltagspraktiken sichtbar.[7] Für den Erziehungswissenschaftler John Dewey (1988) können alle Gegenstände und Handlungen des Alltags zu einer ästhetischen Erfahrung führen. Eine ästhetische Erfahrung kann aber nur eintreten, wenn ein pragmatisches, flüchtiges, konstatierendes Sehen aufgegeben wird (vgl. Kämpf-Janssen 2012, S. 27) zugunsten eines „besonderen Blick[s]", der verbunden ist mit einem „Innehalten und Anhalten der Zeit", „genauen Hinschauen und Beobachten, verbunden mit einem Erstaunen, einer Neugier, einem besonderen Interesse und einem Moment der Intensität" (ebd., S. 29). Ästhetisches Forschen ermöglicht eine Sinnenbildung und Wahrnehmungsausbildung für Kinder und Jugendliche. Insbesondere für Interaktionen mit Tieren ist es bedeutsam, eine Beobachtungsgabe für ihre Form von Verhaltensweisen und Kommunikation zu entwickeln. Damit können Tiere im Sinne der HAS als Akteure betrachtet werden. Zudem wird so ein Blick darauf gelenkt, wie wir unsere Beziehungen, die Objekte von und für Tiere oder auch ihre/unsere Lebensräume gestalten. Ästhetisches Forschen ermöglicht so, das vermeintlich Bekannte als etwas Fremdes zu sehen und so aus der Distanz heraus reflektieren zu können.

Tierdarstellungen erproben

Damit die Erfahrungen der Recherchereise zu ästhetischen Erfahrungen, aber auch zu Thesen gerinnen können, ist der sich anschließende Probenprozess als Raum der Reflexion und der Transformation in szenische Settings wichtig. Objektives und subjektives Wissen treten in ein Spannungsverhältnis und es gilt als Performer*in Position zu beziehen. Im Kontext von Theaterarbeit hat die Probe genau dafür eine lange Tradition als Labor und Experimentierfeld (vgl. Matzke 2012), in dem alle Beteiligten immer schon in performative Bildungsprozesse eingebunden sind (vgl. Hinz 2013) im Hinblick dessen, wie das ge-

7 Eine ausführliche Darlegung des Verhältnisses von Alltagshandeln und ästhetischen Handeln bezogen auf *Ein Bankett für Tiere* und die Arbeit der Frl. Wunder AG vgl. Hinz 2017.

wählte Thema für ein Publikum sinnlich erfahrbar gemacht werden kann. Zudem spielt im Kontext der Probe Reflexion und Überprüfung eine entscheidende Rolle. Da das szenische Geschehen bis zur Premiere nur vorläufigen Charakter hat, wird es immer wieder in Frage gestellt, geprüft, verändert.

Nach der Rechercheréise richtet sich der überprüfende Blick zunächst auf das dokumentierte Material. Haben sich aus unseren Beobachtungen und Erfahrungen zentrale Thesen zu unserer Ausgangsfrage ergeben? Welches Wissen wollen wir vermitteln? Außerdem gilt es zu überlegen, was für eine theatrale Situation aus dem dokumentierten und vorgefundenen Material übernommen werden soll: ein O-Ton, ein Objekt, ein Erfahrungsbericht, eine Bewegung, eine transkribierte Passage der Interviews. Für einen forschenden Theateransatz müssen die eigenen Erfahrungen wiederum in eine künstlerische Form übersetzt werden. Dieser Übersetzungsvorgang von der Feldforschung in die Performance ermöglicht eine leibliche Reflexion. Hierbei können Kinder und Jugendliche ganz unterschiedliche Kommunikationsweisen dafür finden, die auch von der Leitung gefördert werden sollten. Schließlich sollte eine Beobachtung oder ein gewonnenes Wissen von den Kindern und Jugendlichen nicht nur verbalisiert werden dürfen, sondern Theater als polymediale Kunstform, die Bewegung, Raum, Video, Musik, etc. miteinander verbindet, voll ausgeschöpft werden. Malte Pfeiffer (2018b, S. 141–144) hat hierfür ein System für Handlungsanweisungen entwickelt, wie Kinder und Jugendliche von der Feldforschung zu einer Präsentation kommen:

> „Sucht nach einem Präsentationsformat, das im Gegensatz zu den Inhalten steht. Präsentiert z. B. etwas Trauriges in einem unterhaltsamen Format. Welche Formate aus Alltag, Fernsehen oder Medien könnt ihr in eurer Präsentation zitieren? [...] Schreibt ein Statement zu einem für das Feld zentralen Aspekt. Was bedeutet dieser Aspekt für euch persönlich – und wie sähe dieser Aspekt für euch im Idealfall aus? [...] Welche nicht-menschlichen Elemente wie Tiere, Maschinen oder große Objektewaren sind im Feld wichtig? Entwickelt eine Verkörperung für solch ein Element über Bewegung und einfache Kostümteile." (ebd., S. 143 f.)

An den Handlungsanweisungen wird deutlich, dass hierbei entweder eine subjektive Perspektive akzentuiert wird oder auch die künstlerische Übersetzung in den eigenen Körper oder in ein anderes mediales Format dazu beiträgt, auch im Kontext der Probe wieder einen fremden Blick auf das Erfahrene zu generieren. Durch das Format der Kleingruppenarbeit, in der diese Aufgaben gelöst werden sollen, kommen subjektive Erfahrungen jede*r Einzelnen in einen Austausch und werden mit weiteren Recherchen zu Wissensbereichen fortgeführt, die ebenso angeregt werden sollen. Zum Beispiel lautet ein weiterer Handlungsauftrag:

> „Über welche Vorgänge wurde im Feld gesprochen, die ihr aber nicht real beobachten konntet? Recherchiert und präsentiert ein kurzes Video, das einen solchen Vorgang zeigt." (ebd., S. 143)

Auf die Feldforschung folgen erste Präsentationen von Kleingruppen und danach bietet sich an, in ein Reflexionsgespräch darüber zu gehen, was sich als zentrale Erkenntnisse/Schwerpunkte/Themen gezeigt hat und zu überlegen, inwiefern diese bereits einer Verknüpfung zueinander stehen oder ob es sinnvoll ist, einen Schwerpunkt oder eine These in den Mittelpunkt zu stellen und daran weiterzuarbeiten.

Im Falle von *Ein Bankett für Tiere* erkennen wir das Tier als Projektionsraum für unsere eigenen Begierden: der Schönheit von Bewegungen, der Freiheit von Trieben, der Einverleibung seines Fleisches. Es ist das Tier als Objekt, das wir in den Bühnenraum überführen: Bewegungsqualitäten, Attribute wie Felle oder Hörner und die Frage nach der Ähnlichkeit zwischen Mensch und Tier. Wir werfen Fragen auf: Ob wir Tiere als Freunde behandeln und ihnen demokratische Rechte zuweisen könnten und was mein nacktes menschliches Fleisch vom Fleisch eines Schweins unterscheidet.

Wenn wir uns auf der Probe als Performer*innen das dokumentarische Material körperlich und sprachlich aneignen, kommen zu den konzeptionellen und kulturwissenschaftlichen Forschungsfragen die künstlerischen hinzu: Wie stelle ich überhaupt ein Tier dar? Genau dann fängt die Probe an und bewegt sich im Spannungsfeld von Feldforschung und Kunstpraxis, von angeeignetem Erfahrungswissen und der Offenheit der theatralen Übersetzung.

Die künstlerische Feldforschung von kulturellen Praktiken in Sozialräumen führt zu Differenzerfahrungen, die es zu reflektieren gilt – aus der Erfahrung des Fremden – in diesem Fall der Auseinandersetzung mit dem Umgang mit Tieren – resultiert die Befragung des Eigenen. Ulrike Hentschel (2010, S. 238) hat dies im Kontext der Selbstbildung in der Theaterpädagogik als „Differenzerfahrung" bzw. „Erfahrung des Dazwischenstehens" charakterisiert. Die Differenzerfahrung entsteht durch das distanzierende Moment, das eine Schauspielerin erlebt, wenn sie sich selbst in eine Figur transformiert, sich in einer Ambiguität zwischen sich und der Figur im Akt der Darstellung erlebt. Die Differenzerfahrung, die ich als Performerin bei *Ein Bankett für Tiere* mache, ist, dass ich versuche, aus den Bewegungsqualitäten meines Menschseins Tierversionen zu entwerfen. Wie kann ich als Mensch eine choreografische Übersetzung für den Hirsch finden, den ich auf der Pirsch in seinem Lebensumraum beobachtet habe. Ich erinnere mich an das stetige Kauen, an die elegante Abfolge des Überkreuztretens eines Huftiers. Ich erinnere mich an sein monströses Geweih und die Eleganz des Schreitens. Und doch ist die Bewegungsfolge zunächst mit meinem Körper nicht machbar, wenn ich auf allen vieren krieche, verliert sich jegliche Eleganz. Schlussendlich behalte ich den aufrechten Gang, die Hände schieben sich wie die Beine elegant vor, auf meinem Kopf thront ein echtes Hirschgeweih, das auf einen Bauhelm gespannt ist und mir einiges an Gleichgewichtssinn abfordert. Ich schiebe mir ein Kaugummi in den Mund und mahle nun wie ein Hirsch. In den Tierdarstellungen, wie wir sie in *Ein Bankett für Tiere* erfinden, ist man sich stets darüber bewusst, dass man das Tier aus Sicht des Menschen performt, dass es somit um menschliche Versionen von Hirschen, Widdern, Vögeln oder Fischen geht. Somit findet hier die Differenzerfahrung und Erfahrung von Alterität zu den Tieren, dadurch statt, dass die anthropologische Differenz von Mensch und Tier instabil wird, was ein Sujet vieler Theaterproduktionen ist, die sich mit Tieren befassen (vgl. dazu Westphal 2018; Köhring 2017).

Das Besondere des Theaterspielens als Form ästhetischen Forschens ist für die Erfahrungen im Sozialraum, für die Erfahrungen am eigenen Leib, für das gesammelte Wissen über Mensch-Tier-Beziehungen eine Übersetzung in die Szene finden zu müssen. Wissenschaft bedeutet ebenso Übersetzungsleistungen im Medium der Sprache zu vollziehen. Das Theater hingegen eröffnet die Möglichkeit, Sinn und Sinnlichkeit in ein anderes Verhältnis zu setzen, als es in der Schriftsprache möglich ist. Dies fordert zugleich unseren Wissensbegriff heraus, der um sinnliche Qualitäten erweitert werden muss. Letztlich erforscht die Frl. Wunder AG mittels Feldforschung die performativen Dimensionen des Mensch-Tier-Verhältnisses. Was wir in der Aufführung zeigen, sind die Inszenierungs- und Konstruktionsprozesse von Alltagspraktiken im Umgang mit Tieren. Durch performative und theatrale Verfahren vergrößern wir dies und machen es für ein Publikum wahrnehmbar und reflektierbar.

Sich zu Tieren in ein Verhältnis setzen – Partizipatives Theater

Künstlerische Feldforschung in der Produktion *Ein Bankett für Tiere* hat sich für die ästhetischen Qualitäten und performativen Dimensionen des Tierseins interessiert und für die sozialen Strukturen, in denen Tiere ihren Platz zugewiesen bekommen. In der Theaterperformance spitzen wir diese Sicht im Format des Dinnertheaters zu. Der soziale Platz von Tieren ist in unserer Gesellschaft auf dem Teller: als Akt der Einverleibung, aber auch als Projektionsschirm, auf den von uns Bilder von Tieren projiziert werden.

In *Ein Bankett für Tiere* wird eine Tischgesellschaft inszeniert, die in Gaststätten gespielt wird, die für ihre Wild- und Fleischprodukte bekannt sind, um genau dort mit dem Publikum bei veganem Essen über die gesammelten Erfahrungen zu diskutieren. Elise von Bernstorff hat herausgestellt, dass künstlerische Forschung gegenüber Institutionen und normativen Wissensformationen ihre Produktivkraft als „Undisziplinierte“ in den Diskurs bringt (vgl. 2013, S. 110 f.). Die Etablierung einer Tischgesellschaft, in der gemeinsam gegessen und geredet wird, macht die Aufführung zu einer weiteren sozialen Anordnung, in der das Verhältnis von Mensch und Tier kritisch und partizipativ weiterbefragt wird und der Forschungsprozess kein Ende hat, sondern in jeder Aufführung wieder neu auf dem Spiel steht. Die Aufführungssituation wird hier zum Projektions- und Reflexionsraum über die Frage nach unserem gesellschaftliches Handeln in Bezug zum Umgang mit Tieren.

Prozesse des Verstehens von Selbst und Welt werden vielmehr zu einem performativen (Bildungs-)Ereignis, in dem auch das Publikum seine eigenen Erfahrungen machen kann. Insofern verstehen wir unseren Theateransatz auch in der Tradition eines Theaters der Erfahrung (vgl. Brauneck 1998, S. 458–463). Performativ meint hier im Anschluss an Wulf und Zirfas (vgl. 2007), dass sich das Bildungssubjekt in wirklichkeitskonstituierenden Momenten erlebt, die wir für ein Publikum kreieren. Denn Bildung passiere dann, wenn der Mensch mannigfaltige Erfahrungen und Situationen erlebt, wie es Wilhelm von Humboldt (vgl. 1851, S. 10) definierte. Hierbei geht es aber gerade darum, das Erfahrene in der Feldforschung wiederum in Settings für Publikum zu führen, die im besten Falle Begegnungs- und Erfahrungsräume schaffen, die unseren normativen Blick auf Tiere und Mensch-Tier-Beziehungen kritisch in Frage stellen oder ihre utopischen Potenziale für eine künftige Gesellschaft ausstellen.

Fazit: Bildungspotenziale ästhetischen Forschens über das Verhältnis von Mensch und Tier

Ethnografische Forschung und Theater haben eines gemeinsam: Es geht darum, aus dem eigenen Alltag herauszutreten, die Perspektive oder den eigenen Standpunkt zu wechseln und sich auf einen Prozess einzulassen, der im besten Fall unvorhersehbar ist. Bestimmt wird dieser Prozess durch Begegnungen und Interaktionen mit Menschen, Tieren, Objekten, Räumen, die handelnd erfahren und untersucht werden. Für die Frl. Wunder AG bildet die ethnografische Forschung den Ausgangspunkt für den Stückentwicklungsprozess von *Ein Bankett für Tiere*. So sammeln wir szenisches Material für eine künstlerische Präsentation im Theaterkontext. Doch bringt dieser Prozess stets einen Überschuss an Wissen mit sich: als Bildungsprojekt für jede*n einzelnen von uns. Als erwachsene Performancekünstler*innen werden wir – anders als Schüler*innen – nach Abschluss eines Projektes nicht danach gefragt oder daran gemessen, *ob wir nun schlauer sind als vorher*. Als forschende Theatermacher*innen und inszenierende Forscher*innen bewegen wir uns in einem Zwischenraum von Kunst, Pädagogik und Wissenschaft, in dem die Spielregeln der Wissensproduktion freier gehandhabt werden können als es für eine wissenschaftliche Hausarbeit oder die Vermittlung von Schulstoff erwartet wird. Ein so verstandenes Bildungsprojekt setzt auch für Kinder und Jugendliche daran an, durch ästhetisches Forschen den eigenen Selbstbildungsprozess zu befördern. Hierfür geht es um eine aktive Gestaltung von Forschungsfragen, Forschungsstationen im Feld und Präsentation des Forschungsergebnisses durch die Kinder und Jugendlichen selbst. Beispielsweise für den Biologieunterricht wird so ein kognitiv-sinnlicher Lernraum geschaffen, in dem theaterpädagogische/performative Verfahren in den Unterricht integriert werden. Angesichts globaler Umweltprobleme ist das inhaltliche Interesse eines solchen ästhetischen Forschungsprojektes zum Verhältnis von Mensch und Tier aber auch, naturwissenschaftliche Erkenntnisse mit ethischen, alltagspraktischen und kulturwissenschaftlichen Perspektiven zu verbinden, um so zu einer Bildung der Nachhaltigkeit von Kindern und Jugendlichen beizutragen.

Die interdisziplinäre Verflechtung von Theater, Ethnografie und Human-Animal Studies evoziert eine performative Bildung, die kognitive und sinnliche „Prozesse des Verstehens von Selbst und Welt“ miteinander verschränkt. Performative Bildung zeichnet hierbei in besonderer Weise aus, was Kristin Westphal für eine Neuformatierung des Bildungsbegriffs im Bezug zum Schultheater formuliert hat:

> „Das Bildungssubjekt handelt und antwortet aus dem Geschehen, aus der Begegnung mit dem Anderen und den Dingen heraus. Es ist aktiv mitwirkend. Im Mittelpunkt solcher Überlegungen steht das Subjekt in seiner Dezentrierung und Verschränkung mit Welt zwischen Eignem und Fremdem in der Auseinandersetzung mit kultureller, ästhetischer Praxis weniger in ihrer vertrauten als fremden Wirksamkeit“ (Westphal 2007, S. 50).

Ästhetische Feldforschung, wie wir sie in *Ein Bankett für Tiere* erproben, verknüpft kognitive Prozesse der Beobachtung, dichten Beschreibung und Thesenbildung mit sinnlichen Prozessen des körperlichen Nachvollzugs neu erlernter Praktiken und Begegnung mit Fremden. Als das Fremde kann hier sowohl die Interaktion in dem abgesteckten Feld gemeint sein, wie bspw. zum ersten Mal ein Tierkrematorium zu betreten oder mit einem Schlachter zu sprechen, dessen Weltsicht eine andere ist als die eigene. Das Fremde begegnet uns aber auch in der Reflexion der anthropologischen Differenz von Mensch und Tier. Der theatrale Versuch, sich in Tiere aus einer menschlichen Perspektive anzuverwandeln, lässt uns den eigenen Körper in seiner Anthropologie wahrnehmen und ermöglicht zugleich eine Ausweitung des tänzerischen und choreografischen Spektrums, wenn wir uns Vögel, Rehe oder Fische zur Darstellungsvorlage nehmen. Diese Begegnung mit dem Fremden, aber auch die Entdeckung des eigenen biografischen Zugangs – bspw. wenn wir uns die Frage stellen, wie leben wir in unserem Alltag mit Tieren oder wie haben wir den Tod unserer Haustiere erlebt – eröffnet eine Reflexion des Mensch-Tier-Verhältnisses als eine grundsätzliche Befragung unseres Welt- und Selbstverständnis. Auf dem Spiel steht die Frage: Wie wollen wir mit Tieren leben und was erzählt der Umgang mit ihnen über uns und unsere Kultur. Eine solche kritische und zugleich kulturwissenschaftlich-philosophische Befragung im unmittelbaren Lebensumfeld (auf dem Bauernhof, im Zoo, beim Schlachter) schafft durch den interaktiven Ansatz für Kinder und Jugendliche einen Raum für performative Bildung, in dem sich sowohl forschende Praktiken üben lassen als auch ästhetische Erfahrungen ereignen können.

Literatur

Bernstorff, Elise v. (2013): Das Undisziplinierte im Transdisziplinären. Das pädagogische Verhältnis in der künstlerischen Forschung mit Kindern. In: Peters, Sibylle (Hrsg.): Das Forschen aller. Artistic Research als Wissensproduktion zwischen Kunst, Wissenschaft und Gesellschaft. Bielefeld: transcript, S. 95–120.

Bilstein, Johannes/Westphal, Kristin (2018): Conditio humana, conditio animalis. In: Dies. (Hrsg.): Tiere – Pädagogisch-anthropologische Reflexionen. Wiesbaden: Springer, S. 1–14.

Bogards, Roland (2016): Einleitung: Cultural Animal Studies. In: Ders. (Hrsg.): Tiere. Kulturwissenschaftliches Handbuch. Stuttgart: Metzler, S. 1–6.

Bourdieu, Pierre (1987): Die feinen Unterschiede. Frankfurt a. M.: Suhrkamp.

Brauneck, Manfred (1998): Theater im 20. Jahrhundert. Programmschriften, Stilperioden, Reformmodelle. 8. Auflage. Reinbek bei Hamburg: Rowohlt.

Brucker, Renate/Bujok, Melanie/Mütherich, Birgit/Seeliger, Martin/Thieme, Frank (Hrsg.) (2015): Das Mensch-Tier-Verhältnis. Eine sozialwissenschaftliche Einführung. Wiesbaden: Springer VS.

Chimaira – Arbeitskreis für Human-Animal Studies (Hrsg.) (2011): Human-Animal Studies. Über die gesellschaftliche Natur von Mensch-Tier-Verhältnissen. Bielefeld: transcript.

DeMello, Margo (2012): Animals and Society. An Introduction to Human-Animal Studies. New York: Columbia University Press.

Fischer-Lichte, Erika (2004): Ästhetik des Performativen. Frankfurt am Main: Suhrkamp.

Foucault, Michel (1992): Andere Räume. In: Barck, Karlheinz/Gente, Peter/Paris, Heidi/Richter, Stefan (Hrsg.): Aisthesis. Wahrnehmung heute oder Perspektiven einer anderen Ästhetik. Leipzig: Reclam, S. 34–46.

Girtler, Roland (2001): Methoden der Feldforschung. Wien/Köln/Weimar: Böhlau.

Haraway, Donna (2003): The Companion Species Manifesto: Dogs, People, and Significant Otherness. Chicago: Prickly Paradigm Press.

Haraway, Donna (2008): When Species Meet. Minneapolis: University of Minnesota Press.

Hentschel, Ulrike (2010): Theaterspielen als ästhetische Bildung. Über einen Beitrag produktiven künstlerischen Gestaltens zur Selbstbildung. Milow: Schibri.

Hinz, Melanie (2013): Die Probe als Labor. Zur Funktion der Probe damals und heute. In: Schultheater 2013, 13 Proben, S. 36–38.

Hinz, Melanie (2017): Sozialkünstlerisches Handeln zwischen Alltag und Performancekunst. Am Beispiel von Projekten der Frl. Wunder AG. In: Warstat, Matthias/Heinicke, Julius/Kalu, Joy Kristin (Hrsg.): Kunst und Alltag. Paragrana, S. 109–122.

Hinz, Melanie (2018): Forschendes Theater als Transfer impliziten Wissens. Von der Recherche zur Performance. In: Dies./Kranixfeld, Micha/Köhler, Norma/Scheurle, Christoph (Hrsg.): Forschendes Theater in Sozialen Feldern. München: kopaed.

Hinz, Melanie/Kranixfeld, Micha/Köhler, Norma/Scheurle, Christoph (2018) (Hrsg.): Forschendes Theater in Sozialen Feldern. München: kopaed.

Humboldt, Wilhelm v. (1851): Ideen zu einem Versuch, die Gränzen der Wirksamkeit des Staates zu bestimmen. Breslau: Verlag von Eduard Trewendt.

Kämpf-Janssen, Helga (2012): Ästhetische Forschung. Wege durch Alltag, Kunst und Wissenschaft. Zu einem innovativen Konzept ästhetischer Bildung. Tectum: Marburg.

Köhring, Esther (2016): Tiere und Theater, Performance, Tanz. In: Roland Bogards (Hrsg.): Tiere. Kulturwissenschaftliches Handbuch. Stuttgart: Metzler, S. 245–261.

Koller, Hans-Christoph: Bildung anders denken. Einführung in die Theorie transformatorischer Bildungsprozesse. 2. Auflage. Stuttgart: Kohlhammer.

Kompatscher, Gabriela/Spannring, Reingard/Schachinger, Karin (2017): Human-Animal Studies. Eine Einführung für Studierende und Lehrende. Stuttgart: utb.

Latour, Bruno (2007): Eine neue Soziologie für eine neue Gesellschaft. Einführung in die Akteur-Netzwerk-Theorie. Frankfurt a. M.: Suhrkamp.

Matzke, Annemarie (2012): Arbeit am Theater. Zu einer Diskursgeschichte der Probe. Bielefeld: transcript.

Peters, Sibylle (2013): Das Forschen aller – ein Vorwort. In: Dies. (Hrsg.): Das Forschen aller. Artistic Research als Wissensproduktion zwischen Kunst, Wissenschaft und Gesellschaft. Bielefeld: transcript, S. 7–21.

Pfeiffer, Malte (2018a): Feldforschung als künstlerische Praxis in der Theaterpädagogik. Universität Hamburg. Dissertation.

Pfeiffer, Malte (2018b): Übung: Feldforschung mit Jugendlichen. In: Hinz, Melanie/Kranixfeld, Micha/Köhler, Norma/Scheurle, Christoph (Hrsg.): Forschendes Theater in Sozialen Feldern. München: kopaed. S. 141–144.

Roscher, Mieke (2015): Geschichtswissenschaft. Von einer Geschichte mit Tieren zu einer Tiergeschichte. In: Spannring, Reingard/Schachinger, Karin/Kompatscher, Gabriela/Boucabeille, Alejandro (Hrsg.): Disziplinierе Tiere? Perspektiven der Human-Animal Studies für die wissenschaftlichen Disziplinen. Bielefeld: transcript, S. 75–100.

Schachinger, Karin (2015): Gender Studies und Feminismus. Von der Befreiung der Frauen zur Befreiung der Tiere. In: Spannring, Reingard/Schachinger, Karin/Kompatscher, Gabriela/Boucabeille, Alejandro (Hrsg.): Disziplinierе Tiere? Perspektiven der Human-Animal Studies für die wissenschaftlichen Disziplinen. Bielefeld: transcript, S. 53–74.

Smith, Keri (2011): Wie man sich die Welt erlebt. Das ~~Kunst~~Alltags-Museum zum Mitnehmen. o. O.: Kunstmann.

Spannring, Reingard (2015): Bildungswissenschaft. Auf dem Weg zu einer posthumanen Pädagogik? In: Dies./Schachinger, Karin/Kompatscher, Gabriela/Boucabeille, Alejandro (Hrsg.): Disziplinierte Tiere? Perspektiven der Human-Animal Studies für die wissenschaftlichen Disziplinen. Bielefeld: transcript, S. 29–52.

Wenk, Irina (2016): Tiere der Ethnologie. In: Bogards, Roland (Hrsg.): Tiere. Kulturwissenschaftliches Handbuch. Stuttgart: Metzler, S. 288–297.

Westphal, Kristin (2007): Lernen als Ereignis: Schultheater als performative Praxis. Zur Aufführungspraxis von Theater. In: Wulf, Christoph/Zirfas, Jörg (Hrsg.): Pädagogik des Performativen. Theorien, Methoden, Perspektiven. Weinheim/Basel: Beltz, S. 49–58.

Westphal, Kristin (2018): Animals on stage. Drei Variationen. In: Bilstein, Johannes/ Westphal, Kristin (Hrsg.): Tiere – Pädagogisch-anthropologische Reflexionen. Wiesbaden: Springer, S. 51–68.

Wulf, Christoph/Zirfas, Jörg (2007): Performative Pädagogik und performative Bildungstheorien. Ein neuer Fokus erziehungswissenschaftlicher Forschung. In: Dies. (Hrsg.): Pädagogik des Performativen. Theorien, Methoden, Perspektiven. Weinheim/Basel: Beltz, S. 7–41.

Wulf, Christoph (2018): Tiere – eine anthropologische Perspektive. In: Bilstein, Johannes/Westphal, Kristin (Hrsg.): Tiere – Pädagogisch-anthropologische Reflexionen. Wiesbaden: Springer, S. 17–26.

Ziemer, Gesa/Reimers, Inga (2013): Wer erforscht wen? Kulturwissenschaften im Dialog mit Kunst. In: Peters, Sibylle (Hrsg.): Das Forschen aller. Artistic Research als Wissensproduktion zwischen Kunst, Wissenschaft und Gesellschaft. Bielefeld: transcript, S. 47–61.

Hannah Claire Kowalski

Science on Stage

Quantenphysik und Molekularexperimente für Kinder von 3–10 am FUNDUS THEATER/THEATRE OF RESEARCH

> H: Hallo, ich bin Hannah und ich bin ein klitzekleines Teilchen. Mein Vater hat immer gesagt, ich hab so viel Energie, weil ich ein klitzekleines Teilchen bin. Denn je kleiner etwas ist, desto mehr Energie hat es. Mein Vater Henryk ist Physiker und er forscht über Teilchen, klitzekleine Teilchen.
> Mein großer Bruder Marek ist auch Physiker. Ich komme also aus einer Physikerfamilie. Mein großer Bruder erforscht die Sterne, die sind wiederum unglaublich groß. Beide haben etwas gemeinsam. Beide forschen über Licht!
> Im Labor meines Vaters wurde mir als Kind erklärt, wie Licht funktioniert und ich habe immer nichts verstanden. Ich habe mir die Sätze über das Licht aufgeschrieben und wollte dann Bilder dazu malen.
> (Leeres Buch zeigen)
> Ich bin weder Malerin noch Physikerin geworden, stattdessen suche ich die Bilder im Theater. Und hier im Theater ist mir das Licht wieder begegnet.
> Denn ob etwas schön wirkt oder hässlich, fröhlich oder traurig, darüber entscheidet im Theater nicht zuletzt das Licht.

Dieses autobiographische Moment ist der Beginn des Stückes *Mehr Licht! Von Wellen, Teilchen und der Angst im Dunkeln* und zugleich mein eigenes. Es begründet meine spezielle Motivation für die szenisch-forschende Auseinandersetzung mit den Naturwissenschaften.

Was mir zuhause als mysteriöse, philosophische Welt zwischen atomaren Teilchen, Milchstraße und Schwarzen Löchern dargeboten wurde, kam in meinem Schulunterricht mit langweiligen Formeln daher und löste in mir ein Gefühl von Unvermögen aus.[1]

Während mein Vater zuhause leidenschaftlich unlesbare Formeln aufs Papier kritzelte, stand meine Mutter, die Künstlerin ist, vor ihrer Staffelei und malte große abstrakte Farbwelten. Meine Mutter schenkte mir Malsachen und eine

1 Mehr Information zum Interesse und Desinteresse an naturwissenschaftlichem Unterricht finden sich in der Studie von Doris Elster. Vgl. hierzu: Elster (2010).

Staffelei, mein Vater lud mich zum Fahrradfahren bei Desy in dem Teilchenbeschleuniger ein. Beides erschien mir als Kind spannend.

Für mich waren Naturwissenschaften nie das Rationale, Klare, Objektive und die Kunst das Emotionale, Nichterklärbare, Subjektive – im Gegenteil:

Keine Kunst erschien mir so unerklärlich, rätselhaft und mystisch wie schwarze Löcher, Quantenphysik oder die Ausdehnung des Universums.

Schon als Kind entschied ich mich für die Bühne und das Theater, doch erst, als ich 2006 Sibylle Peters und das FUNDUS THEATER/THEATRE OF RESEARCH kennenlernte, öffnete sich für mich ein Handlungsspielraum, in dem wissenschaftliche und künstlerische Praktiken kombinierbar sind. Das Theater als Labor, in dem Malen und Forschen sich nicht ausschließen, sondern ergänzen.

Das FUNDUS THEATER/THEATRE OF RESEARCH (im Folgenden FT) arbeitet seit 2002 daran, das forschende Lernen aller zu propagieren. „Aller" heißt: Im FT begegnen sich Kinder, KünstlerInnen und WissenschaftlerInnen. Ziel ist es, die unterschiedlichen Forschungsperspektiven in einem kollektiven Prozess der Auseinandersetzung zu koppeln.

Dabei, so heißt es im Selbstverständnis des Forschungstheaters, soll es nicht darum gehen, dass das FT das Forschen für andere übernimmt, sondern es als seine Aufgabe betrachtet, „dem immer schon stattfindenden Forschen aller ein Forum, einen thematischen Fokus, einen Raum und eine Zeit zu geben, es zu organisieren, zu bündeln, weiterzuentwickeln, zu vernetzen und sichtbar zu machen" (Peters 2007a, S. 3). Die Aufgabe des FTs besteht demnach darin, Forschungsprozesse so zu gestalten und zu organisieren, dass alle Beteiligten einen Zugang dazu finden können. Weder Kunst noch Wissenschaft sollen stellvertretend für andere das Forschen übernehmen und die Öffentlichkeit dann mit den Ergebnissen konfrontieren. Stattdessen, so die Haltung der Akteure des FTs, sollten Kunst und Wissenschaft die Aufgabe haben, kollektive Forschungsprozesse zu organisieren und zu begleiten, an denen jeder Mensch beteiligt sein kann (vgl. Peters 2009, S. 8).

> „Dafür müssen Kunst und Wissenschaften sich und ihre Methoden öffnen. In der Arbeit mit Kindern können wir wertvolle Erfahrungen sammeln" (Peters 2008, S. 10).

Die szenischen Forschungsprojekte am FT unterscheiden sich in ihrem Charakter abhängig von Thema, Fragestellung und Teilhabenden. Gemeinsam ist allen Projekten, dass sie Kunst als Forschung („Performance as Research") begreifen, von einem transzdisziplinären Forschen zwischen Kindern, Künstler_innen und Wissenschaftler_innen ausgehen, partizipativ forschen, den forschenden Charakter der Präsentation nutzen und sich in unwahrscheinlicher Verbindung von Realität und Fiktion üben. Die Performativität des Wissens wird mit der Show-

and-Tell Methode („Sagen und Zeigen“) untersucht. Es geht darum, andere Arten von Wissen zu produzieren bzw. zur Geltung kommen zu lassen, und diese mit wissenschaftlicher Erkenntnis in einen gleichberechtigten Dialog treten zu lassen (Peters 2007a, S. 9).

Zum Kernprogramm des FT gehört es deshalb, unterschiedliche Präsentationsformen zu nutzen und zu entwickeln, in denen Wissen generiert und Wissen vermittelt wird. Hierbei wird stets ein Augenmerk auf das Zusammenspiel von Form und Inhalt gelegt: Wie lässt sich was spannend vermitteln? Wie wird das Präsentationsmoment selbst zu einer Forschungssituation? Die Forschung an Vortrags- und Präsentationsformaten soll genutzt werden, um Präsentation und Wissensgenerierung zu verknüpfen.

Show-and-Tell

Für diese Verknüpfung aus Experiment und Darstellen hat sich im FT über die Jahre hinweg eine spezifische Methodik herausgebildet (vgl. Peters 2007a):

Show-and-Tell, zu Deutsch: Zeigen-und-Sagen. Show-and-Tell verweist auf ein Format, das sich zwischen Kunst und Wissenschaft entwickelt hat, das Format der Lecture-Performance[2]. Es gibt sehr unterschiedliche Variationen der Lecture-Performance. Manche ähneln einem trockenen Vortrag mit einem überraschenden Twist, andere nutzen szenische Elemente und sind näher am Theater. Lecture-Performances mit Kindern zu erarbeiten, ist hingegen eher unüblich, obwohl beispielsweise im schulischen Kontext LehrerInnen und SchülerInnen immer wieder vor der Aufgabe stehen, Wissen zu präsentieren.

Aus diesem Gedanken heraus entstand das Show-and-Tell-Verfahren, in dem das Verhältnis von Sagen und Zeigen gemeinsam mit Kindern untersucht werden kann. Hierfür spielen folgende Fragen eine zentrale Rolle: Welches Vortragsformat, z. B. wissenschaftlicher Vortrag, eine Beweisführung, ein Vortrag mit Experiment, eine Erklärung anhand eines Modells etc. wird gewählt? In welchem räumlichen und zeitlichen Verhältnis stehen Sagen und Zeigen? Gibt es extra einen Raum des Zeigens und einen Raum des Sagens? Welche Interaktionen ergeben sich zwischen den Räumen? Meist wird die Zeit des Zeigens vom Sagen dominiert. Was passiert, wenn man dieses Verhältnis umdreht, und jemand zum Beispiel nur solange etwas sagen darf, solange eine Wunderkerze brennt? Oder wenn erst etwas gezeigt wird und dann etwas dazu gesagt wird? Gibt es eine klare Trennung zwischen der Rolle des Sagenden und des Zeigen-

2 Einen guten Überblick über das Format und die Debatte zur Lecture Performance bieten z. B. Der Vortrag als Performance (Peters 2011) und Spin Doctors: eine provisorische Poetologie der Lecture-Performance (Peters 2006).

den? Welche Medien werden zum Sagen und Zeigen genutzt? Mikrofon, Tisch, Zettel, Beamer sind nur einige der vielen Medien, die bei der Show-and-Tell Präsentation genutzt werden.

Auch mit den Faktoren Raum, Zeit, Rollen, Medien und Publikumsbezug wird bei Show-and-Tell experimentiert: Welchen ZuschauerInnenbezug gibt es? Werden die Zuschauenden aktiv miteinbezogen, sind sie ZeugInnen einer Beweisführung, oder können sie dem Vortrag einfach folgen und ihn genießen wie eine Theatershow?

Show-and-Tell geht von einer Präsentation in der Gruppe aus (ca. 2–8 Personen) und kann als eigenes Aufführungsformat, Versatzstück und als Methodik innerhalb eines Projektes, aber auch für Zwischenpräsentationen oder in Workshops verwendet werden.

So wird die Performativität des Wissens und seiner Vermittlung verhandelt und ausgereizt: Das FT geht davon aus, dass in der Präsentation von Wissen immer schon „Theater" steckt. Auch wissenschaftliche Vorträge, Unterrichtsituationen und Referate können also als Performance betrachtet werden. Dies scheint insofern sinnvoll, als dass in der Gesellschaft, in der wir leben, der Zugang zu Wissen und die Fähigkeit, Wissen zu teilen, etwas sein sollte, das möglichst vielen Menschen ermöglicht wird.

Künstlerische Praktiken spielen eine wichtige Rolle, wenn es darum geht, Forschung so zu gestalten, dass potenziell alle Mitglieder der Gesellschaft beteiligt sein können. Dies zeigt sich auch in der Praxis und der gesammelten Erfahrung des Forschungstheaters der letzten 15 Jahre. Während das Forschungstheater sich in den meisten Projekten mit geisteswissenschaftlichen, soziologischen oder politikwissenschaftlichen Forschungsfeldern beschäftigt, gibt es ein paar Projekte, in denen die Herangehensweisen des FT auch für Vermittlung und gemeinsames Forschen an naturwissenschaftlichen Phänomenen genutzt wird. Bei diesen Projekten geht es auch darum, auf spielerische Art und Weise die Lust am Forschen zu vermitteln bzw. den Möglichkeitsraum Forschen zu eröffnen. In verstärktem Maße ist dies bei Naturwissenschaften notwendig.

Naturwissenschaftliches Wissen wird mehr noch als viele andere Formen von Wissen den ExpertInnen und den hierfür Begabten überlassen. Die Wissensvermittlung passiert gerade hier auf einem Niveau, das weder genügend Faszination auslöst noch niedrigschwellig ist – erst in den letzten Jahren können wir eine veränderte Tendenz beobachten, wenn wir uns z. B. die Presseauftritte der NASA oder des CERN anschauen.[3]

---

3 „What is the universe made of? How did it start? Physicists at CERN are seeking answers, using some of the world's most powerful particle accelerators." CERN Homepage, www.home.cern/about (Abfrage: 19.09.2017).

Trotz engagierter LehrerInnen sind Unvermögen und Langeweile zentrale Erfahrungen, die SchülerInnen in diesen Fächern haben, haben doch die trockenen Formeln und nüchternen Erklärungen wenig mit dem Mysterium der Teilchen, des Lichtes oder der Genetik zu tun.

Im Forschungstheater gibt es zwei Stücke, die sich explizit mit der naturwissenschaftlichen Wissensvermittlung beschäftigen. Beide Produktionen sind an ein Publikum von 3–10-Jährigen gerichtet und sollen im Folgenden vorgestellt werden.

LIQUIDS. Ein Lehrstück über Flüssigkeiten

Das Stück *LIQUIDS* wurde 2011 von Sibylle Peters, Matthias Anton und der Materialforscherin Zoe Laughlin entwickelt und lädt Kinder ein, die Regeln und Unregelmäßigkeiten von Flüssigkeiten zu erleben.

Das Stück beginnt, indem die Kinder, die um ein Becken sitzen, dieses mittels Gießkannen mit Wasser füllen. Damit bereiten sie die Bühne für das Spiel zwischen den zwei PerformerInnen vor.[4]

> Matthias: Flüssigkeiten bestehen aus vielen vielen kleinen Teilen, die man mit bloßem Auge gar nicht sehen kann. Diese kleinen Teile bewegen sich, bleiben dabei aber immer in Berührung.
> (Zwei Bälle herausnehmen, in der Hand bewegen.)
> (Einen Ball fallen lassen, Hannah fängt ihn auf.)
> Matthias: Hannah ist Forscherin und behauptet, die Regeln zu kennen, an die Flüssigkeiten sich halten müssen. Wollen wir doch mal sehen, was Hannah so drauf hat.

Im Folgenden werden von der Forscherin einzelne Regeln, nach denen sich Flüssigkeiten verhalten, aufgeführt und experimentell belegt. In einer spielvollen und kompetitiven Stimmung versuchen die zwei PerformerInnen ihr Wissen zum Thema Flüssigkeiten zu zeigen. Sie lassen dabei Wasser durch einen Schlauch nach oben fließen, zeigen die langsamste Flüssigkeit der Welt, übertrumpfen sich mit Zaubertricks und wissenschaftlichen Kniffen, experimentieren mit sehr viel Trockeneis, zeigen die magnetische Flüssigkeit Ferrofluid, und am Ende wird gemeinsam mit den Kindern ein Material angemischt, welches beides zugleich ist, fest und flüssig.

---

4 Hannah Kowalski und Matthias Anton

Abbildung 1: Liquids (Foto: Margaux Weiß)

Abbildung 2: Liquids (Foto: Margaux Weiß)

Das prämierte Theaterstück *LIQUIDS* hat mittlerweile unzählige Kinder und Erwachsene begeistert.[5] Seit 2011 sind die Vorstellungen fast immer ausverkauft und das Interesse der Besuchenden an den unterschiedlichen Materialitäten des Flüssigen scheint nicht abzuklingen.

Der Erfolg dieses Lehrstückes hat uns motiviert, ein weiteres Stück für 3–10-jährige mit naturwissenschaftlicher Thematik zu produzieren:

5 2013 wurde LIQUIDS als eine der fünf impulsgebenden deutschen Kindertheaterinszenierungen ausgewählt für AUGENBLICK MAL!

Mehr Licht. Von Wellen, Teilchen und der Angst im Dunkeln.

Mehr Licht! wurde 2016 gemeinsam mit dem Musiker Tobias Kleine, dem Lichtkünstler und Physiker Hans Leser und den Physikern Henryk und Marek Kowalski entwickelt.[6] Das Prinzip des Theaterstückes ist recht einfach und folgt einer ähnlichen Dramaturgie wie LIQUIDS. Regeln und Unregelmäßigkeiten des Phänomens Licht werden zum Experimentier- und Spielanlass.

Abbildung 3: Mehr Licht! (Foto: Margaux Weiß)

6 Bühne: Marie Roth, Musik: Milena Pohl, Tobias Kleine, dramaturgische Beratung: Tine Krieg

Im Unterschied zu *LIQUIDS* wird bei *Mehr Licht!* ein sehr subjektiver und persönlicher Zugang gewählt. Die Regeln zum Licht, die mir mein Vater erzählt hat, habe ich als Kind notiert und in einem Buch aufgehoben. Die Seiten des Buchs sind leer, weil ich aufgrund meines Unverständnisses keine Bilder zu den Regelsätzen malen konnte. Auf der Bühne suche ich gemeinsam mit meinen Kollegen Tobias Kleine und den Kindern die Bilder zu den sechs Regelsätzen, in der Hoffnung, dass durch das Schaffen von Bildern auch das Phänomen selbst klarer wird.

Der Satz „Licht bewegt sich immer mit Lichtgeschwindigkeit. Nichts ist schneller als Licht" gibt Anlass zu einem Wettrennen gegen die Scheinwerfer, Mondbildern und vielen Spekulationen. Die Lichtfarben Grün, Blau und Rot werden zu weiß gemischt, die Farben des Lichtes in einem Wasserprisma gebrochen, die Probleme der Quantenphysik in Szene gesetzt, der Frage nachgegangen, warum der Himmel blau ist und gemeinsam mit den Kindern und vielen Spiegeln wird Licht reflektiert, so dass am Ende ein Sternenhimmel möglich wird.

Neben dem autobiographischen Zugang und der interaktiven Beteiligung der Zuschauenden am Stück erleichtert der Umstand, dass ich mich selbst als Kind spiele, die Identifikation der Kinder mit dem Thema. Etwas Bekanntes – ich erzähle vom Beruf meines Vaters und meines Bruders – wird mit etwas Unbekannten, z. B. dem Begriff Physiker kombiniert. Der subjektive, leidenschaftliche und spielerische Zugang lädt ein, sich mit dem bisher Unbekannten zu beschäftigen. Über das Phänomen Licht gibt es objektive Regeln, und doch ist das Erleben von Licht ein sehr subjektiver Vorgang. Ich kann nur das sehen, was meine Augen trifft. Das, was ich sehe, verändert sich dadurch, dass ich es sehe.

Bei *Mehr Licht!* werden objektive und subjektive Herangehensweisen gekoppelt, um die Neugierde und das Interesse am alltäglichen, künstlerischen und wissenschaftlichen Phänomen Licht zu fördern.

Innerhalb der Theaterbühne lässt sich die Schönheit des Lichtes ideal inszenieren und somit kann die Empfindung, die sinnliche und ästhetische Wahrnehmung der Besuchenden adressiert werden. Die Poesie des Lichtes geht einher mit dem Versuch, etwas zu beschreiben und festzuhalten und dabei immer auch an die Grenzen des Verstehens zu geraten und diese Situation zu genießen. Denn Licht ist ein wenig wie Zauberei. Es macht, dass Dinge erscheinen und verschwinden können.

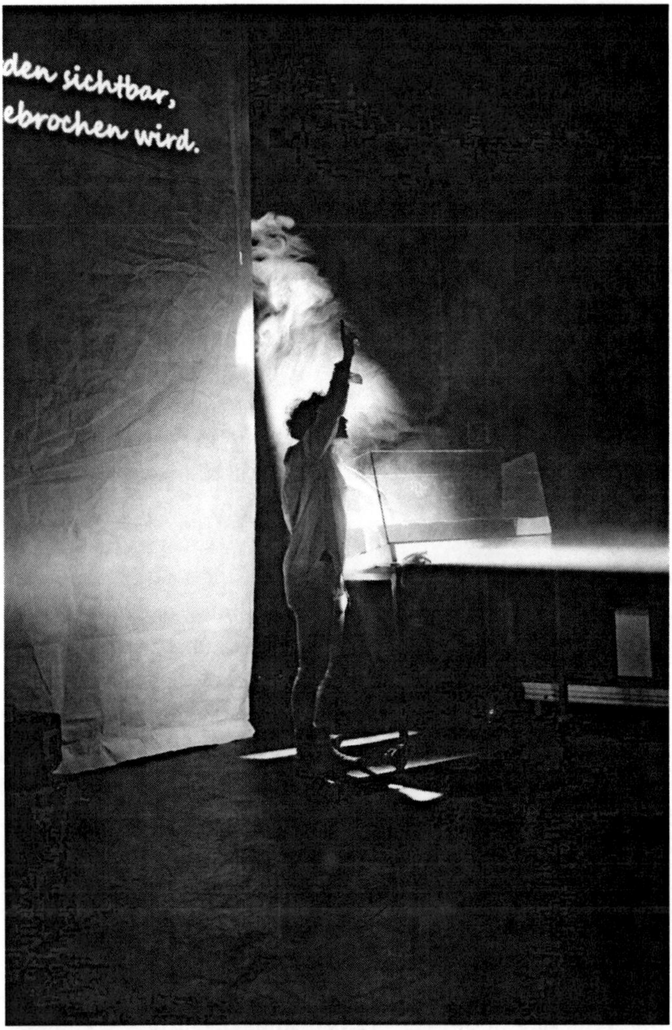

Abbildung 4: Mehr Licht! (Foto: Margaux Weiß)

Show-and-Tell: Naturwissenschaften auf der Bühne

Naturwissenschaftliche Phänomene und Experimente sind Zauberei und Zaubershows grundsätzlich nicht unähnlich.[7] Viele Kinder lieben Zaubern, das Magische, Mystische, ins Staunen Versetzende und erst mal Unerklärliche.

---

7 Science Shows wie z. B. die Physikshow an der Universität Bonn nutzen diesen Effekt. Vgl. www.physikshow.uni-bonn.de.

Im Forschungstheater versuchen wir naturwissenschaftliche Experimente und deren immer schon bestehende performativen Potenziale so in Szene zu setzen, dass sie die Lust auf Wissen und Forschung triggern. Dies geschieht, indem die Show-and-Tell-Methode angewandt wird, auf deren Grundlage *LIQUIDS und MEHR LICHT!* erarbeitet wurden.

Show-and-Tell stellt auch eine sehr geeignete Methode dar, mit welcher SchülerInnen selber naturwissenschaftliche Themen, Recherche oder Forschung auf die Bühne bringen können.[8] So haben SchülerInnen selber Vorträge über Licht erarbeitet und diese bei uns auf der Bühne aufgeführt. Sie haben z. B. ihre Lieblingslampen mit ins Theater gebracht und berichtet, warum diese für sie wichtig sind. Sie haben, mit bunten T-Shirts und unterschiedlichen Bewegungsqualitäten ausgestattet, die unterschiedlichen Lichtwellen von Infrarot bis Ultraviolett dargestellt. Besonders gern mochte ich die Szene, in welcher ein Schüler eine Glühbirne spielte und ein anderer ein LED-Licht und sie sich darüber stritten, wer die beste Lampe sei.

Die Möglichkeit, naturwissenschaftliche Prozesse zu verkörpern und dadurch zu mehr Verständnis zu gelangen, wird auch in Schulen angewandt, wenn zum Beispiel PhysiklehrerInnen die Planeten durch SchülerInnen darstellen lassen und dadurch kosmische Bewegungen erlebbar werden. Natürlich gibt es unterschiedliche und vielfältige Ansatzpunkte für die Vermittlung von Naturwissenschaften. Diese bestehenden Angebote von Museen, der institutionellen Vermittlung und anderen Initiativen, die es sich zur Aufgabe gemacht haben, Physik und deren Faszination zu vermitteln, sollten mit den szenischen Methoden und Möglichkeiten des Theaters ergänzt werden.

Das Theater als Ort, in dem mit Sagen und Zeigen experimentiert wird, ist hierfür geeignet, da die Darstellungsoptionen der naturwissenschaftlichen ExpertInnen nicht unbedingt Laien und schon gar nicht Kinder adressieren. Anders als in den anderen Künsten jedoch geht es im Theater ums Zeigen an sich, um nichts anderes als die körperliche Kopräsenz und das Verhältnis zum vermittelnden Inhalt. Das Theater unterscheidet sich vom alltäglichen Kommunikationsmoment vor allem durch die bewusste Setzung – und diese bewusste Setzung lässt sich nutzen, um Wissen anders erlebbar zu machen. Dies geschieht auch durch die Verkörperung; indem Wissen erlebbar wird, kann ein anderer Bezug, ein anderes Interesse zu Wissen generiert werden. Eine Erkenntnis aus der Studie zum Interesse von Jugendlichen an Naturwissenschaften von Doris Elster ist, dass SchülerInnen ein höheres Interesse an Themen haben, die einen direkten Bezug zum eigenen Körper haben (vgl. Elster 2010, S. 25). Während

8 2013 wurde gemeinsam mit verschiedenen KünstlerInnen und WissenschaftlerInnen ein Projekt mit Jugendlichen zum Thema Galvanisierung unternommen. Die Methodik von Show-and-Tell spielte auch hier eine wichtige Rolle. Vgl. Schulze Heuling (2014).

die Autorin in der Studie sich hierbei auf körperbezogene Themen wie z. B. den Einfluss von Drogen und Chemikalien auf den eigenen Organismus bezieht, interessiert aus performativer Perspektive, wie man Wissen verkörpert und dadurch erfahrbar machen kann.

Meine Recherchen zu *Mehr Licht!* führten mich auch in das SchülerInnenlabor von Desy[9]. Dort zeigte mir ein Physiker das berühmte und wichtige Doppelspaltexperiment, welches als Evidenz für die Heisenbergsche Unschärferelation gilt. Der Wissenschaftler führte mich an ein kleines Gerät, in welchem Punkte und Striche ein Interferenzmuster ergeben. Was sich dort zeigt, ist für ExpertInnen wahnsinnig faszinierend, da es den Beweis dafür liefert, dass Licht Welle und Teilchen zur gleichen Zeit ist. Einem Laien hingegen erschließt sich diese Begeisterung beim Gezeigten nicht. Zu unspektakulär ist das dort Gezeigte, und es braucht sehr viel Vorwissen, um das Sichtbare deuten zu können.

Szenische Techniken und die Darstellungsexpertise von Theater- oder Performanceschaffenden ermöglichen, naturwissenschaftliche Prozesse in spektakulären Bildern und Experimenten erfahrbar zu machen. Die Bühne mit all ihren technischen Möglichkeiten wirkt wie eine Lupe, in der man sonst unsichtbare oder kleine Prozesse vergrößern und assoziative Bilder kreieren kann. Das Empirische des Theaters liegt in den Techniken, die subjektive Positionen interpersonell erfahrbar machen, die Emotionen übertragen und Wissen auf Körperlichkeit runterbrechen können.

Naturwissenschaftliche Phänomene sinnlich, visuell, auditiv und haptisch zu erleben, schafft einen anderen, einen inspirierenden Zugang zu Wissen und der Wissensproduktion. Wie man das Magische der Naturwissenschaften und das Empirische der Kunst nutzt, um gemeinsam mit Kindern naturwissenschaftlich zu forschen, wird auch zukünftig im FUNDUS THEATER herausgefunden werden.

Gemeinsam Forschen von drei bis unendlich

Für den Erlebnis- und Forschungszusammenhang im FUNDUS THEATER ist es ebenso essentiell, die ganz Kleinen zu erreichen wie die Erwachsenen mit Wissen zu überraschen. Dadurch entsteht eine intergenerationale Situation, in der wir alle gleichermaßen neugierig und am Prozess der Wissensfindung beteiligt sein können.

Dabei arbeitet das FT bewusst damit, dass eine Situation auf unterschiedliche Altersstufen unterschiedlichen Eindruck macht. Die verschiedenen Stufen

9 Mehr Infos unter: www.physik-begreifen-hamburg.desy.de.

der Wahrnehmung können sich so gegenseitig beeinflussen und noch einmal neue Aspekte an einem Experiment oder einer These eröffnen.

Die jüngste angesprochene Stufe der 3–5-Jährigen versteht bei *MEHR LICHT!* sicherlich nicht alles. Sie folgt den sinnlichen und auditiven Eindrücken und erlebt, wie ältere Kinder den komplexeren Vorgängen folgen. Die Ökonomie der Aufmerksamkeit (wo wird wie viel gestaunt?) färbt auf die anderen Zuschauenden ab.

Natürlich achten wir darauf, die Kleinkinder nicht zu sehr zu überfordern. So wird zum Beispiel die Dunkelheit sehr langsam eingeführt und auf die potenziellen Ängste, die diese Dunkelheit auslösen kann, währenddessen verbal eingegangen.

Die Kinder von 5–10 Jahren wiederum werden bei ihrem bereits erschlossenen Wissen abgeholt und mit neuem Wissen und dessen Darstellung überrascht. Sie profitieren vor allem von der Sichtbarmachung der Prozesse und der Sinnlichkeit dessen, was ihnen jemand schon mal erklärt hat.

Durch *LIQUIDS* haben wir die Erfahrung gemacht, dass die Mischung zwischen Kindern im Alter von 3–5 und 5–10 eine produktive Atmosphäre schafft, und es den ganz Kleinen ermöglicht, einen sinnlichen und lustvollen Zugang zum Forschen und zu den Naturwissenschaften zu finden. Die Erwachsenen werden in beiden Produktionen ebenso überrascht wie die Kinder. Beinahe nach jeder Vorstellung von *Mehr Licht!* kommt ein Erwachsener zu mir und freut sich, dass er oder sie nun weiß, warum der Himmel blau ist.

Wissen in einer Form zu präsentieren, in der jede*r Besuchende unterschiedliche Anknüpfungspunkte und Assoziationen hat, ermöglicht eine Situation, durch die wir gemeinsam zu Fragenden und Forschenden werden.

Wir gehen davon aus, dass alle Kinder per se ForscherInnen sind, trotzdem ist es immer wieder schön zu hören, wenn Kinder unsere Theater verlassen und sagen, ihr Berufswunsch sei es, ForscherIn zu werden. Was sie wie erforschen wollen, können sie ja noch selber herausfinden.

Literatur

Elster, Doris (2010): Zum Interesse Jugendlicher an den Naturwissenschaften – Ergebnisse der ROSE Erhebung aus Deutschland und Österreich. www.shaker.de/de/content/catalogue/index.asp?ID=8&ISBN=OND-00000-0000091 (Abfrage: 21. 09.17).

Peters, Sibylle (2006): Spin Doctors: eine provisorische Poetologie der Lecture-Performance. In: Bergermann, Ulrike u. a. (Hrsg.): Überdreht: Spin doctoring, Politik, Medien. Bremen: thealit, S. 121–131.

Peters, Sibylle (2007a): Show-and-Tell/Sagen-und-Zeigen. Eine Anleitung zum Theater des Wissens. Hamburg.

Peters, Sibylle (2007b): Das Forschungstheater im Fundus Theater. Grundlagen, Leitlinien, Spielregeln. Hamburg.

Interview mit Sibylle Peters (2008): Forschendes Lernen. In: Stadtkultur Magazin Nr. 6, September, S. 10–11.

Peters, Sibylle (2009): Schule als Möglichkeitsraum. In: Puppen Menschen & Objekte 2009/2, Nr. 101, S. 8–10.
Peters, Sibylle (2011): Der Vortrag als Performance. Bielefeld: transcript.
Schulze Heuling, Lydia (2014): Es ist nicht alles Gold, was glänzt. Wie sich Schüler der Stadtteilschule Hamburg-Mitte künstlerisch mit der Galvanisierung auseinandergesetzt haben. www.publikation.kulturagentenprogramm.de/detailansicht.html?document=114 (Abfrage: 21.09.17).

Weitere Quellen:

www.physik-begreifen-hamburg.desy.de (Abfrage: 21.09.17).
www.physikshow.uni-bonn.de (Abfrage: 21.09.17).
www.home.cern/about (Abfrage: 19.09.2017).

Hanna Sybille Müller, Eva Meyer-Keller

Unangemessenes Material

Eine Anleitung für einen Performance-Workshop mit Kindern über Katastrophen

Diese Workshopanleitung wäre ohne die Fragen, Anmerkungen und Korrekturen von Emilia Schlosser nicht möglich gewesen. Julia Naunin hat uns geholfen, die zusätzlichen Hintergrundinformationen zusammenzufassen.

Abb. 1: Katastrophen, gezeichnet von Leo im Rahmen des ‚Bauen nach Katastrophen' Workshops 2009 in Berlin.

Einleitung

2006 wurde Eva Meyer-Keller von einer externen Kuratorin gefragt, ob sie im Rahmen der Winterakademie eines Jugendtheaters einen Workshop anbieten wolle. Das Thema war „Normal ist anders“. Eva arbeitete damals schon mit Alltagsgegenständen, indem sie diese in unerwarteten Konstellationen anordnete, um gängige Bedeutungszuschreibungen herauszufordern. Auf diese Weise versuchte sie, aus Gebräuchlichem Außergewöhnliches zu schaffen. So werden z. B. in ihrem Stück Death is Certain Reißzwecken rundherum in einen Plastikbecher eingestochen, eine Kirsche kommt hinein, der Becher wird mit einer Plastikfolie versiegelt und dann heftig geschüttelt. Die Kirsche „stirbt“ einen grausamen Tod, assoziiert mit dem mittelalterlichen Tod durch die Eiserne Jungfrau (ein Hohlkörper, der mit nach innen stehenden Nägeln beschlagen war). Ihre Idee zum vorgegebenen Thema „Normal ist anders“ war, mit dem Gegensatzpaar Kinder und Katastrophen zu arbeiten. Während Kinder in unserer Gesellschaft in einem geschützten Raum, abgeschirmt von Gewalt aufwachsen sollen, sehen sie sich in der digitalen Welt konstant mit solchen Inhalten konfrontiert. Deshalb wollte Eva sie in einem spielerischen Rahmen außergewöhnliche Situationen (wie Katastrophen) mit gewöhnlichen Alltagsgegenständen re-inszenieren lassen, um eine andere Art der Auseinandersetzung mit dem Unbekannten zu ermöglichen.

Eva wollte mit jemandem zusammenarbeiten, der Erfahrung in der Arbeit mit Kindern hat. Hanna Sybille Müller hatte in einigen Stücken von Eva als Performerin mitgewirkt und auch schon als Tanzpädagogin einige Tanzproduktionen mit Kindern und Jugendlichen umgesetzt. Diese Tanzprojekte waren Auftragsarbeiten mit einem vorgegebenen Thema. Ausgangspunkt war fast immer die Umgebung, das soziale Umfeld und der Alltag der Beteiligten. Von der Idee, gemeinsam mit Kindern Katastrophenmodelle zu entwickeln und zu re-inszenieren, war Hanna Sybille sehr angetan. Es sollte also eher mit einem künstlerischen als einem pädagogischen Schwerpunkt ein Thema mit Kindern erarbeitet werden. Die Kinder sollten die Kollaborateure sein, also als Experten begriffen werden. Das Projekt sollte gemeinsam mit den Kindern entwickelt werden.

Mit diesen Ausgangsgedanken wurde Bauen nach Katastrophen entwickelt. Das Projekt umfasste einen Workshop und ein einfaches Aufführungsformat. Jeder Tag des Workshops befasste sich mit einem unserer Sinne. Verschiedene Übungen waren die Vorbereitung dafür, das Unmögliche ins Theater zu übersetzen. Katastrophenmodelle sollten aus Haushaltsgegenständen und Lebensmitteln gebaut und dann „aktiviert" werden, so sollte z. B. ein Vulkan ausbrechen, indem Essig in Natronpulver geschüttet wurde. Die Kinder sollten ihre Modelle erklären, also z. B. Kartoffelbrei auch durch ihre Worte als Vulkan erscheinen lassen. Schreckliche, aber doch beeindruckende Bilder von Katastrophen sollten inspirieren und die Kinder sollten zudem Spaß am Bauen und der Zerstörung haben.

Bei einem Vorbereitungswochenende mit den Mitarbeitern des Jugendtheaters und den anderen Workshop-LeiterInnen stieß dieser Ansatz auf heftige Kritik. Der Intendanz fehlten die Frage und die Präsenz der Katastrophenopfer. Sie betrachteten das Thema aus einer anderen Perspektive. Eva und Sybille wollten sich den Katastrophen physikalisch annähern, sie materiell verstehen und sie bauen. Sie interessierte, woher die Kinder Katastrophen eigentlich kennen und was sie darüber denken. Sie wollten eine Performance entwickeln, die einen Einblick in die Gedankenwelt der Kinder erlaubt. Die Intendanz hingegen hatte mehr Interesse an einer Darstellung aus der Opfersicht. Was berichten die Opfer einer Katastrophe? Was empfinden sie? Wie bewältigen sie eine Katastrophe? Nach einigen Auseinandersetzungen wurde deutlich, dass eine Zusammenarbeit mit dem Jugendtheater nicht möglich war. Eva und Sybille waren davon überzeugt, dass ihr Ansatz künstlerisch und pädagogisch wertvoll ist. Das hat sie angespornt, weiter zu machen.

Während im Alltag das Thema Katastrophen vor allem über mediale Bilder und journalistische Texte zugänglich gemacht wird, besteht in diesem Konzept die Möglichkeit, einen anderen, nämlich einen körperlichen und spielerischen Zugang zu entwickeln. Indem aus dem Alltäglichen das Ungreifbare inszeniert wird, ist jedes Kind ermächtigt, sich einen eigenen Zugang zu erschaffen. In diesem Rahmen bleibt es gleichzeitig geschützt; es kann nur bereits Bekanntes verwenden, um das Unbekannte zu erforschen. Dieser spielerische Prozess des Forschens bietet zudem eine andere Möglichkeit der Wissensgenerierung, die aus dem Albernen, dem Verbotenen und der lustvollen Zerstörung schöpft. Sie hinterfragt gängige Wissenshierarchien und ermöglicht zugleich eine Form des Denkens im Tun. Dieses Tun wird so zum Instrument der Ermächtigung, in welchem die Kinder künstlerische Strategien des Forschens produktiv nutzen können.

Ein Jahr später hat das Festival *Natura dèi Teatri* in Parma das Projekt zu einer ersten Arbeitsphase eingeladen. Dort haben Eva und Sybille mit zwei Jungen im Alter von neun und zehn Jahren und dem Ton- und Videotechniker Jeff McGrory zusammengearbeitet. Im Vorhinein wurde mit einer Lehrerin und einem Kinderpsychotherapeuten über das Projekt und über den Spaß an der Zerstörung gesprochen, um sicher zu gehen, dass die Annahme, dass ein solches Projekt mit Kindern möglich ist, nicht falsch ist. Das Projekt wurde in der ersten Phase durch eine Live-Videoübertragung erweitert. Die gebauten Modelle wurden jetzt mit Hilfe eines Videowagens sehr nah gefilmt und auf Monitoren gezeigt, sodass die gefilmten Modelle wie Katastrophenbilder im Fernsehen erschienen. Der Zuschauer konnte sehen, wie das Modell der Katastrophe im Theaterraum aktiviert wird und gleichzeitig das Bild auf den im Raum stehenden Fernsehern sehen.

Das Projekt wurde bisher an 13 Orten aufgeführt und hat sich jedes Mal weiterentwickelt.

Es gab großes Interesse an dem Projekt, aber oft nicht die technischen und finanziellen Möglichkeiten, es mit dem Videoelement durchzuführen. Daher wurde eine kürzere und technisch weniger aufwendige Version entwickelt: Katastrophenkompositionen (internationaler Titel: Sounds like Catastrophes). Diese Version benötigt Mikrophone und einen Tontechniker und dauert in der Regel fünf Tage, sowie zusätzliche Aufführungstage. Wie dieses Projekt durchzuführen ist, wird im weiteren Text erläutert.

Einleitung II

Sybille: Soll es eine Gebrauchsanleitung oder eine Dokumentation sein?

Eva: Beides.

Sybille: Geht es auch um Material, das wir noch nicht ausprobiert haben?

Eva: Nicht inhaltlich, aber der Beitrag ist eine künstlerische Arbeit und gleichzeitig eine Dokumentation.

Sybille: Ein künstlerisches Projekt, wissenschaftlich dokumentiert und beschrieben, eine künstlerische Gebrauchsanweisung. Es wäre toll, wenn der Text aussähe wie eine Anleitung für einen Walkman.

Eva: Ich fände was mit Bausteinen gut.

Sybille: Ok, fangen wir von vorne an. Warum arbeiten wir zuerst mit Ton (und nicht mit dem Bild)?

Eva: Um erst mal von unserem vorrangigen Sehsinn wegzugehen. Dadurch schärfen wir die anderen Sinne, um dann einen anderen Blick auf die „Sache" werfen zu können. Wenn wir von einem anderen Blickwinkel in das Assoziationstheater eintauchen, können wir die Alltagsdinge anders sehen. Hin zur Phantasie, dem Phantastischen, dem Absurden.

Sybille: Ja, eine Katastrophenpädagogik.

Eva: Gibt's das? Was meinst du damit?

Sybille: Es geht eigentlich nur nebensächlich um Naturwissenschaften, um Katastrophen, es geht um das Theater. Durch die Theaterbrille sich ein naturwissenschaftliches Thema ansehen. Das Nachdenken ankurbeln. Nicht an erster Stelle an Lösungen arbeiten.

Eva: Es geht darum, wie wir Dinge verstehen und damit hantieren.

Sybille: Wir arbeiten in der Gruppe und gleichzeitig bestärken wir jedes einzelne Kind, seine eigenen Szenen/ Ideen/ Perspektiven einzubringen und zu entwickeln.

Eva: Indem wir Modelle von Katastrophen bauen, machen wir unfassbar Schreckliches greifbar und lassen den Spaß daran zu.

Beschreibung I – Personen und gemeinsame Projekte

Wir sind Eva Meyer-Keller und Hanna Sybille Müller. Seit 2006 betreiben wir gemeinsam mit Kindern intuitive Katastrophenforschung und setzen uns mit der kulturellen Vermittlung des Klimawandels auseinander.

Durch die Arbeit mit unterschiedlichen ExpertInnen, mit Kindern als Phantasie- und Bastel-SpezialistInnen, KöchInnen als Fachkräften für die Zubereitung von Lebensmitteln und NaturwissenschaftlerInnen sind drei verschiedene Performances und ein Film entstanden.

Bauen nach Katastrophen, das daraus entstandene Sounds like Catastrophes/ Katastrophenkompositionen und Cooking Catastrophes sind drei Theaterproduktionen und Von Menschen gemacht ein Film. Allen ist die Konfrontation von Alltäglichem und Außergewöhnlichem gemeinsam. Mit überwiegend banalen und jedem vertrauten Gegenständen des Alltags, Lebensmitteln und Haushaltsutensilien werden Katastrophenszenarien gebaut und ausgelöst. Die Momente, in denen sich die Katastrophe vor den Augen der Beteiligten und der

ZuschauerInnen abspielt, werden in Bild, Ton und Text dargestellt. Dieses Verfahren bietet den Beteiligten die Möglichkeit, den Ausnahmezustand der Katastrophe anders wahrzunehmen, als es uns Wissenschaft oder Medien in der Regel nahelegen. Dadurch wird ermöglicht, das Unfassbare der Katastrophen ganz buchstäblich zu „begreifen".

Dabei werden fast beiläufig Erfahrungssituationen geschaffen, in denen gesellschaftliche Konventionen z. B. „mit Essen spielt man nicht" oder „über Katastrophen lacht man nicht" hinterfragt werden. Diese Konfrontation kann eine Reflexion der eigenen Vorstellungen darüber, was „unangemessen" oder „unerlaubt" ist, in Gang setzen. Es stellt sich die Frage, wem, was, unter welchen Umständen erlaubt wird und warum.

Beschreibung II – Warum Katastrophen?

Turning point.
New beginning with a new order.
The plot changes.
What we now call catastrophes only started in the 18th century.
Before this they only happened in theatre.
(Text aus der Performance Cooking Catastrophes,
HAU 3, Berlin 2014)

Ursprünglich ist der Katastrophen-Begriff weder positiv noch negativ konnotiert. Ein landläufiges Verständnis der Katastrophe als schreckliches Ereignis entwickelte sich jedoch im Laufe der Zeit, vermutlich aufgrund der verstärkten Einprägsamkeit negativer Erfahrungen. Bis ins 18. Jahrhundert hinein war die Katastrophe ein reiner Fachterminus aus dem Theater. Im griechischen Theater der Antike markiert die Katastrophe einen entscheidenden Wendepunkt der Handlung, kündigt eine Umkehr oder überraschenden Ausgang des Geschehens an (vgl. Walter 2010).

Inszenierte Katastrophen sind meist geplant und geübt, sie werden strategisch gesetzt und sprachlich fixiert. Erst angesichts von Erdbeben und anderen Ereignissen, die mit dem bisherigen Verständnis des Verhältnisses von Schöpfer und Welt, Mensch und Natur unerklärlich sind, verschiebt sich die Bedeutung des Begriffs hin zu einem verheerenden Naturereignis. In Folge dessen rücken auch die wissenschaftliche Erforschung von Umwelt, der Einfluss des Menschen auf die Umwelt und die Forderung nach Prognose und Prävention von Katastrophen in den Vordergrund.

Unsere künstlerische Auseinandersetzung setzt an der Offenheit und Wandelbarkeit dieser Definitionen an, indem wir von Menschen gemachte Katastrophen als Thema unserer Theateraufführungen wählen.

Beschreibung III – Der Workshop: Katastrophenkomposition

Im Folgenden haben wir den Workshop Katastrophenkomposition (Sounds like Catastrophes) dokumentiert. Der Workshop wird immer mit einer Aufführung abgeschlossen. Der Workshop ist vorbereitungsintensiv. Materialien, Soundtechnik und ein Bilderarchiv müssen vorbereitet werden. Von Vorteil ist ein großer Raum mit freien Wänden und ein paar Tischen für das Materiallager und die Gespräche.

Das Set-up des Raumes regt eine bestimmte Herangehensweise an. Die Kinder kommen in einen Raum, in dem ca. 200 Katastrophenbilder (Archiv) an den Wänden hängen und ein großer Materialtisch mit Lebensmitteln, Alltagsgegenständen und Werkzeugen aufgebaut ist. Es ist fast wie ein Labor: Der Tisch wird zu einem Labortisch, die Werkzeuge zu Instrumenten, das Katastrophenbilderarchiv wird zu einer visuellen „Anleitung". Schon beim Eintreten in den Raum beginnt die Vermengung von Rationalem und Irrationalem.

Vorbereitungen

Abb. 2: Materiallager, gezeichnet von Emilia Schlosser

Das Materiallager

Das Materiallager besteht ausschließlich aus Gegenständen und Lebensmitteln, die den TeilnehmerInnen aus dem Alltag weitgehend bekannt sind. Weiter unten findet sich eine Auflistung der Materialien, welche wir zum Workshop mitbringen. Diese Liste wird je nach Workshop und Anzahl der TeilnehmerInnen erweitert und angepasst. In den unten aufgeführten Listen sind die Mengenangaben für 5–7 TeilnehmerInnen berechnet.

Da wir für den Workshop eine große Menge an Materialien haben, ist es wichtig, ein geordnetes Materiallager zur freien Verfügung zu stellen, in welchem sich die Kinder auch ohne Hilfe zurechtfinden. Vor dem Workshop richten wir das Lager ein – oft sind es Tische oder ein Regal an einem Ort, der für alle gut zugänglich ist. Als Ordnungskategorien haben sich *Flüssig, Flach, Pudrig, Körnig, Geformt, Fest, Werkzeuge* und *Gefährlich* bewährt. Die Materialien werden alle mit farbigen Klebepunkten je nach Kategorie markiert, so dass die Kinder selbstverantwortlich aufräumen können. In der Kategorie ‚Gefährlich' ist die Regel vereinbart, dass vor Benutzung die WorkshopleiterInnen gefragt werden müssen.

ACHTUNG!!!

Die Ursprungsidee des Projektes ist, das Unbegreifbare greifbar zu machen, indem alltägliche Gegenstände dazu dienen, Außergewöhnliches darzustellen. Damit wollen wir uns dem Schrecklichen auf eine spielerische Art annähern. Wir bestehen auf einer Übersetzungsarbeit, auf einer Abstrahierung, daher werden niemals Sand für die Wüste oder Steine für ein Gebirge benutzt.

Unter der Sektion ‚Dinge' und ‚Essen' fassen wir alle (Alltags)Gegenstände zusammen, die wir in den vergangenen Workshops oft benutzt haben. Grundsätzlich geht es darum, Gegenstände zu finden, die sich gut und vielseitig bei der Geräuscherzeugung verwenden lassen. Die Liste kann selbstverständlich je nach Bedarf stets erweitert und verändert werden.

Essen

- 3 kg getrocknete Linsen, Erbsen oder Bohnen
- 5 kg Reis
- 2 kg Maiskörner
- 1 kg Salz grob und 1 kg Salz fein
- 1 kg Spaghetti
- 10 kg Kartoffeln
- 1 x Kohl
- 4 x Grissini
- 1 x Corn Flakes
- 1 x Rice Crispies
- 4 x Kekse,
- Salzstangen
- 5 Rollen Vitaminbrausetabletten

- 6 Küchenrollen
- 6 Liter Mineralwasser

Dinge

- 1 Packung DIN A4 Papier
- farbiges DIN A4 Papier
- Scheren
- Klebebänder: Kreppband, Gaffa, Tesa
- Seidenpapier zum Knistern
- 20 m Packpapier
- 8 (Umzugs-)Kartons aller Größen, gerne gebraucht
- Papprohr, ca. 2 m lang mit 10 cm Durchmesser
- 100 schwarze Luftballons
- insg. 8 Wannen, Tabletts, Bleche, Eimer, Töpfe
- Gitterrost
- 6 Teller
- verschiedene Plastik- und Pappbecher (Größe & Material)
- Styropor zum Zerbrechen
- 8 x Steckschaum zum Zerbröseln
- Lappen
- Eimer
- Kehrschaufel mit Besen
- großer Besen
- Frischhaltefolie
- Aluminiumfolie
- Ziplockbeutel
- 10 große blaue Mülltüten
- Strohhalme
- Meterstab
- Bandmaß zum Einrollen
- große Säge
- lange Nägel
- Hammer
- Rollwagen (Hund)
- 3–4 Latten/Bretter in verschiedenen Längen und Formaten
- 5 Reststücke Molton ca. 1m x 1m
- alte Lederjacke oder ein größeres Stück Leder
- Pflaster und Desinfektionsmittel - Erste-Hilfe Koffer

Technik Soundliste

- Musikanlage mit Mikrophoneingang
- Tonaufnahmegerät
- 1–4 Mikrophone mit Mikrophonständern
- Lautsprecher für Tonwiedergabe
- Kopfhörer
- tragbarer Audiorekorder (für die Aufnahmen der Gespräche mit den Kindern)

Das Bilderarchiv

Das Bilderarchiv beinhaltet Katastrophenbilder aus dem Internet. Die Bilder und ein Text pro Bild mit Quelle, Ort, Datum und einer kurzen Erklärung zur Katastrophe werden ausgedruckt und auf einen DIN-A5-Karton geklebt. Es sind ca. 150–200 Katastrophen von 1900 bis zum aktuellen Datum des Projekts. Diese Bilder formen das Katastrophenbilderarchiv. Dieses Archiv bildet den Hintergrund des Projekts. Die Bilder erinnern uns an viele schreckliche Katastrophen, aber sie zeigen auch, welche Katastrophen häufig in den Medien zu sehen sind und welche eher unbekannt sind.

Der Workshop – Katastrophenkompositionen – ein Audio Workshop

Der Workshop ist angelegt für 5–7 TeilnehmerInnen im Alter von 10–12 Jahren.

Grundstruktur der Woche:

Der Workshop umfasst in der Regel fünf Tage, jeweils fünf Stunden am Tag mit einer Stunde Pause dazwischen. Anschließend sind die Aufführungen. Es lässt sich kein grundsätzlich gültiger Workshopplan für den Zeitraum gestalten, da dieser immer stark davon abhängt, was die TeilnehmerInnen (TN) entwickeln. Deshalb haben wir im Folgenden einen Plan für Tag 1 und 2 erstellt, während für die nächsten Tage Workshopelemente – *Modellentwicklung, Dirigieren, Zeichnen, Gespräche* und *Spiele* – zur Verfügung stehen, welche dann individuell zusammengestellt und ergänzt werden können. In den letzten zwei Tagen kommt eine Wiedergabe der transkribierten Texte der TN dazu: *Texte sprechen.*

Die Tonaufnahmen

Es gibt zwei Arten von Tonaufnahmen: Die *Gesprächsaufnahmen* dienen dazu, sowohl Gruppen- als auch Einzelgespräche aufzunehmen, um sie später zu transkribieren. Die Tonqualität muss nicht hoch sein, eine Diktierfunktion im Handy ist für die Aufnahme ausreichend. Die *Geräuschaufnahmen* hingegen werden während der Aufführung live aufgenommen und abgemischt, um sie zu einem späteren Zeitpunkt abspielen zu können. Hierfür ist mehr Technik (Computer, Soundkarte, Software) und eine Person, die die Aufnahmen macht und wieder abspielt, notwendig.

Das Sprungritual

Wenn wir im Workshop mit den Kindern über Katastrophen sprechen, thematisieren wir damit etwas, das grundsätzlich schrecklich, zerstörerisch und beängstigend sein kann. Wir übertreten damit verschiedene Grenzen. Wir spielen mit Essen, verschwenden Essen, sprechen über Dinge oder „nehmen Dinge in den Mund", was in der alltäglichen Welt eher nicht akzeptiert ist. Daher haben wir das Sprungritual eingeführt. Wir verstehen den Workshop als einen künstlerischen Raum, in dem bewusst Regeln gebrochen und Grenzen überschritten werden. Dieses Eintauchen in die Welt der Katastrophenmodelle, in der andere Regeln und Normen gelten, markieren wir durch ein gemeinsames Anfangs- und Endritual. Wir bilden einen Kreis und springen jeden Morgen in die Welt der Modelle hinein und nachmittags wieder heraus.

Tag 1

Begrüßung/Sprungritual/Einführung in das Thema

Möglicher Zeitplan (4h): 10:00h – 12:30h – Pause – 13:30 – 15:00h

Ziele:

- Die TeilnehmerInnen (TN) lernen alle anderen TN, die WorkshopleiterInnen und das Materiallager kennen.
- Die TN wissen, was es für Materialien gibt und wie diese klingen.
- Die TN lernen verschiedene Mikrophone kennen und hören den Unterschied von analogen und verstärkten Geräuschen, die mit den Materialien produziert werden.
- Die TN erarbeiten eine erste gemeinsame Geräuschkomposition.

1) Begrüßung und Vorstellung des Tagesplans (3 min)
2) Sprungritual (2 min)
3) Kennenlernen (ca. 10 min)
   - Vorstellungsrunde: Name, Lieblings- und Schreckensgeruch
   - Frage an die Kinder: Was könnt ihr? Die WorkshopleiterInnen stellen sich selbst mit ihrem Können vor (Löcher bohren, kochen, Kuchen backen, malen, schmirgeln etc.).
4) Namensspiel mit Bällen (ca. 10 min)
   - Ballspiel – im Kreis (3–4 Bälle): Die/der WerferIn sagt ihren/seinen Namen und der Ball wird zu jeder Person im Kreis geworfen (niemals zu einer Person zweimal), bis alle einmal ihren Namen gesagt haben. Die/der WerferIn merkt sich, zu wem sie/er den Ball geworfen hat. Das wird mehrmals wiederholt. Dann kommt ein zweiter Ball dazu und ein dritter, bis drei Bälle im Kreis in der vorgegebenen Reihenfolge geworfen werden. Je größer die Gruppe, desto mehr Bälle sollten eingebracht werden. Variante: Die werfende Person sagt den Namen der Person, zu der sie/er den Ball wirft.
5) Warm-up – Bewegungskreis (ca. 10 min)
   - Im Bewegungskreis erschaffen wir Bewegungen zu den unterschiedlichen Aktionen/Berührungen, mit denen Material behandelt werden kann. Eine alltägliche Geste wird mit einem Körperteil ausgeführt. Dabei geht es von Kopf bis Fuß durch den Körper, z. B. ein schüttelnder Kopf, eine quetschende Hand, die den Arm hochwandert, ein werfender Brustkorb, ein rührendes Becken, bohrende Beine, streifende Füße etc. Die WorkshopleiterIn macht einige Bewegungen vor, und alle TN machen die Bewegung einige Male nach. Danach kann jedeR TN im Uhrzeigersinn eine Bewegung/Aktion vormachen und die Gruppe folgt ihr. Es ist ein erstes Bewegungsspiel, das dazu einlädt, Gesten und Aktionen in eine Ganzkörperbewegung zu übersetzen. Wichtig ist dabei, nicht zu sprechen, um über die sich wiederholenden Bewegungen in eine fließende Gruppenbewegung zu kommen.
6) Materiallager (ca. 5–15 min)
   - Als nächstes schauen wir uns gemeinsam das Materiallager und die Ordnungskategorien an: *Flüssig und Flach, Pudrig, Körnig, Geformt, Fest, Werkzeuge, Gefährlich.* Wie sind die Dinge eingeteilt? Welche Eigenschaften haben sie? Hier können verschiedene Fragen und Diskussionen aufkommen, z. B. der Unterschied zwischen industriell geformtem Essen und natürlichen Formen.
   - Alternative: Es kann auch eine andere Kategorisierung der Lebensmittel vorgenommen werden.

- Wir besprechen die Regeln für die Benutzung des Lagers (das Material ist nicht zum Essen gedacht, Aufräumen, bei der Kategorie *Gefährlich* muss vor Benutzung gefragt werden).

7) Material kennen lernen/erfühlen und beschreiben (ca. 25 min)
   - Alle TN sitzen im Kreis. Einer Person werden die Augen verbunden. Die Aufgabe ist, das Material im Detail zu beschreiben: Gewicht, Textur, Temperatur, Form, Geräusch, Geruch, etc.). Es geht nicht darum, das Material zu erraten.
   - Beispiel: Was ich in der Hand habe, ist sehr leicht. Es gibt viele gleiche Dinge einer Sorte. Es ist lang, ganz dünn, glatt und rund. Es ist fest. Ich kann es leicht zerbrechen. Wenn ich es zerbreche, macht es einen sehr hellen Ton. Es ist industriell hergestellt (Spaghetti).
   - Jeder TN sucht für seinen/ihren Nachbar(in) ein anderes Material aus.

8) Audio: Mikrophone vorstellen – Erklärung Technik – Ausprobieren (ca. 30 min)
   - In einer kleinen Technikrunde werden die Mikrophone und worauf man achten muss erklärt und gemeinsam ausprobiert.
   - A) Ein Objekt aussuchen: Welche verschiedenen Geräuschqualitäten hat das Material? Wie klingt es durch die verschiedenen Mikrophone? Wie klingt ein Material oder eine Kombination von zwei Materialien? Alle schließen die Augen und stellen sich vor, was dieses Geräusch sein könnte. Welche Assoziationen lösen die aufgenommenen Geräusche aus?
   - B) Eine Runde aufnehmen und gemeinsam anhören. Gespräch darüber, welche Assoziationen es auslöst.

9) Pause (60 Minuten)

Abb. 3: Vertonung einer Katastrophe, gezeichnet von Eva Meyer-Keller

10) Tonaufnahme/Gespräch: Liste von Katastrophen (ca. 20–30 min)

- Die Gruppe führt ein gemeinsames Gespräch zum Thema Katastrophen und nimmt dieses auf. Die Kinder erstellen gemeinsam eine Liste von Katastrophen, die sie kennen. Gibt es eine Katastrophe, die sie irgendwo gesehen oder von der sie gehört oder gelesen haben, oder die jemand von ihren Verwandten oder Freunden erlebt hat?
- Eine lange Liste von den genannten Katastrophen wird auf ein oder zwei Blätter geschrieben und an die Wand gehängt und wird somit Teil des Arbeitsraums.

11) Tonaufnahme/Geräusch (ca. 30–45 min)

- Erstes Vertonen: Partnerarbeit, Landschaft/Umgebung vertonen
  Die erste Aufgabe ist die Vertonung einer Landschaft oder einer Umgebung. Diese soll am Ende etwa 1–2 Minuten lang sein. Eine Alternative dazu ist, eine der Kategorien des Materiallagers zufällig auszuwählen. Aus dieser Kategorie werden dann drei Materialien ausgesucht, die interessante Töne machen bzw. sich am interessantesten anfühlen.

  Zwei TN besprechen sich, entscheiden sich für eine Landschaft oder eine Kategorie, suchen sich das Material zusammen, überlegen sich eine Reihenfolge und testen ihr Soundmodell. Die Gruppe überlegt sich auch, wie sie ihr Modell präsentiert. Wird ein Titel genannt? Wie hört sich das Ende an? Gibt es Handzeichen? Etc.

  Wenn alle Zweiergruppen mit der Vorbereitung fertig sind, werden die Soundmodelle/Landschaften eine nach der anderen gezeigt und aufgenommen. Nachdem alle Soundmodelle performt wurden, hören sich alle zusammen die Aufnahme an und es wird in der Gruppe besprochen, wie sich die Komposition anhört. Hören wir die Landschaft? Gibt es ein bestimmtes Material, das uns an etwas in der Natur erinnert? Zum Beispiel fallender Reis an Regen? Seid ihr zufrieden mit dem Modell? Würdet ihr etwas ändern?

12) Endrunde, Aufräumen, Sprungritual (ca. 15 min)

- Als Hausaufgabe soll sich jedes Kind überlegen, welche Katastrophe es am nächsten Tag vertonen möchte. Danach räumen alle gemeinsam auf und beenden den Tag mit dem Sprungritual.

Nach-/Vorbereitung für WorkshopleiterInnen

- Audioaufnahmen anhören, interessante Teile des Gesprächs transkribieren.
- Beispiel einer Katastrophenkomposition mit Partitur für TAG 2 vorbereiten (siehe TAG 2, Nr. 4)

Tag 2

Soundmodelle

Möglicher Zeitplan (4h): 10:00h – 12:30h – Pause – 13:30 – 15:00h

Ziele:

- Die TN entwickeln ihre erste Katastrophenkomposition.
- Die TN arbeiten im Team.
- Die TN wissen, was das Wort Dramaturgie bedeutet und wenden es auf ihr Modell an.

1) Begrüßung, Tagesplan
   - Wir starten immer in einer gemeinsamen Runde, besprechen den Tag und machen Kennenlernspiele.
2) Sprungritual
3) Warm-up
   - A) Wiederholung des Bewegungskreises von Tag 1
   - Bewegungen zu den unterschiedlichen Aktionen/Berührungen, mit denen Material behandelt werden kann.
   - B) Spiel: 1 – 100
   - Im Kreis: Es gibt einen Bogen DIN-A4 Papier. Jeder hat die Aufgabe, das Papier so zu manipulieren, dass es ein Geräusch macht. Das Geräusch soll immer anders sein. Das Papier kann dabei kleiner werden.

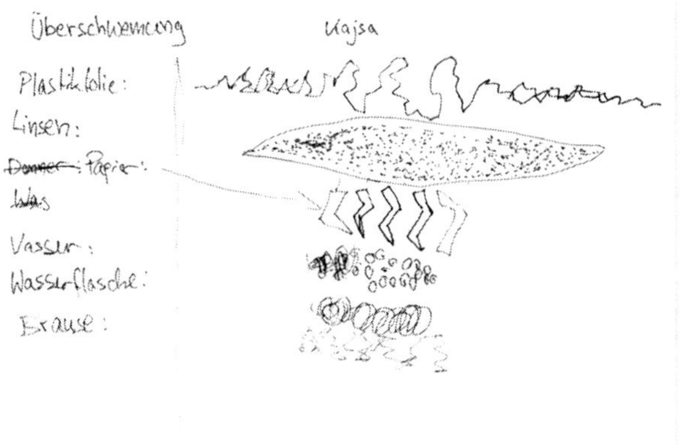

Abb. 4: Partitur Überschwemmung, gezeichnet von Kajsa, Odense (DK) 2018

4) Beispiel einer Katastrophenkomposition (10–15 min)
   - Damit alle TN eine Idee davon bekommen, wie eine Katastrophenkomposition aussehen und klingen kann, zeigen die WorkshopleiterInnen ein

Beispiel. Zu jeder Katastrophenkomposition gehört eine Zeichnung/Partitur, auf der die einzelnen Materialien aufgelistet sind. In der Partitur gibt es Angaben zu dem Titel, der DirigentIn, der Anzahl der GeräuschemacherIn und dem Material. Die Zeichnung zeigt auch, wer, wann, was, wie lange ausführt.

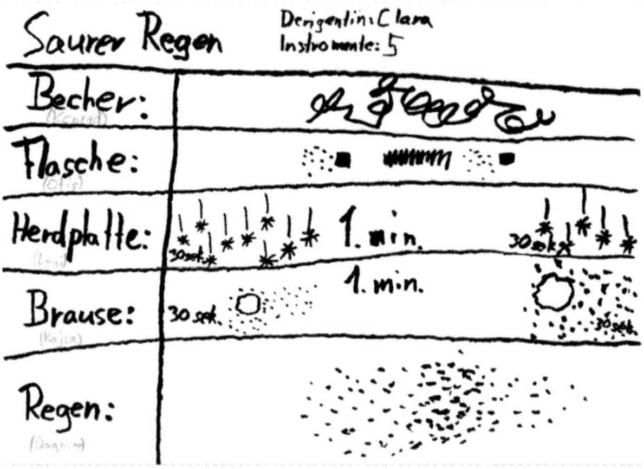

Abb. 5: Partitur Saurer Regen, gezeichnet von Clara, Odense (DK) 2018

Audiobeispiel: Waldbrand

- EinE DirigentIn, drei GeräuschemacherInnen
- GeräuschemacherIn 1: Spagetti zerbrechen – Knistern des Feuers
- GeräuschemacherIn 2: Styropor zerbrechen – Das Zerbersten der Äste
- GeräuschemacherIn 3: Plastikbecher zerquetschen – Das Umfallen der Bäume und Ausbreiten des Brandes im Wald

Der/die DirigentIn dirigiert. Drei AssistentInnen werden benötigt. Die Materialien werden zugeteilt. Der/Die DirigentIn macht mit Handzeichen, ohne zu sprechen, deutlich, wer wann anfängt und aufhört und mit welcher Intensität die Geräusche gemacht werden. Erst werden einzelne Spagetti zerbrochen, dann immer mehr, dazu kommt das Zerbrechen des Styropors und am Ende noch das Zerquetschen der Becher. Alles wird immer mehr und schneller, bis es einen Höhenpunkt erreicht hat und dann langsam weniger wird.

Dieses Modell wird aufgezeichnet und danach abgespielt und gemeinsam angehört. Es wird besprochen, ob es sich angehört hat wie ein Feuer und was verändert werden kann.

5) Katastrophenmodell I – Entwicklung (15–20 min)

- In der ersten Modellrunde wählt jedeR TN eine Katastrophe aus. Jetzt geht es darum, die passenden Geräusche/Materialien zu finden. Eine Recherchearbeit beginnt. Zu dem Katastrophenmodell wird eine Partitur gezeichnet, auf der Titel, AutorInnen, Aktionen, AssistentInnen und benötigtes Material festgehalten sind. Die TN können während ihrer Recherche nach Absprache mit dem/der TontechnikerIn die Mikrophone benutzen, um zu sehen, welche Materialien welche Geräusche machen.

6) Tonaufnahme/Gespräch: Teamwork (10–15 min)
   - Es folgt ein Gruppengespräch zum Thema Teamwork und der Rolle von Führen und Folgen. Daraufhin kann jedes Kind bestimmen, wie die Rollen in seinem Orchester verteilt werden. Die Kinder haben erneut Zeit, sich gegenseitig die Rollen und den Ablauf zu erklären.

7) Katastrophenmodell I – Präsentation (35–40min)
   - Alle Katastrophenmodelle werden gezeigt, aufgenommen und angehört.

8) Pause (60 Minuten)
9) Katastrophenmodell I – Dramaturgie und Verfeinerung
   - Nach der Pause arbeiten alle weiter an der Dramaturgie ihrer Modelle. Die Modelle werden erneut gezeigt und angehört. Abschließend gibt es wieder Feedback über den Klang, die Materialien und die Dramaturgie.

Abb. 6: Joel beim Experimentieren mit Salz auf Karton, gezeichnet von Eva Meyer-Keller

10) Endrunde, Aufräumen, Sprungritual
   - Als Aufgabe für den nächsten Tag sollen die Kinder sich wieder überlegen, welches Geräuscheszenario sie gerne entwickeln würden. Gibt es Fragen? Zum Ende des Tages folgt ein gemeinsames Aufräumen sowie die Erstellung einer gemeinsamen Einkaufsliste mit dem Material, das noch bzw. wieder benötigt wird. Den Abschluss bildet das Sprungritual.

Tag 3–5 – Workshopelemente

Jeder Tag fängt mit der Vorstellung des Tagesplans an, dem folgt das Sprungritual und ein Warm-up.

Entwicklung der Geräuschkomposition

Zentrale Aufgabe des Workshops ist die Arbeit an eigenen Soundmodellen. Dafür ist das dirigierende Kind hauptverantwortlich, wobei sich die Kinder in der Arbeit gegenseitig unterstützen. Gemeinsam geprobt wird dann beim *Dirigieren*. Neben der Entwicklung des Modells sollen die Kinder eine Partitur zeichnen. Diese Zeichnungen dienen als Orientierung für die Gruppe und später auch als Erinnerungsstütze für die Aufführung.

Abb. 7: Dirigieren, gezeichnet von Eva Meyer-Keller

Dirigieren

Jedes Kind ist DirigentIn für das eigene entwickelte Audiomodell. Es ist somit dafür verantwortlich, die Aufgaben zu verteilen und die anderen Kinder zu instruieren. Das dirigierende Kind gibt über seine/ihre Gesten, Bewegungen und seinen Blick an, welche Töne/Musik es im Chor haben möchte.

Zeichnen

Wichtiger Bestandteil der Arbeit ist neben der Erstellung der Audiomodelle auch das Zeichnen. Wir richten im Workshopraum immer einen Zeichentisch mit Material ein, sodass TeilnehmerInnen, die gerade nichts mehr zu tun haben, dort zeichnen können. Interessant bei den Zeichnungen sind für uns die

Entwicklung von absurden oder unmöglichen Zukunftsvisionen und -lösungen für globale Probleme. Ein Impuls für eine gemeinsame Zeichenaufgabe kann eine Gedankenwanderung in die Zukunft sein. Danach zeichnen alle, was sie gesehen haben. Die Zeichnungen können auch dazu genutzt werden, Textmaterial zu generieren. Die Kinder beschreiben ihre Zeichnungen und Gedanken und aus den dabei entstandenen Aufnahmen kann später eine Auswahl getroffen werden.

Gespräche

Die Gruppengespräche nehmen wir auf und transkribieren sie. Die Gespräche dauern zwischen 15 und 30 Minuten. Wichtig ist es, die Gespräche vom ersten Tag gleich nach dem Workshop zu transkribieren, da sich oft aus dem Gesagten eine neue Frage entwickelt. Aus dem so entstandenen Textmaterial wählen wir bestimmte Teile aus. Diese nehmen wir dann wieder auf und lesen sie dabei so langsam, dass die Kinder mit Kopfhörern später in der Lage sind, diese nachzusprechen, ohne den Text auswendig lernen oder ablesen zu müssen. Erste Fragen sind:

- Welche Katastrophen kennt ihr?
- Was ist eine Katastrophe?
- Woher kennt ihr die?
- Habt ihr schon mal selbst eine Katastrophe erlebt oder kennt ihr jemanden, der/die eine Katastrophe erlebt hat?

Später entstehen Beschreibungen von Zeichnungen und Gedanken zu den Katastrophen, zu denen Modelle erarbeitet werden. Wenn der Workshop vorangeschritten ist und immer wieder Erfahrungen des Scheiterns und Versuchens gemacht wurden, fragen wir:

- Was würdet ihr in einer Welt bauen, in der ihr keine Grenzen hättet, wo alles erlaubt ist und nichts unmöglich?
- Wie würdet ihr das vertonen?
- Was wird passieren, wenn du alt bist (in ca. 50-60 Jahren)?
- Wirst du einen Beruf haben, der sich mit der Natur beschäftigt?
- Beschreibe, was wir auf deiner Zeichnung sehen (z. B. eine Zeichnung von Science-Fiction-Lösungsvorschlägen).

Texte sprechen

Teile der Gespräche, die mit den Kindern geführt wurden, werden transkribiert. Gegen Mitte der Woche werden aus den ersten Gesprächen Paragraphen zusammengestellt und von den WorkshopleiterInnen erneut so aufgenommen, dass die TN, wenn sie den Text über Kopfhörer hören, in der Lage sind, den Text nachzusprechen. Die Textauswahl und die Reihenfolge der Texte haben einen großen Einfluss auf die Wahrnehmung der Aufführung.

Ein Textbeispiel:

1. Joel
Als Beispiel können wir das Flugzeugunglück
mit den Zwillingstürmen nehmen.
Das war ein Attentat.
das war in London glaube ich.
nee, New York.
meine Mutter hat noch ne Zeitung
wo ein Bild davon drauf ist.
da laufen Menschen
auf der Straße panisch rum
und man sieht im Hintergrund
wie die Zwillingstürme brennen.
Wo gibt es den Film?
Das ist kein Film, das ist richtig passiert.
Gibt's das Video auf Youtube?
Bestimmt.
Wie nennt man das eigentlich,
wenn ein Flugzeug über einen aktiven Vulkan fliegt,
und dann bricht er plötzlich aus,
und das Flugzeug stürzt in den Vulkan?

Abb. 8: Texte sprechen, gezeichnet von Eva Meyer-Keller

Spiele

Feuer Wasser Sturm

Die Kinder bewegen sich im Raum. Ein Kind ruft eine Katastrophenwarnung aus: Feuer (z. B. die eine Wand berühren), Wasser (den Boden nicht berühren, also auf Stühle oder Tische steigen), Sturm (sich an einem festen Gegenstand festhalten), Blitz (sich flach auf den Boden legen). Die Spieler müssen nun entsprechend der Warnung reagieren. Wer dies als letztes schafft, scheidet aus und wird als nächstes eine neue Katastrophenwarnung ausrufen. Die Kinder bewegen sich wieder durch den Raum und eine neue Runde beginnt. Das Spiel endet, wenn nur noch ein Kind übrigbleibt.

Dieses Spiel kann die erste Szene der Aufführung der Katastrophenkompositionen bilden.

Der imaginäre Ball

Die Gruppe steht im Kreis. Es darf nicht gesprochen werden. EinE GruppenleiterIn beginnt mit dem Spiel und holt einen imaginären Ball aus seiner/ihrer Hosentasche. Er/Sie hält den Ball z. B. in ihrer Hand und pustet ihn auf, so dass seine/ihre Hände einen sehr großen leichten Ball halten, er/sie quetscht ihn kleiner und gibt ihn zu zum nächsten Kind im Kreis, dieses schluckt ihn runter und holt ihn aus seinem Ohr wieder heraus, um den Ball etwas größer zu ziehen und dann weiterzureichen. Jede Person kann dem Ball ganz unterschiedliche Qualitäten geben: Er kann groß, klein, leicht, schwer, etc. sein. Diese Qualitäten definiert immer die Person, die den Ball hat, durch ihre gestische Darstellung. Dann gibt sie den Ball weiter. Der Ball muss von der nächsten Person in derselben Qualität angenommen werden und darf sich dann verändern.

Fischschwarm

Die Gruppe ist ein „Fischschwarm" im Raum. Zu Anfang sind alle Körper in die gleiche Richtung ausgerichtet, die Person, die somit „vorne" steht, kann Bewegungen vorgeben, die die anderen versuchen, möglichst gleichzeitig nachzumachen. Wenn die führende Person sich dreht, verschiebt sich die Führung auf die Person, welche nach Ausrichtung des Schwarms dann vorne steht. Ziel ist, dass sich alle synchron bewegen.

Die Aufführung

Die Aufführung besteht aus den einzelnen Bausteinen. Eine mögliche (und bewährte) Reihenfolge ist:

- Spiel: Feuer, Wasser Sturm (siehe Spiele: Feuer, Wasser, Sturm)
- 4 Soundmodelle
- Texte sprechen

- 3 Soundmodelle
- alle Modelle (im verdunkelten Raum) anhören

Bei den Aufführungen haben die DirigentInnen die Titel ihres Soundmodells laut in den Raum hineingerufen, damit alle TN des Ensembles ihr Material/„Instrumente“ und ihren Platz finden. Vor dem Anhören aller Modelle sind alle TN in den Raum gelaufen und dort „gestorben“, d. h. in verschiedenen Arten und Weisen langsam zu Boden gesunken.
Die Aufführung sollte mindestens einmal ohne Unterbrechung geprobt werden.

Ende/Evaluation

Zum Abschluss der Projektwoche führen wir mit der Gruppe ein Abschlussgespräch. Hier einige Fragen, die wir gestellt haben:

- Was habt ihr hier erlebt?
- Habt ihr das Gefühl, etwas gelernt zu haben?
- Was hat euch gefehlt?
- Was fandet ihr gut?
- Habt ihr Verbesserungsvorschläge?
- Welche Momente waren anstrengend, zu kurz oder zu lang?
- War es für Euch wichtig, eine Aufführung zu haben?
- Beschäftigt euch das Projekt, wenn ihr nach Hause geht? Z. B., wenn ihr Nachrichten seht?
- Würdet ihr das noch einmal machen?
- Würdet ihr gerne noch mehr Aufführungen machen?

Zusätzliche Hintergrundinformationen

Drei Theaterprojekte und ein Film, die sich alle mit dem Thema Katastrophen auseinandersetzen.

Building After Catastrophes – Bauen nach Katastrophen

Die Produktion „Building After Catastrophes“ wurde erstmals 2007 in Parma innerhalb des Festivals *Natura dèi teatri* aufgeführt. Sie markiert den Beginn einer Aufführungsserie, in der Fakten und Fiktionen über plötzliche Unglücke vereint sind und vom Einen zum Anderen changieren. Der Präsentation vor Publikum geht jeweils eine dreiwöchige Werkstatt mit Kindern voraus. Darin fordern wir, die Künstlerinnen, die jungen KollaborateurInnen dazu heraus, mit Alltagsmaterialien und Objekten Katastrophen zu entwerfen, aufzubauen und auszuprobieren. Mehl, Wasser, Streichhölzer, Zuckerwürfel, Kartoffelbrei oder ein Fön sind neben anderen Instrumenten das Material, um Tornados, Tsunamis, Erdbeben, Meteoriten- oder Atombombeneinschläge in Modelle umzusetzen. Als ‚ExpertInnen vorbehaltloser Gedanken' sind die Workshop-TeilnehmerInnen sowohl verantwortlich für die kreativen Horror-Szenarien als auch für die Aufführung derselben. Sie gestalten die Dramaturgie der Inszenierung, setzen thematische Reibungsflächen und sind autonome AkteurInnen in den Vorstellungen.

Die gewissenhafte, achtsam-konstruktive Tätigkeit des Bastelns bricht sich mit der Gewalt und Zerstörungskraft der realen Vorbilder.

Die Inszenierung des kollektiven Bauprozesses und das letztendliche Auslösen der Katastrophen finden für das ‚Auge' einer Videokamera statt, deren Aufzeichnungen im Close-up live auf Monitore im Raum übertragen wird. Somit nimmt das Publikum im Moment der Aufführung immer in Gleichzeitigkeit die mediale Visualisierung des Geschehens und ihr performatives Making-of wahr. Diese Gleichzeitigkeit markiert nicht nur eine Parallelität von Wirklichkeit und medialer Rezeption, sondern auch die eigene Verantwortung der Rezipierenden, was sie wann sehen (wollen).

Building After Catastrophes wurde seit 2007 in Parma (IT), Hamburg (DE), Lofoten (NO), Berlin (DE) erarbeitet und gezeigt.

Von Menschen gemacht – Made by humans

Diese Arbeit ist ein Film, basierend auf dem Videomaterial von Building After Catastrophes. Im Split Screen zeigt der Film auf einer Seite die von den Kindern während der Aufführung gefilmten Katastrophenmodelle, während auf der anderen Seite gleichzeitig aufgenommene Dokumentaraufnahmen der Aufführung selbst zu sehen sind.

Das Publikum sieht also ein Making-of: die Erzeugung von Katastrophen und die erzeugten Katastrophen selbst. Was den Film von den Performances unterscheidet, sind die in Untertiteln transkribierten Gespräche der Kinder während der Vorstellung. Sie kommentieren darin, was sie tun, geben Anweisungen an die MitspielerInnen, freuen sich über gelungene Effekte und tragen ihre Visionen von Katastrophen vor. Katastrophen und deren Erzeugung werden im Film also gleichzeitig (de-)konstruiert, dokumentiert und kommentiert.

Sounds Like Catastrophes – Katastrophenkompositionen

Sounds Like Catastrophes ist eine kompakte Version von Building After Catastrophes. Vergleichbar mit der Erzeugung von Bildern, orchestrieren hier Kinder mit einfachen Alltagsgegenständen Katastrophen wie Erdbeben, Vulkanausbrüche, Meteoriteneinschläge, Lawinen, Großbrände, Terroranschläge, Explosionen, Überschwemmungen, Dürreperioden und Wirbelstürme. Dabei stellen die gleichen Materialien wie in Bauen nach Katastrophen in ihrer harmlosen Alltäglichkeit eine starke Diskrepanz zu dem unvorstellbar und fundamental Schrecklichen der (Natur-)Katastrophen her.

Aus Gesprächen mit den Kindern entstehen Texte, welche ihre Vorstellungen darüber festhalten, was eine Katastrophe ist und wie Katastrophen in unseren Medien dargestellt werden.

Themen wie Lebensmittelproduktion, Migrationsströme, sich verändernde Landschaften und deren Zusammenhänge und Einflüsse auf unsere Kultur und Gesellschaft werden zu einem dichten Geflecht aus Gedankensträngen, in denen die Kinder ihre Visionen unserer und ihrer Zukunft artikulieren.

Sounds like Catastrophes wurde in Berlin (DE), San Sebastian (SP), Riga (LV), Durban (ZA), Tampere (FI), São Paulo (BR), Birmingham (UK), Bremen (DE) und Odense (DK) erarbeitet und präsentiert.

Cooking Catastrophes

Eine weitere Aufführungsserie Cooking Catastrophes ist ein Hybrid aus Koch-Show und Zukunftsreflexion. KöchInnen arrangieren vor den Augen des Publikums essbare Landschaften, die zweifelsfrei als ökologische Desaster und Unfälle erkennbar sind: Waldbrände, Sturmfluten, Lawinen, Erdbeben, Meteoriteneinschläge, explodierende Bohrinseln und Flugzeugabstürze. Diese Katastrophen riechen nicht nur gut, sie schmecken auch köstlich, wobei den Gästen beim Essen schnell der Appetit vergeht, denn all diese Unglücke sind schwer zu verstehen und kaum zu verdauen. Die essbaren Katastrophen evozieren Genuss und Schrecken gleichermaßen, ihre Konsumenten machen nicht Halt beim Sehen oder Hören, sondern verleiben sie sich ein. Bisher wurde die Arbeit im Rahmen von folgenden Festivals und in internationalen Produktionshäusern gezeigt: Mossutställningar, Stockholm (SWE); Indisciplinarte, Terni (IT); Pact Zollverein, Essen (DE); Kaaitheater, Brüssel (BE); Regionale 12, Steiermark (AUS); Odyssee: Klima, Bremerhaven (DE); Hebbel am Ufer, Berlin (DE); Figurentheaterfestival Erlangen (DE) und Nowy Teatr in Warschau (PL).

Literatur

Crummenerl, Rainer (2001): Was ist Was. Naturkatastrophen. Bd. 74. Nürnberg: Tessloff.

Etchells, Tim (2006): In einer Hinsicht niemals anders und in anderer Hinsicht niemals gleich. Einige Gedanken zu Eva Meyer-Kellers komischer Tragödie »Death is Certain«. In: Gerstmeier, Joachim/Müller-Schöll, Nikolaus (Hrsg.): Politik der Vorstellung. Berlin: Theater der Zeit, S. 160–176.

Gebhard, Ulrich (2014): Wie viel »Natur« braucht der Mensch? Natur als Erfahrungsraum und Sinninstanz. In: Hartung, Gerald/Kirchhoff, Thomas (Hrsg.): Welche Natur brauchen wir? Analyse

einer anthropologischen Grundhaltung des 21. Jahrhunderts. Freiburg/München: Alber, S. 249-274.
Gebhard, Ulrich (Hrsg.) (2015): Sinn im Dialog. Zur Möglichkeit sinnkonstituierender Lernprozesse im Fachunterricht. Wiesbaden: Springer VS.
Heathfield, Adrian (2007): Saying the Unsayable. In: Baker, Bobby/Barrett, Michèle (Hrsg.): Redeeming Features of Daily Life. New York: Routledge, S. 135–143.
Meyer-Keller, Eva/Müller, Hanna Sybille (2014): Zerstörungsphantasien mit Sahne. In: Primavesi, Patrick/Deck, Jan (Hrsg.): Stop Teaching! Neue Theaterformen mit Kindern und Jugendlichen. Bielefeld: transcript, S. 185–194.
Müller, Hanna Sybille (2018): »Die Welt wird leider nicht massenproduziert«. Bauen Nach Katastrophen – eine Arbeit mit und von Kindern. In: Westphal, Kristin/ Bogerts, Teresa /Uhl, Mareike/Sauer, Ilona (Hrsg.): ZWISCHEN Kunst und Bildung. Theorie, Vermittlung, Forschung in der zeitgenössischen Theater-, Tanz- und Performancekunst. Oberhausen: Athena, S. 249–262.
Peters, Sibylle (Hrsg.) (2013): Das Forschen aller. Artistic Research als Wissensproduktion zwischen Kunst, Wissenschaft und Gesellschaft. Bielefeld: transcript Verlag.
Peters, Sibylle (2016): PLAYING UP. A Live Art Game for Kids and Adults. London: Live Art Development Agency, 2016.
Press, Hans Jürgen (1995): Spiel – das Wissen schafft. Ravensburg: Ravensburger Buchverlag.
Tollmann, Vera (2009): Building after Catastrophes/Handmade. In: Ebert, Johannes/Zell, Andrea (Hrsg.): klima kunst kultur. Göttingen: Steidl, S. 59–62.
Trempler, Jörg (2013): Katastrophen, ihre Entstehung aus dem Bild. Berlin: Klaus Wagenbach.
Walter, François (2010): Katastrophen. Eine Kulturgeschichte vom 16. bis ins 21. Jahrhundert. Stuttgart: Reclam.
Wellmann, Karl-Heinz/Oehler, Regina/Thimm, Utz (Hrsg.) (2011): Was ist gutes Wetter? Ausgewählte Texte aus dem Funkkolleg Mensch und Klima. Marburg: Jonas.
Westphal, Kristin/Liebert, Wolf-Andreas (Hrsg.) (2009): Gegenwärtigkeit und Fremdheit. Wissenschaft und Künste im Dialog über Bildung. (Koblenzer Schriften zur Pädagogik) Weinheim/München: Beltz Juventa.
Westphal, Kristin (2014): Theater/Kunst mit Kindern. Am Beispiel einer Performance mit
Kindern von Eva Meyer-Keller und Sybille Müller. In: Primavesi, Patrick/Deck, Jan (Hrsg.): Stop Teaching! Neue Theaterformen mit Kindern und Jugendlichen. Bielefeld: transcript, S. 195–202.

Kataloge

Neue Gesellschaft für Bildende Kunst (Hrsg.) (2008): Katastrophenalarm. Spector Bureau. Leipzig.

Filme

Emmerich, Roland (Reg.) (2004): The Day after Tomorrow. Twentieth Century Fox Film Corporation.
Geyerhalter, Nikolaus (Reg.) (2007): Unser tägliches Brot. Alamode Film.
Meyer-Keller, Eva/Müller, Hanna Sybille (Reg.) (2010): Von Menschen gemacht. Eigenvertrieb.

Websites der Autorinnen

www.evamk.de
www.hannasybillemuller.com

Dörthe Ohlhoff[1]

„Schmetterlinge im Bauch verkürzen das Leben“

Theatrale Wissensreflexionen über Gentechnik in einer Profiloberstufe

Auf dem Weg zum „Zentrum für Perfektion Deutschland“ stehen geklont anmutende Darsteller*innen mit blonden Perücken und schwarz-weißer Kleidung. Wer hier die Erwartung hegte, einen „normalen“ schulischen Theaterabend zu verbringen, wird von der schroffen Direktheit der Ansprache der *Show and Tell*-Präsentation „Der perfekte Mensch“ überrascht. Das Publikum passiert noch etwas ungläubig nacheinander eine Genschleuse auf dem Weg in den Theatersaal und wird in „defekt“ und „perfekt“ eingeteilt.

So markiert wird der „perfekte“ Teil des Publikums in der Folge bevorzugt behandelt und nimmt auf bequemen Stühlen Platz, während dem „defekten“ Teil in abschätzigem und harschem Ton mehrere Regeln erläutert und die so mit einem Label des Makels versehenen Zuschauer*innen dicht gedrängt auf dem Boden platziert werden. Bereits nach kurzer Zeit scheint man den Effekt dieser Behandlung zu spüren. Man hört unsicheres Lachen auf der „defekten“ Seite und entspanntes Gelächter von den „Perfekten“, als das „Zentrum für Perfektion Deutschland“ sein Präsentations-Seminar beginnt.

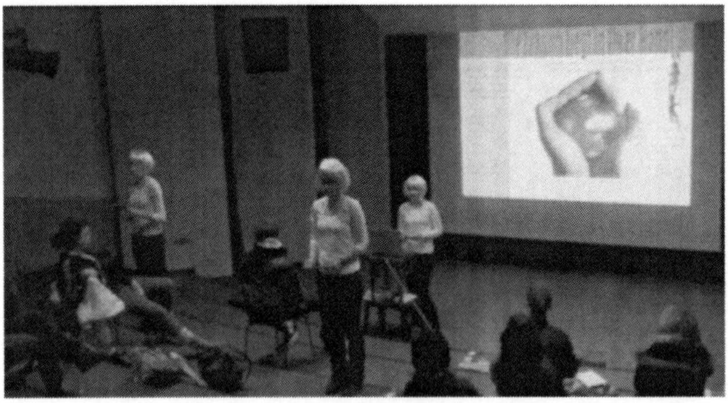

Abb. 1: Videostill aus der Show and Tell-Produktion (Bild: Vasca Scheppelmann)

1 Dieser Artikel hätte nicht geschrieben werden können ohne die gemeinsame konzeptuelle und praktische Arbeit mit Vasca Scheppelmann, Anke Preuße, Ulrike Sacher u. v. m.

Der multimediale Vortrag preist die Schritte und Vorzüge des Designs einer neuen Generation ‚Mensch' an. Eine bislang unerfüllte Sehnsucht nach menschlicher Vollkommenheit wird als wiederkehrendes Topos in der Geschichte des Denkens vorgestellt. Die hier gehaltene Präsentation wird durch Anleihen an das klassische Theater wie einen kommentierenden Chor ergänzt. Die traditionelle Funktion des Chores, Inhalte des Dramas im Sprechgesang zu erläutern bzw. zu kommentieren, wird ergänzt durch Effekte der Wiederholung und Verstärkung. Mit einer klaren Botschaft: Menschliche Perfektion ist nicht nur bloße Wunschphantasie, sondern durch die modernen Möglichkeiten der zeitgenössischen Hochleistungsmedizin und Biotechnologien erreichbar. Mit den im Vortrag erläuterten gentechnischen Verfahrensweisen sei nun der Griff nach der Vollkommenheit möglich geworden und werde sogar zu einer nicht abzuweisenden Verantwortung des Menschen. Dies gilt insofern, als dass jegliche Ablehnung der Perfektion als *unverantwortlich* in Zeiten ökonomischer Selbstoptimierung und Eigenverantwortung markiert wird. Als Videoeinspielung spricht anschließend der *perfekteste* Mensch Deutschlands zum Publikum: *Ich bin 8842. Am 20. Mai 2020 erblickte ich das Licht der Welt – meine Mutter Sophie allerdings war nur mein Brutkasten. Ich bin ein perfektes Puzzle, ein höheres Wesen, ein Vorbild für die Zukunft! Meine Bestandteile sind optimiert und meine gesamte Existenz lässt sich entschlüsseln. Der erste Teil eines perfekten Lebens liegt nun hinter mir: Musikpreise, Sportauszeichnungen und das Abitur mit 16 Jahren an einer Hochbegabtenschule.* Perfektion scheint also machbar, so die Botschaft.

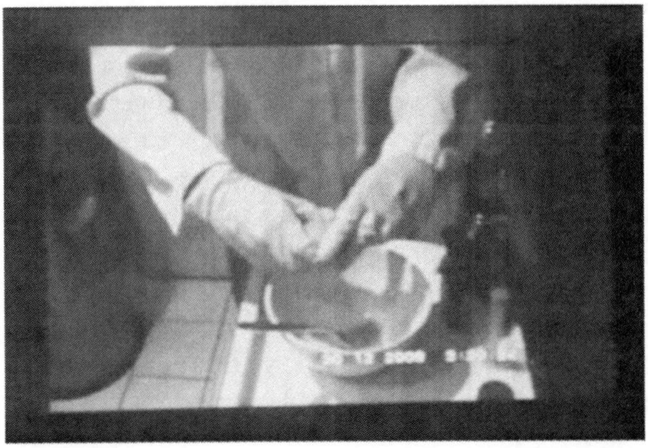

Abb. 2: Videostill aus der Show and Tell-Produktion (Bild: Vasca Scheppelmann)

Über eine Videoschaltung wird nun die „Schöpferin" und Expertin von 8842 interviewt, die die Anwendung gentechnischer Methoden mit dem Kochen vergleicht und dabei im weißen Laborkittel mit wirrem Haar dem medial vertrauten Bild einer verrückten Wissenschaftlerin sehr nahe kommt.[2] Die Botschaft ist deutlich: Die Nahrungszubereitung und das Designen und Produzieren eines perfekten Körpers scheinen gleichermaßen profan umsetzbar. Warum sollte man sich angesichts dieser Ordinarität dem wissenschaftlichen Fortschritt verschließen? Am Ende dieser theatralen Inszenierung des Diskurses um die Anwendung gentechnischer Methoden zur Perfektionierung des Menschen wird das Seminar von Aktivist*innen abrupt unterbrochen. Es werden Flugblätter in das Publikum geworfen und das zuvor Gesagte lauthals als Lüge verurteilt. Laute Rufe, Menschengewirr und plötzliche Dunkelheit im Theatersaal beenden die *Show and Tell*-Präsentation.

Hinter den Schüler*innen, die mit vollem Einsatz im Theatersaal stehen, liegt ihr erstes Halbjahr in der Oberstufe, in dem sie unter anderem biologisches Fachwissen von der Proteinbiosynthese über die Erkenntnisse der Epigenetik bis hin zu gentechnischen Verfahrensweisen kennen gelernt haben, im Philosophiekurs ethische Probleme erfasst und Werte sowie ethische Begründungen reflektiert haben. Im Seminarkurs wurden Methoden zur Wissenspräsentation geübt und Mechanismen der Fachsprache hinterfragt. Im Schulfach Darstellendes Spiel wurden zeitgleich u. a. Verfahren zur szenischen Darstellung von biologischem Fachwissen und zur Personifikationen von abstrakten Dingen wie Bakterien oder Genen, die dann als handelnde Person in einer konkreten Gestalt auf der Bühne stehen, erprobt.

Diese zahlreichen Bausteine finden ihren Platz unter dem Dach des Oberstufenprofils „Der entfesselte Mensch als Herrscher der Welt?" Die Entwicklung dieses schulischen Profils begann 2009 an der Goethe-Schule-Harburg (GSH). Die Vortragsperformance *Show and Tell* bietet dabei für die Schüler*innen eine Gelegenheit, die zahlreichen Verbindungen und Auseinandersetzungen der Fächer Biologie, Philosophie, Darstellendes Spiel und des Seminarkurses zusammen zu bringen.[3] Das schulische Vorgehen lässt sich den theoretischen Überlegungen zum performativen Arbeiten im Fachunterricht zuordnen (vgl. Peters 2011). Als Vorbild für die theatrale Präsentationsform gelten die Lecture Performance, die auf der Schnittstelle von Kunst, Wissenschaft und Öffentlichkeit einen diskursiven Rauem zu eröffnen suchen, in dem die Wissenschaften ihren Exklusivitätsanspruch durch die theatrale Darstellung vor und mit einer nichtwissenschaftlichen Öffentlichkeit aufgeben.[4] Dabei ist der Anspruch der Lecture

2 Die Vorstellungen über die Wissenschaftler*in sind stark medial geprägt. Häufig changiert das Bild der wissenschaftlichen Akteur*innen zwischen lebensfernen Eigenbrötler*innen oder machtbesessenen Weltbeherrscher*innen (vgl. Junge/Ohlhoff 2004).

3 Die Konzeption richtet sich nach den Ideen des Forschungstheaters, wie sie am Fundus Theater Hamburg seit längerem erfolgreich umgesetzt werden (vgl. www.fundus-theater.de/wp-content/uploads/2017/09/brsch_showandtell.pdf, abgerufen Mai 2018).

4 Vgl. ebd. Zur kritischen Sicht auf die Lecture Performance siehe Holert 2016.

Performance nicht ausschließlich eine adäquatere Wissensvermittlung, sondern die Einbeziehung des bislang Nicht-Gedachten, das Hereinholen von bislang vernachlässigten Wissensbeständen.

Im Mittelpunkt der folgenden Überlegungen steht die Frage nach den Potentialen theatraler Aufführungen bezüglich des naturwissenschaftlichen Fachunterrichtes. Seit längerem unterliegen die Naturwissenschaften hinsichtlich ihres Anspruches an die ‚soziale Robustheit' ihrer Forschung einer kritischen Begleitung.[5] Dabei richtet sich die Kritik zum einen auf die möglichen ethisch-moralischen Irritationen, die die naturwissenschaftlichen Forschungen mit sich bringen: Eine kritische Betrachtungsweise hinsichtlich möglicher nicht intendierter Folgen ist mittlerweile didaktisch kanonisiert und schlägt sich in der Schule in der Behandlung wissenschaftskritischer Stücke wie Dürrenmatts *Physiker* bzw. in der Kritik technorationaler Denkweisen wie Frischs *Homo Faber* nieder. Neuere Perspektiven, die u. a. in der Folge der Forschungen zu den unterschiedlichen Formen der Wissensproduktion (insbesondere die Science & Technology Studies)[6] entstanden sind, richten außerdem ihr Augenmerk auf die Konstruiertheit wissenschaftlichen Wissens, u. a. in der Interaktion mit einer ‚nichtwissenschaftlichen' Außenwelt. Die Annahme eines ‚reinen' Wissens sieht sich ersetzt durch Repräsentationsformen, die Darstellung, Interaktion und Theatralisierung für den Wissenserwerb und für die Wissensreflexion für unabdingbar erklären (vgl. Rheinberger/Wahrig-Schmidt/Hagner 1997). Nun ist zu fragen, welcher Mehrwert für die Schüler*innen durch diese, doch recht zeitintensiven Be- und Erarbeitungsmodelle zu erwarten ist. Im Folgenden soll die Beantwortung dieser Frage theoretisch konzeptualisiert und auf die Bedeutung der Theatralisierung, hier durch das Fach Darstellendes Spiel umgesetzt, verwiesen werden.

Im Darstellenden Spiel ist ein zentraler Aspekt der didaktischen Überlegungen, das Verhältnis der Schüler*innen zur Welt als ein offenes und damit auch ein veränderbares und gestaltbares zu konzipieren, welches im spielerischen Umgang unmittelbar erfahrbar wird (vgl. ThILLM Bad Berka 2007). Die Schüler*innen erforschen die Dinge der Welt in einer radikalen Offenheit. Alles darf eine Rolle spielen, es gibt in der theatralen Umsetzung keinen festen Kanon an

---

5 Die zeitgenössische Wissenschaftsforschung beschreibt den gegenwärtigen Modus (Modus II) der Wissensproduktion als durch wachsende Komplexität und Unsicherheit gekennzeichnet. Traditionelle Grenzen, die Wissenschaft und Gesellschaft voneinander trennen, bspw. die Unterscheidung in Laien und Experten, seien durchlässiger geworden. Aufgrund dieser Entwicklung konstatiert Helga Nowotny (2006) einen wachsenden Bedarf an gesellschaftlich robustem Wissen, d. h. eines Wissens, dessen Anwendungskontext ständig erweitert, überprüft und angepasst werden muss.

6 Einen guten Überblick über das weite Feld der *Science & Technology Studies* bieten Bauer/Heinemann/Lemke 2017.

Wissen, der zu erlernen wäre. Sicherlich gibt es eine Geschichte der Theaterpraxis und diverse theoretische Ansätze, die bei der Gestaltung der Ausdrucksformen bedacht werden können. Jedoch ist dies nur als Reflexionsinstrument zu verstehen. In den theatralen Auseinandersetzungen der Schüler*innen ist Raum und Gelegenheit, ihre Beziehungen zur Welt wahrzunehmen und zu verhandeln, zu gestalten und zu beurteilen (vgl. List 2018). Unterricht wird hier zum Laboratorium, in dem Wissen und Wünsche, Tatsachen und Träume, Realität und Fiktion miteinander agieren können und sollen. Gerade das Laboratorium bietet sowohl im naturwissenschaftlichen Unterricht als auch im Darstellenden Spiel einen Zugang prinzipieller Offenheit, das Experimentieren mit Ausdrucksformen lässt Zugänge und Sichtweisen frei werden, die durch den klassisch strukturierten Unterricht verschlossen blieben. Gleichwohl wird der vorgegebene Rahmen strukturierter und formalisierter, wenn die Schüler*innen im forschenden Lernen eine wissenschaftliche Weltsicht erproben, die in ihrem Ansatz aber immer ausgeht von den Phänomenen der Welt und zum kreativen Spekulieren auffordert, um anspruchsvolle Problemstellungen mit experimentellen Anordnungen, Modellierungen der Wirklichkeit und begründeten Schlussfolgerungen zu erforschen. In der theatralen Auseinandersetzung der Schüler*innen mit der Biologie in den *Show and Tell*-Präsentationen wird das naturwissenschaftliche Laboratorium durchlässiger für die Träume und Wünsche, aber auch für die aus der Logik des naturwissenschaftlichen Faches begründeten Verhältnisse der Schüler*innen zur Welt. So verbleibt die Auseinandersetzung mit wissenschaftlichem Wissen innerhalb der Lecture Performance nicht in einem Setting individueller affektgeladener Beliebigkeit, sondern schafft eine eigene strukturelle Rahmung, die einer reflektierten Logik folgt.

Die Vortragsperformance *Show and Tell* ermöglicht also die Präsentation von Forschung und Erkenntnis und die Vermittlung von prozesshaftem Wissen, welches nicht als abgeschlossen und unhinterfragbar stehen bleibt. Diese zwischen Kunst und Wissenschaft einzuordnende Methode ist unter anderem im Rahmen des Forschungstheaters entwickelt worden und für Kinder und Erwachsene, Künstler*innen und Wissenschaftler*innen, Forschende aller Art konzipiert (vgl. Peters 2011). Gefragt sind hier eben auch in besonderem Maße die Schüler*innen, die nicht nur als einseitige „Empfänger*innen" den Erkenntnissen der Biologie gegenüberstehen, sondern bereits bei der Ausarbeitung der künstlerischen Präsentationen die Unterrichtsgegenstände bewerten und im weiteren Sinne „erforschen". Sibylle Peters stellt in ihren Forschungen zur Performativität der Vortragspraxen die Rolle der Präsentation als Teil der künstlerischen Forschung heraus, denn erst so seien „Übergänge und Allianzen zwischen wissenschaftlichem Vortragswesen und szenischer Praxis möglich, die nicht im Zeichen einer ›besseren‹, unterhaltsameren oder gar ›multimedialen‹ Vermittlung, sondern im Zeichen transdisziplinärer Forschung" (ebd., S. 15) stünden.

Ähnlich wie bei den Science Slams, die inzwischen zum selbstverständlichen Programm in Clubs, Theatern und Kneipen der Großstädte gehören, nutzen die Schüler*innen bei ihren künstlerischen Erforschungen der naturwissenschaftlichen Erkenntnisse zahlreiche Hilfsmittel – sie zeigen Experimente, setzen zuvor angefertigte Filme z. B. in Form von Expert*inneninterviews ein, spielen Szenen und interagieren auf vielfältige Art und Weise mit dem Publikum, um ihre theatralen Präsentationen mit dem naturwissenschaftlichen Diskurs in einen Zusammenhang zu bringen oder zu reflektieren. Damit unterscheiden sich *Show and Tell*-Aufführungen als Lecture Performances von klassischen Formaten wissenschaftlichen Präsentierens wie dem wissenschaftlichen Vortrag oder Workshop.[7] Erving Goffman akzentuiert mit ironischem Unterton das Problem des bloßen Konsumierens innerhalb des klassischen Präsentationsformats, innerhalb dessen eine Sprecher*in aktiv agiert und eine multiple Zuhörerschaft passiv aufnimmt:

> „The floor is his, but, of course, attention may not be" (Goffman 1981, S. 167).

Die aktive Einbeziehung des Publikums negiert die häufige Feststellung der geringen Reichweite wissenschaftlicher Vorträge – wer erinnert sich nicht an eine minutenschlafhaltende Zuhörerschaft – zugleich löst sich die einseitige Perspektive der Sender*innen-Empfänger*innen-Kommunikation zugunsten aktiver Partizipation auf. Insofern stellt *Show and Tell* eine Form der *Lecture Performance* dar, dergestalt, dass der Vortrag als künstlerische Erforschung gilt, bei dem Wissen nicht nur präsentiert, sondern zugleich produziert werden soll (vgl. Roßbach 2011, S. 4). Die Präsentation des Wissens wird damit zur Re-Präsentation, da naturwissenschaftliche Wissensbestände durch die interagierende *Vor-Stellung* mit Bedeutung aufgeladen werden. Re-Präsentation in diesem Sinne bedeutet einerseits die Verabschiedung von Vorstellungen eines ‚reinen Wissens' bzw. einer erkenntnistheoretischen Privilegiertheit naturwissenschaftlicher Wissensbestände, andererseits ebenfalls eine stärkere Fokussierung auf Praktiken der „Abbildung, Darstellung, Rhetorik, Visualisierung und der Narrativität [...] bei der Herstellung naturwissenschaftlicher Erkenntnis" (Felt/Nowotny/Taschwer 1995, S. 140). Die Annahmen der neueren Wissenschaftsforschung, die spätestens seit den 1990er Jahren die Bedeutung repräsentativer Techniken bei der Wissensgenerierung fokussiert, finden ihren fruchtbaren Niederschlag in didaktisierten Formen der Wissensvermittlung wie *Show and tell* (vgl. u. a. Lynch/

7 Allerdings verschwimmen die Differenzen, wie Nikola Roßbach (2011) in ihrer Analyse des wissenschaftlichen Vortrages hervorhebt. So wird dieser als „unhintergehbare Inszenierung", die „auf einer immer von Menschen bespielten und betrachteten, kulturell kodierten Bühne" (S. 10) stattfände, wahrgenommen.

Woolgar 1990). Dabei geht es nicht nur um einen multiperspektivischeren Zugang für die teilnehmende Zuhörerschaft, sondern auch um die Ausbreitung tiefergehender Verständnisebenen auf Seiten der Schüler*innen.

Ein weiteres aus dem Diskurs der Fachdidaktik der Naturwissenschaften abgeleitetes Ziel der schulischen Umsetzung der Show and Tell-Präsentationen ist es, Schüler*innen die Möglichkeit zu geben, bei der Konfrontation der naturwissenschaftlichen Unterrichtsgegenstände mit performativen Prozessen den Ablauf der Popularisierung des wissenschaftlichen Wissens kritisch zu hinterfragen bzw. überhaupt erst Zugänge in die sozialen Bedingtheiten des wissenschaftlichen Wissens zu gewinnen. Sie können als Akteur*innen teilhaben an ansonsten in Expert*innendiskursen verhandelten, schwer zugänglichen Aushandlungsprozessen.[8] Für den schulischen Biologieunterricht lässt sich dieser Gedanke noch genauer fassen: Durch die theatrale Arbeit an Themen der Biologie werden die ansonsten in Schulbüchern wenig diskursiv aufbereiteten naturwissenschaftlichen Erkenntnisse zugänglich für Reflexionen über die Fachsprache der Biologie, erkenntnistheoretische Fragen und hinterfragbare gesellschaftliche Deutungen der wissenschaftlichen Darstellungen werden explizierbar. Damit wird ein Beitrag geleistet, das Bildungsziel eines aufgeklärten Wissenschaftsverständnisses zu erreichen. Zu diesem angestrebten adäquaten Verständnis gehört es auch, die Charakteristika und Grenzen des naturwissenschaftlichen Wissens kritisch reflektieren zu können (vgl. Kremer 2010, S. 7).

Im Prozess der performativen Arbeit können die Schüler*innen zusätzlich auf ihr philosophisches Fachwissen und die im Philosophieunterricht geübten grundlegenden Fähigkeiten, beispielweise der Argumentation und Spekulation zurückgreifen[9]. Diesen Gedanken folgend wird also deutlich, dass es bei *Show and Tell* nicht um die reine Visualisierung von Erkenntnissen, auch nicht um die alleinige Theatralisierung von Informationen geht. Dem klassischen Ansatz

---

8 Die hier sich anbahnende Auflösung der Gegensätzlichkeit von Experten- und Laiendiskursen ist auch als Teil einer gesamtgesellschaftlichen Diskussion um mehr Partizipation und Teilhabe zusehen, insbesondere in Feldern, die bislang von spezifischen Akteursgruppen dominiert waren, wie in diesem Falle den wissenschaftlichen Diskursen (vgl. Junge 2008).

9 Im Kontext dieser Darstellung eines Praxisbeispiels der Verknüpfung von Theater und Biologie kann nicht in der nötigen Differenziertheit auf das Fach Philosophie eingegangen werden. Eine kurze abschließende Randbemerkung sei aber an dieser Stelle erlaubt: Das Fach Philosophie stellt einen wichtigen Rahmen (oder auch einen Teil des Bildes…) für das vorgestellte Projekt zur Verfügung. Im Kontext des Faches Philosophie können grundlegende Fragen mit den Schüler*innen formuliert werden, die tragend werden für ihre Umsetzungen auf der Bühne. Es geht in der Philosophie zentral um eine Infragestellung der scheinbaren Selbstverständlichkeiten und bei der Bearbeitung der Fragestellungen sind argumentativen Kompetenzen ästhetische Ausdruckweisen „erlaubt". Auch das philosophische Fachwissen beispielweise der Ethik oder Erkenntnistheorie leistet einen wichtigen Beitrag zu den theatralen Beobachtungen und Reflexionen der Schüler*innen.

informierender und visualisierender Präsentationsformen, der der Leitlinie Ben Shneidermans „Overview first, zoom and filter, then details on-demand" (Shneiderman 1996, S. 346) folgt, steht der explorative Charakter performativer Praxis gegenüber. Nicht nur die Darstellenden interagieren mit dem Wissen, der Information und möglichen Konsequenzen, sondern die Zuschauenden sind häufig aktiver Teil der Performance. Darstellende und Zuschauende fungieren als Teil einer sozialen Interaktionsordnung, innerhalb derer die körperliche Präsenz genuin ist – der individuelle Körper und dessen Theatralisierung agieren als wissenskonstituierendes und -reflektierendes Element: im Falle des ‚perfekten Menschen' in der auf die Spitze getriebenen Konsequenz eines genormten Körpers, der als Kollektivkörper jegliche Spur des Individuellen zu verlieren droht.

Die Schüler*innen erhalten also eine Möglichkeit für das Spekulieren, Beurteilen und Erforschen vielstimmiger Probleme unserer Welt-, Mensch- und Naturbeziehungen, die im Fach Philosophie und Biologie ihren Platz haben. Hier kommt also wiederum ein wichtiger Effekt der theatralen Arbeit an naturwissenschaftlichen Diskursen zum Vorschein, nämlich die Möglichkeit der Entwicklung eines differenzierten Wissenschaftsbildes der Schüler*innen.

Klassischerweise stellen die Wissenschaften für Schüler*innen eine Instanz der Autorität dar, von der angenommen wird, dass deren Wissensbestände nach Kriterien der Objektivität und Falsifikation gewonnen werden und die dementsprechend kaum einer kritischen Reflexion unterliegt (vgl. Krüger 2017). Autoritätsgläubigkeit ist nach Lawrence Kohlberg legitimer Teil von Kindheit und Jugend, ein kritischer Geist bildet sich erst in der Auseinandersetzung mit der Welt heraus (vgl. Kohlberg 1976). Dieser traditionell also eher autoritätshörigen Sicht von Schüler*innen wird in der performativen Auseinandersetzung ein Zugang zu einer weitaus stärker wissenschaftskritischeren Sicht entgegengesetzt. So kommen in etwa ethisch-moralische Problemlagen zum Vorschein, die biomedizinisches Wissen evozieren. Darüber hinaus wird auch für die Schüler*innen deutlich, dass eine eindeutige Beschreibung wissenschaftlicher Forschung, ja, was Wissenschaft überhaupt ist, nicht zu beantworten ist:

> „Wissenschaft ist Wissen, ist Technologie, ist Methode und Praxis, ist Autorität und Bildungsfeld, bringt Möglichkeiten hervor, aber auch Beschränkungen, erleichtert unser Leben und erschwert es auch, schafft Handlungsspielräume, engt diese ein, ist die Summe der Ergebnisse von Forschungen, findet sich in Konferenzen, Zeitschriften, Bücher etc., ist ein Beruf, der eine bestimmte Ausbildung und meist einen bestimmten akademischen Titel verlangt, ist eine kreative Tätigkeit, die von speziell ausgebildeten Personen betrieben wird und zu neuen Erkenntnissen führen soll, ist ein gesellschaftlicher Teilbereich, in dem ein Wissen produziert werden soll, das für andere gesellschaftliche Bereiche relevant ist und produziert Ausschlüsse und Macht-

verhältnisse. Wissenschaft ist somit alles andere als neutral, sondern ein umkämpftes Feld." (Costa/Mendel 2017, S. 21)

Die Folge des beschriebenen Praxisbeispiels ist, dass möglichst zahlreiche der oben genannten Aspekte einer differenzierten Sicht auf Wissenschaft ihren Platz finden können im Diskurs mit den Schüler*innen. Die Chancen, die sich aus dieser schüler*innenzentrierten und -aktivierenden Konzeption für die Lernenden ergeben, sind eindeutig. Es macht einen Unterschied, ob Schüler*innen als passive Konsument*innen des wissenschaftlichen Wissens verstanden oder ob sie als aktive und teilhabende Wissensproduzent*innen anerkannt werden. Die *Anerkennung* als am Wissensprozess Partizipierende hat einen vielschichtigen Einfluss auf die Lernenden. So wird zuallererst die Auseinandersetzung mit den jeweils behandelten Themenfeldern eine intensivere Ausprägung erfahren: Die Formen, Wissen zu rezipieren, die sich außerhalb der tradierten Wege des Auswendiglernens und Wiedergebens bewegen, erfordern ein differenzierteres Verständnis. Die Repräsentation von wissenschaftlichem Wissen in performativen, theatralisierenden Bezügen benötigt „Übersetzung": vom Lehrbuchwissen, das didaktische Aussparungen evoziert, hin zu einer multidimensionalen Perspektive. Darüber hinaus es bedarf einer komplexeren Rahmung, um die Zeichenintensität der theatralen Inszenierung sowohl für die Zuschauer*innenschaft als auch für die Darstellenden zugänglich zu machen. So folgen theatrale Inszenierungen einem anderen Verständnis hinsichtlich der zu vermittelnden Sinnhorizonte:

> „Das Theater, als übergreifender Sinnbereich, reguliert die kommunikative Struktur der Aufführung, die ohne diese – kulturhistorisch vorgegebene – Vordefinition keinen eigenen Sinnzusammenhang, der Verständigung über die Kommunikationszeichen ermöglichen würde, herstellen könnte." (Rapp 1973, S. 78)

Theatrale Inszenierungen sind nach Rapp (1973) bedingungsreich: Um sie zu verstehen, muss es ein Grundverständnis der Aufführungspraxis geben bzw. die Fähigkeit, Wissensbestände zu kontextualisieren. Ein Lehrbuch zu lesen und zu verstehen, setzt andere Bedingungen voraus als die Teilhabe an einer wissensreflexiven Theaterinszenierung, u. a. das Verständnis der Differenz von linearen und nichtlinearen Texten.

Die theatrale Aufführungspraxis, so wie sie in *Show and tell* gestaltet wird, eröffnet einen anderen Zugang zu den naturwissenschaftlichen Wissensbeständen als das traditionelle Lehrbuch. Sie expositioniert und konfrontiert, setzt Höhepunkte, retardiert und kann in einer radikalen Zuspitzung in die ‚Katastrophe' führen; in unserem Fall in die dystopische Selektion des Menschen in ‚perfekt' und ‚imperfekt'.

Insofern leistet die Theatralisierung wissenschaftlichen Wissens eine *translatorische* Arbeit, da in ihr „das Unvollendete und Unvollständige der Konstruktion“ (Derrida 2003, S. 120) des wissenschaftlichen Wissens akzentuiert und das Unsagbare bzw. Ungesagte von der Peripherie hereingeholt wird. In Abwandlung des Benjaminschen Vergleiches, dass jede Übersetzung sich „wie ein Königsmantel in weiten Falten“ (Benjamin 1963, S. 15) um einen imaginierten einheitlichen Gehalt lege, zeigt der Bezug auf den wissenschaftlichen Diskurs die reflexiven Potentiale. Versteht man die wissenschaftlichen Diskurse, ob in Lehrbüchern, in universitären Vorträgen oder in der Sprache des Labors, als jeweils mehr oder weniger einheitliche kommunikative Systeme von Zeichen, dann steht als Verstehensbedingung die Aufgabe des Erlernens derselben in didaktischer Perspektive traditionell an erster Stelle. Das intradiskursive Sich-Hineinbegeben mittels der Aneignung wissenschaftlicher Paradigmen und deren Fachsprache verhindert jedoch breitere Kontextualisierungen. Durch die Übersetzung und die Beforschung werden die Bedeutungsverschiebungen wie bspw. normative Spannungsfelder sichtbar gemacht. In diesem Sinne lässt sich eine dekonstruktivistische Perspektive für die Schüler*innen fruchtbar machen. Das dekonstruktivistische Lernen ist eine „Form des Lernens, die gezielt die Verfremdungen aufsucht und die bereit ist, sich auf störende Fragen einzulassen, an statt sie vorschnell als unsinnig abzutun.“ (Neubert/Reich/Voß 2001, S. 262) Insofern kann die *dekonstruktivistische* gleichermaßen als *konstruktivistische* Perspektive gesehen werden: durch die Theatralisierung naturwissenschaftlichen Wissens in der Performance dringen die Schüler*innen durch ein gefühls- und verhaltensmäßiges, also persönliches Handeln zu Erkenntnissen und zu Inhalten vor. Wenn also die Theatralisierung im Anschluss an Derrida sowohl als Dekonstruktion als gleichermaßen auch als *Übersetzung* gelesen wird, dann wird akzentuiert, dass diejenigen Dinge, Positionen, Perspektiven auf die Bühne geholt werden können, die der wissenschaftliche Diskurs, manifestiert im Lehrbuchwissen, verschweigt und nicht übersetzen will. Zusammengefasst handelt es sich bei dieser Theatralisierung um eine Form notwendiger wissenschaftskritischer Entgrenzungen, die einen emanzipatorischen Zugang durch das Hereinholen multipler Dimensionen und Erfahrungen ermöglichen kann.

Diese hier im Rahmen von Verstehensprozessen konzipierte Annahme der Bedeutsamkeit der theatralen Übersetzung sieht sich ergänzt durch eine subjekttheoretische Perspektive hinsichtlich der Anerkennung der *Show and Tell* präsentierenden Akteur*innen. Anerkennung als wissensrezipierende und -produzierende Akteur*innen meint hier nicht eine prinzipienlose Gleichstellung des wissenschaftlichen Wissens mit einem wie auch immer formierten Laienwissen. Doch es wird deutlich, dass scharfe Grenzziehungen zwischen den Wissensbeständen, wenn man sie in ihrer Gesamtheit berücksichtigen will, nicht zu ziehen sind. Auch die Schüler*innen, die sich mit den ethisch-moralischen Verwerfungen beschäftigen, die die Forschungen innerhalb der Human- bzw.

Naturwissenschaften mit sich bringen, müssen als wissensproduzierende Akteur*innen verstanden werden, wenn man sie nicht dem Modell des Nürnberger Trichter folgend, als passive Konsumentenobjekte degradieren möchte. Im unterrichtspraktischen Geschehen, in der Auseinandersetzung mit wissenschaftlichem Wissen konstituieren sich alternative Wissensformen, die sich in Formaten wie *Show and tell* bühnen- und vortragsreif manifestieren. Damit verbunden ist die Aufbrechung der bis dato bestehenden Wissenshierarchien. Das zum „eindrucksvollen, autoritätsheischenden und Fortschrittlichkeit signalisierenden Paradigma" (Kübler 2005, S. 89) avancierte wissenschaftliche Wissen der Labore und Hörsäle sieht sich einem Laienwissen als nichtinstitutionelle Wissensform gegenübergestellt: Wissenschaft und Öffentlichkeit treten in einen, hoffentlich fruchtbaren, Diskurs, der ein bislang als defizitär verstandenes Laienwissen von der Peripherie ins Zentrum gesamtgesellschaftlichem Nachdenkens über ethisch-moralische Verwerfungen und weitergehende Interpretationen des Wissens holt.

Problematisch bleibt allerdings diese Akzentuierung des Laienwissens, da das Verhältnis von Wissenschaft und Öffentlichkeit einen „imaginierten Dialog" (Nowotny 2004) darstellt. Öffentlichkeit ebenso wie Laien sind immer nur ‚vorgestellt', die Instanzen fehlen, die legitimiert wären, für beide zu sprechen. Trotzdem erfüllt die Konstruktion eines „Dialogs", wie es das Format *Show and Tell* abbildet, zwischen Wissenschaft und Öffentlichkeit wichtige soziale Funktionen, denn er behebt schwerwiegende kommunikative Defizite bzw. beugt selbigen vor. Prinzipiell gehe es darum, dass die ‚imaginierten Laien' einem spezifischen wissenschaftlichen Wissen *eine soziale Robustheit* verleihen, die gleichzeitig Legitimität verspricht:

> „Der imaginierte Dialog zwischen Wissenschaft und Gesellschaft [bzw. nichtwissenschaftlicher Öffentlichkeit, DO] stellt den Versuch dar, in den Prozessen der Koevolution zwischen Wissenschaft und Gesellschaft soziale Robustheit für neue institutionelle Arrangements zu schaffen, die für alle sichtbar sind. Sichtbarkeit ist entscheidend, um die emergierenden Erwartungen und Anforderungen der beiden Ordnungen [der wissenschaftlichen und der öffentlich-alltagsweltlichen, DO] im solcherart erweiterten öffentlichen Raum zu positionieren" (Nowotny 2004, S. 192).

Insofern befindet sich *Show and Tell* in einem gegenseitigen Anerkennungsmodus, der gleichermaßen auf Wissenschaftlichkeit als auch auf die Anerkennung der aktiven Schüler*innenschaft abzielt. Denn Anerkennung heißt auch Bejahung, nicht unbedingt einer spezifischen Meinung oder Aussage, sondern die Affirmation als Subjekt, das legitimiert ist, eine Aussage zu treffen. Es ist unerheblich, ob ich einer Aussage einer anderen beispielsweise zustimme oder nicht; in dem Augenblick, wo ich diese als berechtigten Gegenüber, als Diskussionspartner*in anerkenne, bestätige ich sie in ihrem Subjektstatus und bestätige mich selbst, indem ich mich als Objekt aus der Perspektive der Anderen wahrnehme. Nur aus dieser Beziehung, so Axel Honneth (1994), könne so etwas wie ein kritisches Bewusstsein entstehen.

Diesen Überlegungen zugrunde liegt – bezieht man sich auf den fachdidaktischen Diskurs der Biologie – ein weiter Begriff des fächerverbindenden Lernens (vgl. Labudde 2009). Ausgegangen wird hier von Problemen, Phänomenen oder realen Situationen, die zu komplexen Aufgabenstellungen führen, die sich nicht durch ein Fach alleine beantworten lassen. Dabei gehen die gesetzten Ziele über eine reine Vermittlung der jeweiligen Fachinhalte hinaus. Indem unterschiedliche fachliche Perspektiven genutzt werden, um komplexe Aufgaben, die sich aus der Lebenswelt ergeben, zu lösen, soll auch für die Schüler*innen eine Orientierung an den Anforderungen der gesellschaftlichen Realität ermöglicht werden und nicht für die Schule, sondern fürs Leben gelernt werden.[10]

Dabei ist eine fächerverbindende Umsetzung naturwissenschaftlicher Probleme und Phänomene keinesfalls ohne Zusammenhang mit den aktuell gültigen Bildungsplänen zu sehen, die auch für die naturwissenschaftlichen Fächer inzwischen vier Kompetenzbereiche (Orientierung durch fachliche Strukturen, Erkenntnisgewinnung, Kommunikation und Bewertung) ins Zentrum der schulischen Vermittlung stellen. Für das Schulfach Biologie bedeutet das natürlich nicht, dass das Fachwissen in den Hintergrund rückt, sondern vielmehr ein Unterrichten, das kommunikative, bewertende Elemente und an naturwissenschaftlichen Erkenntnismethoden und deren Reflexion ausgerichtete Facetten der naturwissenschaftlichen Inhalte berücksichtigt (vgl. KMK 2013).

Folgt man den weitgehenden Ansprüchen des Bildungsplans für das Schulfach Biologie, so erscheint die Kombination von Biologie und Theater weit weniger besonders, als es auf dem ersten Blick erscheint. Vielmehr liegen hierin zahlreiche Chancen für Erkenntnisse und Erfahrungen, die auch einen informierten Blick auf die (Natur-)Wissenschaften ermöglichen. Die Schüler*innen, die sich auf den Weg in das „Zentrum für Perfektion" begeben haben, haben die Naturwissenschaften auch als Methode und Praxis kennengelernt, die nicht nur unser Leben leichter machen, sondern umkämpftes Wissen produzieren. Im Kampf um Perfektion und Defekte werden die Wissenschaften als ambiguitäres Feld sichtbar, auf dem sich Deutungen teils antagonistisch gegenüberstehen. In einem kritischen Bildungsverständnis geht es nicht darum, zu fragen, wer hier einen Sieg erringen kann, um in dieser Kampfesmetaphorik zu bleiben. Sondern es geht vielmehr um einen kritischen und reflektierenden Zugang zu

10 Inhaltlich definiert Labudde (2009) fächerübergreifenden Unterricht wie folgt: Es gehe dabei um das „Vernetzen von Inhalten aus verschiedenen Fächern" (ebd., S. 331). Häufig stehe „das themenzentrierte bzw. problemorientierte Arbeiten im Vordergrund" (ebd.).

wissenschaftlichem Wissen, der die oben beschriebene Ambiguität les- und deutbar macht.

Beispielhafte Materialien und Vorgehensweisen

Im Folgenden werden einige Einblicke in die konkreten Arbeitsaufträge und in beispielhafte Materialien des *Show and Tell*-Projekts ermöglicht. Zur ersten Orientierung über den Profilkurs „Der entfesselte Mensch als Herrscher der Welt?“, in dessen Zusammenhang die Vortragsperformance stattfindet, erhalten die Schüler*innen eine Informationsbroschüre, in der es heißt:

> „Philosophie und Theater bearbeiten Probleme der modernen Biologie
>
> In den letzten Jahrzehnten hat die Bedeutung der Biologie für Wissenschaft und Gesellschaft sprunghaft zugenommen. Fast alles erscheint heute ‚machbar‘: in die DNA eingreifen, Lebewesen klonen, Nahrung genetisch verändern, Ökosysteme künstlich erschaffen, Maschinen durch Denken Befehle erteilen... Die biologische Forschung liefert dem Menschen Erkenntnisse und bietet Anwendungsmöglichkeiten, die das Leben angenehmer machen können, die aber auch Probleme und ethische Fragen aufwerfen. Beispielsweise stellt sich bei der Beschäftigung mit dem Thema Gentechnik die philosophische Frage nach der Verantwortung des Menschen gegenüber Tier und Pflanze, aber auch gegenüber sich selbst. Darf in das Erbgut meines werdenden Kindes eingegriffen werden, wenn es einen genetischen ‚Defekt‘ zu verbessern gilt? Oder darf man hier gar nicht erst von ‚Defekten‘ sprechen? Dürfen und wollen wir den perfekten Menschen schaffen? Dies sind Beispiele für Fragestellungen, die mit Hilfe der drei Fächer beantwortet werden können. Die Philosophie hinterfragt die Themen der Biologie und gibt euch Mittel an die Hand, Entwicklungen zu reflektieren und zu bewerten – eine unverzichtbare Kompetenz, um die eigene und die gesellschaftliche Zukunft bewusst zu gestalten. Das Darstellende Spiel ermöglicht es euch einerseits, sich kreativ und spielerisch mit den Themen auseinanderzusetzen und befähigt euch andererseits, die komplexen Inhalte anderen anschaulich zu präsentieren oder zu vermitteln. In aller Regel ist der Abschluss eines Semesters verbunden mit einer Präsentation in der (Schul-)Öffentlichkeit (z. B. Theateraufführung, Kurzfilme, Podiumsdiskussion, Ausstellung etc.). Der Seminarkurs wird von allen drei Fächern inhaltlich besetzt. Beispiele für die inhaltliche Arbeit sind: Auseinandersetzung mit Argumentations- und Präsentationstechniken, mit Wissenschafts- und Theatertheorie. Die Grenzen und Leistungen der Fächer werden reflektiert. Zudem bietet der Seminarkurs die Möglichkeit, Zwischenergebnisse aus den Fächern vorzustellen, sowie Raum an fächerübergreifenden Projekten/Präsentationen zu arbeiten.“

Curriculum des 1. Schulhalbjahres:

Gentechnik: Manipulation – Rettung oder Untergang

Biologie

- Grundlagen der Genetik, Molekulargenetik und Gentechnik
- Gen- und Reproduktionstechnik in Medizin und Landwirtschaft
- Chancen und Risiken der Gen- und Reproduktionstechnik

Philosophie

- Darf der Mensch zum Schöpfer werden? – Grundlagen der Ethik
- Was sichert meine Identität im Zeitalter moderner biologisch-medizinischer Techniken?
- Was ist Natur? In welchem Verhältnis stehen Mensch und Tier?
- Wie sieht der Körper der Zukunft aus? Anthropologische Ansätze, kulturwissenschaftliche Anregungen und ästhetische Reflexionen

Darstellendes Spiel

- „Show and Tell" (Die Bühne wird zum Experimentierfeld)
- Theater der Präsentation

Seminarkurs

- Präsentationstechniken
- Wissenschaftssprache und Alltagssprache: Reflexionen über Sprache in Wissenschaft, Schulbuch, Alltagsdiskurs
- Recherche, Zuarbeiten für „Show and Tell"
- Portfolio

Arbeitsmaterialien

Konkreter Arbeitsauftrag zum Start der Projektarbeitsphase:

Bereitet eine „Show & Tell"-Präsentation zu einem biologisch und philosophisch relevanten Thema aus dem Bereich Gentechnik/Genforschung vor.

Hilfe zur Themenfindung – Forschungsfrage entwickeln

- Schreibt in eurer Gruppe Fragen auf, die sich mit einem Thema aus dem Bereich Genetik, Gentechnik, Genforschung beschäftigen. Die Fragen können philosophisch, biologisch, alltäglich, absurd, kritisch sein.
- Überlegt, welche drei Fragen euch am besten im Gedächtnis geblieben sind. Entscheidet euch aus den dreien für eure Forschungsfrage.
- Wie lautet eure Forschungsfrage?
- Sammelt Assoziationen zu eurer Frage: Wörter, Sprichwörter, Bilder, Kunstwerke, Personen, Zustände, Farben, Aktionen, Songs, Filme, Bücher, Zeitungsartikel, Geschichten, Orte, Theorien … Erstellt Listen, Assoziationsketten, Beschreibungen, Anweisungen …
- Improvisation mit dem Material: Notiert Orte, Figuren, Themen, Ereignisse, Konflikte zu eurer Frage auf kleinen Zetteln. Zieht verdeckt zwei Zettel. Zu den Aspekten spielt ihr drei Szenen (1 Minute Länge), in der jeweils beide Aspekte miteinander sinnvoll in Verbindung gebracht werden. Jede Szene stellt den Aspekt in einer anderen (theatralen) Form dar: Als Lesung, Ritual, Chor, Demonstration, Bewegungstheater, Diskussion …

Hilfe zur Themenfindung – Thema gliedern – Bezug zur Welt der Zuschauer*innen herstellen

- Vorarbeiten
- Wie ist euer Thema inhaltlich zu gliedern? Findet inhaltliche Bausteine. Haltet sie fest in der Form eines Diagramms.
- Welche für alle Menschen wichtige Fragestellung steckt in dem Thema?
- Vorarbeiten
- Wie verarbeite ich dieses Thema zu einem Show and Tell-Vortrag?
- Wie kann man die zentrale Fragestellung die Zuschauer*innen emotional näherbringen, so dass sie es am eigenen Leibe erfahren?
- Welche inhaltlichen Bausteine muss ich dafür effektvoll durch den Einsatz der Medien umsetzen?
- Welche inhaltlichen Bausteine sind unverzichtbare, sachliche Information, die vorgetragen werden müssen?

Weitere Bausteine:

Reflexion: In der Reflexion betrachtest du in einem zusammenhängenden Text kritisch euren Vortrag. Du begründest dabei eure Entscheidungen, die ihr im Einzelnen getroffen habt und berücksichtigst dabei Alternativen, Probleme und Lösungen.

Arbeitsberichte: Während der selbstständigen Erforschung der jeweiligen Fragen der Schüler*innen mussten Arbeitsberichte geschrieben werden, in denen das bearbeitete Material – hier sind vor allem Texte gemeint – in Exzerpten oder Notizen ausgewertet und gesammelt werden. Auch die Aktivitäten der Gruppen, z. B. Recherche zu ...; Erstellung von Material für den Vortrag; Proben/ Ausprobieren; etc. werden in den Arbeitsberichten festgehalten.

Ebenso werden die Ergebnisse der Woche und die weiteren Aufgaben dokumentiert.

Während das Projekt anläuft finden in den einzelnen Fächern weiterhin unterstützende Vorarbeiten statt. Im Fach Darstellendes Spiel wird beispielsweise die Personifikation als Mittel der Figurenfindung erprobt:

Personifikation als Mittel der Figurenfindung

Realistisches Szenenspiel: Es werden nur Handlungen und Personen gespielt, die es in der Realität gibt.

Bildliches Szenenspiel: Es werden Figuren und Handlungen gespielt, die nicht sichtbar, im übertragenen Sinne gemeint, also bildlich oder metaphorisch sind, ohne dass diese interpretiert und in die Realität übersetzt werden.

Zur Figurenentwicklung im bildlichen Szenenspiel kann die Personifikation verwendet werden.

Personifiziert werden können:

- Gedanken als Subtexte einer Rolle
- Gefühle: Liebe, Hass ...
- Leblose Gegenstände: Schrank
- Nicht sichtbare Dinge: Bakterien, Gene etc.

Bei der Personifikation werden Typen passend zu den Eigenschaften, die der Sache zugeordnet werden können, entwickelt:

- Liebe als Person: unintelligent, sprunghaft, findet alles toll ...
- Gen als Person: bestimmend ...

So sollte dann die Spielweise der Figur sein. Interessant kann auch sein, der neuen Person eine heimliche Neigung zu geben, die im Gegensatz zu ihren allgemein anerkannten Eigenschaften steht. z. B. Liebe: Einmal „nein" sagen oder einmal den Richtigen finden.

Die Personifikation kann z. B. auf folgende Weise umgesetzt werden:

a) Liebe, Gen etc. bleiben, was sie sind und werden durch Gefühle und Sprechen vermenschlicht.
b) Es entsteht ein realistischer Mensch mit den Eigenschaften und Aufgabe eines Genes. Dadurch ist der Ursprung nur als Inspiration zu verstehen. Wissenschaftliche Genauigkeit geht verloren.

Literatur

Bauer, Susanne/Heinemann, Torsten/Lemke, Thomas (Hrsg.) (2017): Science and Technology Studies. Klassische Positionen und aktuelle Perspektiven. Frankfurt a. M.: Suhrkamp.

Benjamin, Walter (1973): Die Aufgabe des Übersetzers (erstm. 1923). In: Hans Joachim Störig (Hrsg.): Das Problem des Übersetzens, Darmstadt: Wissenschaftliche Buchgesellschaft, S. 156–169.

Costa, Rosa/Mendel, Iris (2017): Critical Science Literacy. Wissenschaftskritik in der Schule. Universität Wien. Unter: https://politikwissenschaft.univie.ac.at/fileadmin/user_upload/i_politikwissenschaft/diverses/2017/Lehrbuch_CSL_Tatsaechlich.pdf, abgerufen Mai 2018.

Derrida, Jacques (2003): Die Einsprachigkeit des Anderen. Oder die ursprüngliche Prothese. München: Wilhelm Fink Verlag.

Felt, Ulrike/Nowotny, Helga/Taschwer, Klaus (1995): Wissenschaftsforschung. Eine Einführung. Frankfurt a. M./New York: Campus.

Goffman, Erving (1981): Forms of talk. Philadelphia: University of Pennsylvania Press.

Holert, Tom (2016): Lecture Performance. Verlegenheitsformat oder rebellische Form. In: Pop – Kultur und Kritik. Heft 9. Bielefeld: Transcript, S. 64–68.

Honneth, Axel (1994): Kampf um Anerkennung. – Zur moralischen Grammatik sozialer Konflikte. Frankfurt a. M.: Suhrkamp.

Junge, Torsten (2008): Gouvernementalität der Wissensgesellschaft. Politik und Subjektivität unter dem Regime des Wissens. Bielefeld: Transcript.

Junge, Torsten/Ohlhoff, Dörthe (Hrsg.) (2004): Wahnsinnig genial. Der Mad Scientist Reader. Aschaffenburg: Alibri.

KMK (2013): Kompetenzstufenmodelle zu den Bildungsstandards im Fach Biologie für den Mittleren Schulabschluss. Kompetenzbereiche „Fachwissen" und „Erkenntnisgewinnung" – Beschluss der Kultusministerkonferenz (KMK) vom 08.12.2011. Unter: https://www.iqb.hu-berlin.de/bista/ksm/KSM_Biologie_1.pdf, abgerufen Juli 2018.

Kohlberg, Lawrence (1976): Moral stages and moralization: the cognitive development approach. In: Kohlberg, Lawrence (Hrsg.): Moral development and behavior. New York: Holt, Rinehart & Winston, S. 171–205.

Kremer, Kerstin (2010): Die Natur der Naturwissenschaften verstehen – Untersuchungen zur Struktur und Entwicklung von Kompetenzen in der Sekundarstufe I. Dissertation im FB 10 – Mathematik & Naturwissenschaften, Abteilung Didaktik der Biologie der Universität Kassel. Unter: https://kobra.bibliothek.uni-kassel.de/bitstream/urn:nbn:de:hebis:34-2010091734623/7/DissertationKerstinKremer.pdf, abgerufen April 2018.

Krüger, Janne (2017): Schülerperspektiven auf die zeitliche Entwicklung der Naturwissenschaften. Theoretische Grundsatzüberlegungen und empirische Erkenntnisse. Berlin: Logos.

Labudde, Peter (2009): Fachunterricht und fächerübergreifender Unterricht: Grundlagen. In: Arnold, K.-H.; Sandfuchs, U.; Wiechmann, J. (Hrsg.): Handbuch Unterricht. 2., aktualisierte Aufl. Stuttgart: Julius Klinkhardt, S. 331–336.

List, Volker (2018): Die Kunst Theater zu lehren. Hüttenberg: Angewandte Theaterforschung.

Neubert, Stefan/Reich, Kersten/Voß, Reinhart (2001): Lernen als konstruktiver Prozess. In: Hu, Theo (Hrsg.): Die Wissenschaft und ihr Wissen. Band 4. Baltmannsweiler: Schneider, S. 253–265.

Nerdel, Claudia (2017): Grundlagen der Naturwissenschaftsdidaktik. Berlin: Springer.

Nowotny, Helga (2004): Der imaginierte Dialog zwischen Wissenschaft und Öffentlichkeit. Vom imaginierten Laien zur sozialen Robustheit des Wissens. In: Gisler, Priska/Guggenheim, Michael/Maranta, Alessandro (Hrsg.): Imaginierte Laien. Die Macht der Vorstellung in wissenschaftlichen Expertisen. Weilersvist: Velbrück, S. 171–196.

Nowotny, Helga (2006): Wissenschaft neu denken: Vom verlässlichen Wissen zum gesellschaftlichen Wissen. In: Gerlof, Karsten/Ulrich, Anne (Hrsg.): Die Verfasstheit der Wissensgesellschaft. Münster: Westf. Dampfboot, S. 24–42.

Rapp, Uri (1973): Handeln und Zuschauen. Darmstadt: Luchterhand.

Rheinberger, Hans Jörg/Hagner, Michael/Wahrig-Schmidt, Bettina (Hrsg.) (1997): Räume des Wissens: Repräsentation, Codierung, Spur. Berlin: Akademie-Verlag.

Roßbach (2011): Der wissenschaftliche Vortrag. Dimensionen von Theatralität und Wissen. Überarb. Fassung. Unter: www.nikola-rossbach.de/wp-content/uploads/2016/02/Antrittsvorlesung Kassel.pdf, abgerufen Juni 2018.

Shneiderman, Ben (1996): The eyes have it: a task by data type taxonomy for information visualizations. In: Proceedings 1996 IEEE Symposium on Visual Languages. IEEE Comput. Soc. Press, 1996, S. 336–343. Unter: http://ieeexplore.ieee.org/xpls/absn all.jsp?arnumber=545307, abgerufen Januar 2018.

ThILLM – Thüringer Institut für Lehrerfortbildung (Hrsg.) (2007): Darstellendes Spiel – die phantasievollen Möglichkeiten des Lernens. Bad Berka: ThILLM.

Malte Pfeiffer

Szenische Interpretationen von Beobachtungen in naturwissenschaftlichen Forschungsfeldern

Anregungen für die Praxis

Im Spannungsfeld von Natur, Wissenschaft und Theater stellt sich aus theaterpädagogischer Perspektive unter anderem die Frage, wie in einem entsprechenden interdisziplinären Unterrichtsansatz eine Beschäftigung mit (natur-)wissenschaftlichen Themen und Diskursen in szenisches Material überführen werden kann. Theater als ästhetische Auseinandersetzung mit Phänomen der Welt folgt anderen Arbeitsprinzipien und -logiken als streng (natur-)wissenschaftliches Arbeiten: Ästhetische Aspekte wie Sinnlichkeit, Abstraktion oder Verfremdung, das bewusste Verwischen von Realität und Fiktion, das Verfälschen, Hinzudichten oder Weglassen von Details – all das steht Kriterien von Transparenz, Stringenz und Vergleichbarkeit zumindest zum Teil entgegen. Letztendlich geht es im Theater nicht primär um Faktentreue und wasserdichte Argumentationen, sondern immer auch um Effekt und Affekt – um beispielsweise eine Geschichte zu erzählen, die berührt, oder den Kern eines Problems in einem poetischen Bild einzufangen.

Aus der Perspektive eines Theaterschaffenden, der gleichzeitig in Forschung und Vermittlung tätig ist, interessiert mich dieses Spannungsverhältnis in besonderer Weise. In meiner Dissertation „Feldforschung als künstlerische Praxis in der Theaterpädagogik“ (Pfeiffer 2019) untersuche ich daher im Rahmen einer Fallstudie theaterbezogene Probenprozesse, die sich einem bioethischen Thema mit sozialwissenschaftlichen Methoden nähern. Anhand der entwicklungsorientierten Bildungsforschung (vgl. Reinmann/Sesink 2011) wird in der Arbeit ein theoretisch wie empirisch fundierter Entwurf für eine theaterpädagogische Praxis entwickelt, die ethnographische Feldforschung (s. u.) betreibt, um daraus Material für eine Stückentwicklung zu generieren. Aus dieser didaktischen Konzeption sollen im Rahmen dieses Artikels konkrete Anregungen für eine theaterpädagogische und zugleich fächerübergreifende Unterrichtspraxis entfaltet werden, die im Spannungsfeld von Naturwissenschaft und Theater ästhetische Zugänge zu naturwissenschaftlichen Themen sucht.

1. Hintergrund

In Auseinandersetzung mit der Theorie transformatorischer Bildungsprozesse (Koller 2012), dem Phänomen der Fremderfahrung (Waldenfels 1997) sowie der Gehaltsästhetik von Lehmann (2016) verstehe ich ästhetische Bildung als Erweiterung von bestehenden Selbst- und Weltverhältnissen im Medium der Kunst und gehe davon aus, dass ästhetische Bildung besonders über Erfahrungen mit Fremdem[1] angebahnt werden kann und sich in einer Praxis von Wahrnehmungsvergleichen[2] realisiert.

Auf dieser Basis stellt sich im Rückgriff auf eine theoretische Beschäftigung mit ethnographischer Feldforschung (vgl. Geertz 1987; Fischer 2002; Beer 2008) und forschenden Ansätzen im Spektrum kultureller Bildung (vgl. Kämpf-Jansen 2001; Peters 2013) die Kernthese der Fallstudie wie folgt dar: Ein didaktischer Ansatz, der ethnographische Feldforschung als künstlerische Praktik zum Teil von Probenprozessen des Theaters macht, besitzt zum einen ästhetische Qualitäten, zum anderen bahnt er in besonderer Weise zentrale Parameter ästhetischer Bildung an. Letztere liegen unter anderem in einer Verknüpfung von Leiblichkeit und Reflexivität, in der Verlängerung eines Erfahrungsmomentes von Fremdbegegnungen durch den Probenprozess sowie in einer doppelten Differenz, die im Transformationsgeschehen zwischen den Handelnden, dem Feld und dem szenischen Produkt entsteht (vgl. Pfeiffer 2019).

Den Begriff der *Feldforschung*, der im Allgemeinen »Charakteristikum, Paradigma, Ideologie, Markenzeichen und zentrale Methode der Ethnologie« (Beer 2008, S. 11) beschreibt, verwende ich, um ein Vorgehen zu fassen, bei

1 Waldenfels Konzeption des *Fremden* steht einem Alltagsverständnis sowie pädagogischen Konzepten entgegen, die davon ausgehen, Fremdes könne verstanden, integriert oder angeeignet werden. Nach Waldenfels ist diese Vorstellung eine Illusion, da das Fremde nicht einfach ein Anderes ist, das als Abgrenzung vom Selben entsteht. Im Unterschied zu Bucks negativer Erfahrung (vgl. Buck 1981) entsteht die Erfahrung des Fremden für Waldenfels nicht in der Enttäuschung oder Negation eines bereits bestehenden Erfahrungshorizontes, er spricht vielmehr davon, dass das Fremde „vor dem Gegensatz von Ja und Nein" anzusiedeln sei (Waldenfels 1997, S. 26). Das Fremde beschreibt er als paradoxe Irritation, die über die Affirmation und Negation bestehender Ordnungen hinausgeht, die „Außerkraftsetzung einer Ordnung" (ebd., S. 85) mit sich bringt und die Unterscheidbarkeit zwischen Ja und Nein, zwischen richtig und falsch aufhebt.

2 Bei Lehmann (2016) wird das Ästhetische nicht länger über ein Differenzkriterium bestimmt, sondern als Ergebnis ästhetischer Urteile, die in einer Praxis der Wahrnehmungsvergleiche entstehen und immer von individuellen und kontextgebundenen Empfindungs-, Übertragungs- und Reflexionswerten abhängig sind. Eine entsprechende Definition ermöglicht eine flexible und kontextgebundene Bestimmung des Ästhetischen, die sich nicht in einem Widerstreit zwischen Erfahrungen des Subjektes oder den Eigenschaften des Objektes positionieren muss, weil in ihr beide Elemente als essentielle Bestandteile eines Wechselverhältnisses gedacht werden.

dem sich ähnlich wie in dem in diesem Band vorliegenden Beitrag zum außerschulischen Lernort Bauernhof (vgl. Gebhard et al.) Schüler*innen an einem außerschulischen Ort eigene Erfahrungen und Beobachtungen sammeln. Feldforschungen als spezifischer empirischer Forschungsansatz beinhalten im sozialwissenschaftlichen Kontext, dass sich Forschende in den Lebensraum von Kulturen, Milieus oder Gruppen begeben, um deren Alltag und kulturelle Praxen zeitweise zu teilen. Die in diesem geteilten Erfahrungsraum gemachten Beobachtungen sollen den Forschenden Erkenntnis über den jeweiligen Forschungsgegenstand ermöglichen. Das „Feld" ist hier mit Bourdieu (1997) als Summe sozialer Praktiken innerhalb eines differenzierten gesellschaftlichen Bereichs zu sehen, in dem für diesen Gesellschaftsausschnitt spezifische Spielregeln für das soziale Verhalten gelten. Erkenntnisse werden so nicht auf der Grundlage von Textquellen oder Berichten dritter, sondern auf der Basis eigener Beobachtungen und Erfahrungen entwickelt.

Im Kontext dieses Praxisbandes zur Verknüpfung von Natur, Wissenschaft und Theater ist hier vor allem die eingangs formulierte Frage relevant, wie sich ästhetische Zugänge zu einem Forschungsfeld wie einem Bauernhof oder einem anderen außerschulischen Ort überhaupt gestalten lassen. Ich möchte daher im Folgenden vor allem die in der Fallstudie entwickelten Praxisansätze für eine theaterästhetische Aufarbeitung von Beobachtungen und Diskursen in einem Forschungsfeld näher beleuchten und damit Anregungen geben, wie sich eine entsprechende Unterrichtspraxis gestalten lässt. Dabei fokussiert sich der Ausschnitt der hier dargestellten Anregungen vor allem auf die Phase theaterorientierter Arbeit, namentlich die Frage danach, wie nach einer bereits erfolgten Feldforschung am außerschulischen Lernort der Einstieg in einen theaterästhetischen Probenprozess gefunden werden kann, der die im Rahmen der Feldforschung gemachten Beobachtung produktiv nutzen will. Ich gehe daher davon aus, dass im Vorfeld zu den hier beschriebenen Ansätzen mit den Schüler*innen an einem außerschulischen Ort geforscht und dabei verschiedenes Material gesammelt wurde – Erlebnisberichte zum Geschehen vielleicht, Zeichnungen oder Fotos von Bewegungen oder Handlungen, die beobachtet werden konnten, Mitschriften oder Aufnahmen eines Interviews, Videos und Soundaufnahmen oder vielleicht Bilder von Situationen, Objekten und Personen (entsprechende Beobachtungs- und Handlungsaufträge finden sich in diesem Band im Beitrag „Schweine-Theater" von Gebhard et al.).

2. Anregungen für die Praxis

2.1 Sichtung des Materials und Reflexion der Beobachtungen

Die Schüler*innen sind nach ihren Erkundungen am außerschulischen Ort zurück aus dem Feld, erschöpft vielleicht von einer möglicherweise langen und ungewöhnlichen Unterrichtserfahrung, eventuell noch etwas aufgewühlt von ihren Eindrücken und Erfahrungen. Gerade bei einer großen Gruppe wird die Fülle an gesammeltem Material auf den ersten Blick entsprechend unüberschaubar sein. Es geht in einer ersten Sichtung folglich nicht darum, jeden einzelnen Aspekt und jede Notiz in ihrer Gänze zu betrachten, sondern bereits um eine erste bewusste Selektion. In die Fragen „Was ist uns eigentlich begegnet?" und „Welche konkreten Materialien haben wir mitgebracht?" mischen sich also auch beispielsweise folgende Perspektiven: „Welche Aspekte haben uns *wirklich* interessiert?", „Was war ästhetisch besonders eindrücklich oder auffällig?", „Was hat uns total überrascht und ist allein deswegen schon erzählenswert?". Dabei kann es produktiv sein, Beobachtungen und Materialien bereits nach unterschiedlichen ästhetischen Elementen zu sortieren, um später einen übersichtlicheren Zugriff auf das vorhandene Material zu ermöglichen (siehe Tabelle 1). Außerdem kann das Material auf Leerstellen geprüft werden. Vielleicht wurde ein Auftrag vergessen auszuführen, ein wichtiger Interviewpartner ist erkrankt oder während der Exkursion im Feld ist eine neue zentrale Frage aufgetaucht, zu welcher unbedingt noch einmal nachrecherchiert werden soll. Hier kann sich auch ein Reflexionsgespräch anschließen, das die Schüler*innen ihre Wahrnehmungen im Forschungsfeld vergleichen und kontextualisieren lässt. Mit Lehmann gehe ich davon aus, dass sich ästhetische Bildung vor allem in einer Praxis der Wahrnehmungsvergleiche realisiert und Schüler*innen dazu eingeladen werden sollten, sich damit auseinanderzusetzen, was sie in ihrer Wahrnehmung beeinflusst und wie sie ihre eigenen und fremden Wahrnehmungen bewerten und einordnen[3]: Wie werden die Eindrücke und Erfahrungen im Feld individuell bewertet und welche Wertesysteme und Vorstellungen haben das Denken, Fühlen und Handeln geprägt? An welcher Stelle wurden Erwartungen erfüllt und warum, glauben die Schüler*innen, hatten sie diese Erwartungen? Wo sind Dinge ganz anders gelaufen und haben überrascht? Wie hat diese Erfahrung

3 Lehmann (2016) spricht in diesem Zusammenhang von Empfindungs-, Übertragungs- und Reflexionswerten innerhalb von Wahrnehmungen. *Empfindungswerte* beschreiben die mit einer Wahrnehmung geknüpften individuellen Empfindungen und Gefühle, *Übertragungswerten* kulturelle Werte, mit denen bestimmte ästhetische Artefakte oder Phänomene besetzt werden (z. B. Brille als Zeichen von Intelligenz). Unter *Reflexionswerten* wiederum versteht Lehmann die Zuschreibung bestimmter Werte auf spezifische wahrnehmbare Elementen über größere Theorien, Texte oder Erzählungen (z. B. Symbolfarben).

individuelle Sichtweisen verändert? Wie unterscheidet sich der eigene Blick auf das Feld von dem der Menschen, die sich dort selbstverständlich bewegen – und woran liegt das?

Tabelle 1: Sichtung und Aufarbeitung von Material aus dem Feld

Sichtung und Reflexion
1. Welche Erfahrungen haben wir persönlich gemacht? Welche Eindrücke fand ich spannend/schön/ ..., welche nicht? Was hat mich begeistert, was überrascht? In welchem Verhältnis stehen meine Erwartungen zu dem, was tatsächlich erlebt wurde? Wie unterscheidet sich der Blick der Menschen im Feld von meinem eigenen? Wie haben wir selbst das Geschehen im Feld beeinflusst? (Gemeinsamer Austausch)
2. Welche konkreten Beobachtungen haben wir gemacht? Welches Material haben wir zu unseren Beobachtungsaufträgen mitgebracht? (Anlegen eines Mindmaps oder Wandzeitungen, in denen das Material nach unterschiedlichen Kategorien einsortiert wird)
• Welche Handlungen und Bewegungen haben wir beobachtet? Was war davon besonders interessant oder ungewöhnlich?
• Welche Objekte, Kostümteile, Gegenstände oder Materialien sind uns begegnet? Was davon haben wir mitbringen können? Was davon würden wir gerne für die Proben besorgen?
• Welches Textmaterial wurde gesammelt? Welche Teile davon scheinen uns so interessant, dass wir sie transkribieren wollen?
• Welche spannenden Audioaufnahmen wurden gemacht? Welche Geräusche und Sounds oder Songs sind uns begegnet? Sind die Tonaufnahmen so gut, dass wir sie laut abspielen könnten?
• Welche interessanten Fotos haben wir aufgenommen? Eignen sie sich zur Projektion?
• Welche Teile des Videomaterials sind besonders spannend? Eignen sie sich zur Projektion?
• Welche Hinweise, Informationen oder Spuren sind uns im Feld begegnet, die wir über zusätzliche Recherchen gerne weiter ausarbeiten würden?
• Wie können wir dieses gesammelte Material am besten zugänglich machen und so aufbereiten, dass wir es für Proben nutzen könnten?

Eine Spielleitung kann in dieser gesamten Arbeitsphase zuerst einmal die gedankliche Folie „Theater“ außer Acht lassen, denn inwieweit und in welcher Form die Materialien später tatsächlich verwendet werden können, wird sich erst im eigentlichen Probenprozess zeigen. In erster Linie geht es um eine Bestandsaufnahme dessen, was während der Feldforschung wichtig und interessant genug erschien, es in irgendeiner Art und Weise festzuhalten.

2.2 Entwicklung szenischer Interpretationen

An die Aufarbeitung und Vergegenwärtigung der Eindrücke aus den Feldbeobachtungen schließt sich der eigentliche Probenprozess an, die szenische Interpretation des Materials. In dieser Phase geht es im Wesentlichen um eine Weiterbearbeitung „des im Feld erhobenen Materials, wobei ästhetische Produkte entstehen, die den Erfahrungsprozess und die Erkenntnisse widerspiegeln bzw. weitere Erfahrungen ermöglichen. Dabei geht es nicht darum, einen bestimmten Ausschnitt der äußeren Welt zu rekonstruieren, sondern um die Konstruktion einer erweiterten Vorstellung von Wirklichkeit, in die bisherige Erfahrungen und Wissensbestände integriert bzw. neu bewertet werden" (Brenne 2008, S. 4).

Eine Aufgabenstellung, die Schüler*innen zu einem entsprechenden Prozess einlädt, bedarf zum einen einer grundsätzlichen Offenheit, um kreative Prozesse in Gang zu bringen. Diese ist vor allem auch dann wichtig, wenn wir der didaktischen Setzung folgen, dass das Einbrechen von Momenten der Fremderfahrungen in den pädagogischen Prozess als prinzipiell sinnvoll und bildungswirksam angesehen wird (vgl. Koller 2012). Eine zu große Offenheit führt jedoch gleichzeitig dazu, dass Schüler*innen in der Entwicklung ihrer Ideen von *institutionsbezogenen Irritationen* (vgl. Gebhard et al. 2018) eingenommen sind. Dabei gehen viele mögliche weitere Wege, Material zu bearbeiten, verloren, das ästhetische Potenzial bleibt weitgehend ungenutzt, da es den Schüler*innen nicht leichtfällt, ohne dezidierte Aufforderung in einen wirklich spielerischen Umgangsmodus mit dem Material zu kommen, Sinn über scheinbar Unsinniges zu produzieren, unterschiedliche Möglichkeiten der Materialbearbeitung auszuprobieren und umzusetzen. Daher bedarf es auf der anderen Seite auch ganz konkreter *Stärkungselemente* (vgl. Sons 2017), die den Schüler*innen Orientierung und Reibungsfläche im künstlerischen Arbeiten bieten. Der Möglichkeitsraum des generellen Ergebnisses muss in der Phantasie dementsprechend zwar erst einmal sehr offen gefasst werden, dann aber konkrete Angebote für das *wie* der Ausgestaltung liefern, an denen sich die Schüler*innen orientieren können. Den Teilnehmenden soll schließlich dabei geholfen werden, das Gesammelte so zu bearbeiten und zu präsentieren, dass es produktive Anknüpfungspunkte für Probenprozesse liefert.

Als anfängliche Aufgabenstellung könnte so beispielsweise sehr offen formuliert werden: „Was könnt ihr mit diesem Material machen? Entwickelt und präsentiert eure Ideen."

Schwieriger gestaltet sich dann aber die Frage danach, was die Spielleitung den Schüler*innen für den Entwicklungsprozess mit an die Hand geben kann, um das ästhetische Potenzial von im Feld gesammeltem Material tatsächlich zu Tage zu bringen. Um Orientierungspunkte zu schaffen, an denen sich die Schüler*innen abarbeiten oder produktiv reiben können, oder über die sie zumindest einen Eindruck davon erhalten, wie vielfältig sich ein Möglichkeitsraum für die zu entwickelnden Präsentationen ausgestalten kann, habe ich die in der Fallstudie beobachteten Präsentationen von Schüler*innen und Künstler*innen unter einer rekonstruktiv-didaktischen Perspektive betrachtet. Sämtliche Präsentationen wurden auf die impliziten ästhetischen Verfahren hin befragt, die die Akteure zur Entwicklung der szenischen Ideen jeweils angewendet hatten.

Im zweiten Schritt wurden diese in konkrete Handlungsaufträge überführt, die sich als Aufgabenstellungen in Vermittlungsprozessen würden anwenden lassen. Das entsprechende Entwicklungsschema sieht beispielhaft so aus:

Tabelle 2: Entwicklungsschema Aufgabenstellungen

Präsentierte Idee	Rekonstruiertes ästhetisches Verfahren	Entwickelte Aufgabenstellung
„Ich wollt, ich wär ein Huhn" wird als Jingle eingespielt.	Popkulturelles Zitat mit inhaltlich-assoziativer Anknüpfung an Szene.	Findet einen Popsong oder Schlager, der textlich an das Forschungsfeld anknüpft.
Sequenz aus Jagdposen, die reihum improvisiert werden – jeweils ein Jäger präsentiert seine Beute in einer Triumph-Pose und steckt ihr einen „letzten Bissen" in den Mund.	Jagdposen mit letztem Bissen: Überhöhung eines im Feld zentralen dramaturgisch wichtigen Moments durch eine Serie von Standbildern.	Entwickelt eine Serie von Standbildern zu einem im Feld wichtigen Moment.
Eine Performerin serviert den Zuschauern kleine rote Kapseln, die sie als Gelee Royale bezeichnet.	Behauptung eines Alltagsobjekts als ein für das Feld bedeutsames, aber in der Feldforschung nicht angetroffenes Objekt.	Über welches ungewöhnliche Objekt wurde im Feld gesprochen, von dem wenige Leute wissen, wie es genau aussieht/was es ist? Findet einen Alltagsgegenstand, von dem ihr behauptet, dass es sich um dieses Objekt handelt.

Aus den bei Künstler*innen und Schüler*innen beobachteten Ideen und szenischen Ansätzen ergibt sich mit Hilfe eines entsprechenden Verfahrens eine Fülle an Aufgabenstellungen, die als potenzielle Bausteine einer szenischen Auswertung eingesetzt werden können (vgl. Tabelle 3 bis 9). Ein „Baukasten" solcher Aufgabenstellungen könnte im eigenen Forschungsprozess ständig erweitert werden, wenn Ideen präsentiert werden und nach dem obigen Schema dahingehend befragt werden, welche generellen Verfahren ihnen eigentlich zu Grunde liegen. Der mögliche Einsatz dieser Aufgabenstellungen wäre als Angebot zu denken, aus dem die Schüler*innen auswählen, was sie spontan anspricht oder zum erhobenen Material einen guten Zugriff erlaubt.

Es wird in der konkreten Arbeit an der szenischen Präsentation dabei vermutlich vor allem wichtig sein, die Gruppen dazu zu ermutigen, Ideen nicht zu verwerfen, weil sie noch nicht realisierbar scheinen. Wenn sich z. B. ein Material nicht so schnell organisieren lässt, könnte alternativ mit einem Bild davon gearbeitet werden oder einer Art Platzhalter. Produktiv ist auch, die Arbeitszeit aufzuteilen, um zwischen zwei Arbeitsblöcken zu ermöglichen, dass Dinge zusätzlich organisiert, recherchiert oder vorbereitet werden können. Besonders wichtig erscheint in meinen Augen auch, Schüler*innen darin zu bestärken, Fremdheit und Unzugänglichkeit der gemachten Erfahrungen und des Materials bestehen zu lassen. Denn unter dem vermeintlichen Anspruch als Gruppe ein rundes, durchweg verständliches und konsensbasiertes Ergebnis präsentieren zu müssen, werden Unzugänglichkeiten schnell „glattgebügelt". Dass der Anspruch ethnografische Feldforschung zu betreiben, aber nicht darin besteht, Eindeutigkeiten zu produzieren, scheint bereits bei Geertz auf (vgl. Geertz 1987, S. 43). Aber auch aus Perspektive einer Didaktik ästhetischer Bildung und dem künstlerisch-ästhetischen Anspruch des Faches Theater heraus, wären Eindeutigkeiten nicht unbedingt erstrebenswert. Didaktisch gesehen liegt, wie mehrfach beschrieben, im Fremden, Liminalen, Uneindeutigen und Differenten ein großes Potenzial, Bildungsprozesse in Gang zu setzen – und auch ästhetisch bergen diese Aspekte wichtige Lernfelder und eigene ästhetische Qualitäten, mit denen sich Schüler*innen im Theaterunterricht auseinandersetzen sollten. Die Spielleitung kann hier Jugendliche ermutigen, im Entwicklungsprozess Widersprüchlichkeiten bestehen zu lassen und nicht jede szenische Idee von allen Seiten für die Arbeitsgruppe oder ein Publikum „wasserdicht" und „leicht verständlich" zu gestalten, eine Tendenz, zu der sich die Schüler*innen in der empirischen Untersuchung offensichtlich hingezogen fühlten.

Im Folgenden finden sich nun die nach dem obigen Schema entwickelten Aufgabenstellungen für die ästhetische Bearbeitung des im Feld gesammelten Materials:

Tabelle 3: Aufgabenstellungen zum Schwerpunkt Figuren und Kostüme

Figuren und Kostüm
• Welche Figuren sind euch im Feld begegnet? Entwickelt ein reduziertes, zeichenhaftes Kostüm für eine solche Figur, das mit Materialien arbeitet, die euch im Feld begegnet sind.
• Schreibt einen Text, der aus Teilen des aufgenommenen Interviewmaterials besteht. Tragt nun den Text vor und versucht dabei, Sprechhaltung und Sprechgestus des Interview-Partners so gut es geht zu imitieren. Könnt ihr zusätzlich Material, Bewegungen oder Handlungen nutzen, um die Figur des Experten weiter zu karikieren?
• Präsentiert eine Figur aus dem Forschungsfeld, die ihr über einen starken körperlichen Einsatz auf der Bühne verkörpern könnt.
• Behauptet, ihr selbst seid eine Expertin, die ihr im Feld getroffen habt: Benutzt dazu ein zeichenhaftes Kostüm, das die Rolle der Expertin unterstreicht und »beweist« eure Expertenschaft in Form von Objekten und Dokumenten, die ihr dem Publikum präsentiert.
• Masken: Recherchiert im Internet, ob ihr eine Maske findet, die ihr benutzen könntet, um eine Figur, die euch im Feld begegnet ist, darzustellen. Präsentiert die Ergebnisse.

Tabelle 4: Aufgabenstellungen zum Schwerpunkt Präsentationsformen

Präsentationsformen
• Sucht bewusst nach einem Präsentationsformat, das im Gegensatz zu den verhandelten Inhalten steht. Präsentiert zum Beispiel einen traurigen Inhalt in einem unterhaltsamen Format oder anders herum. Überlegt welche Formate ihr aus Alltag, Fernsehen oder Medien kennt – könnt ihr diese in eurer Präsentation »zitieren«?
• Entwickelt eine Situation, die es Zuschauern ermöglicht eine Erfahrung, die ihr selbst im Feld gemacht habt, so gut das möglich ist selbst zu erleben.
• Entwickelt eine Raumanordnung für die Präsentation einer Handlung, die ihr im Feld beobachtet habt. Die Anordnung soll einen Raum zitieren, der nicht dem Feld selbst entstammt.
• Entwickelt eine Idee, wie ihr das Publikum zu Vertretern/Repräsentanten unterschiedlicher im Feld angetroffenen Gruppierungen werden lassen könnt. Wie könnt ihr die Zuschauer aufteilen? Wie wird ihnen die Identität als Repräsentant zugeschrieben? Wie werden sie gekennzeichnet? Wie verteilt ihr die unterschiedlichen Gruppierungen im Raum?
• Entwickelt eine Handlungsanweisung, mit der ihr das Publikum dazu bringt, ein Ereignis/Erlebnis/Moment aus dem Feld gemeinsam mit euch zu inszenieren.
• Entwickelt ein Regelwerk für ein Theaterspiel im Raum, mit dem ihr einen im Feld beobachteten Vorgang/Ereignis inszeniert.

Tabelle 5: Aufgabenstellungen zum Schwerpunkt Figuren und Kostüme

Biografische Bezüge in Texten produzieren
• Sucht euch einen Aspekt aus dem Forschungsfeld, den ihr persönlich entweder stark ablehnt oder sehr gut findet. Schreibt einen Text, der nun auf ironisch/satirische Weise genau eure Gegenposition einnimmt: Findet ihr den Aspekt gut, macht der Text diesen Aspekt schlecht –und umgekehrt. Der Text kann sich z. B. folgender Formen bedienen: Manifest, Werbetext, behördliche Warnung, politische Rede, Kolumne, Kommentar, Beschwerdeschreiben, …
• Schreibt ein Statement zu einem für das Feld zentralen Aspekt: Was bedeutet dieser Aspekt für euch persönlich – und wie sähe dieser Aspekt für euch im *Ideal*fall aus?
• Schreibt einen Erfahrungsbericht über etwas, was ihr selbst erlebt habt und das mit einem für das Feld zentralen Motiv zu tun hat.
• Entscheidet euch für einen Aspekt, der für das Feld zentral ist und mit dem jeder von euch schon mal etwas zu tun hatte. Schreibt dann Erfahrungsberichte zu euren persönlichen Erlebnissen mit diesem Aspekt. Bringt einen Gegenstand mit, der mit diesem Erlebnis zu tun hat und erzählt nacheinander anhand des Gegenstands eure Geschichte.

Tabelle 6: Aufgabenstellungen zum Schwerpunkt Inhalte aufarbeiten

Informationen und Inhalte aufarbeiten
• Recherchiert zusätzliche Fakten zu einem zentralen Thema des Forschungsfeldes.
• Recherchiert und präsentiert ein Schaubild, das Hintergrundwissen der Experten im Feld beinhaltet und das Richtlinien/Parameter für das Verhalten der Experten im Feld vorgibt.
• Welches Thema ist für euer Forschungsfeld strukturell relevant? Verdichtet eure Beobachtung im Feld zu einem Text, der sich mit diesem Thema beschäftigt.
• Recherchiert, welche weiteren kulturellen »Versionen« von im Feld beobachteten Handlungen oder Ereignissen existieren – in anderen gesellschaftlichen Kontexten, an anderen Orten oder in anderen Ländern. Haltet einen kleinen Vortrag zu euren Ergebnissen.
• Recherchiert eine Statistik, die einen Bereich des Feldes beleuchtet, der bei der Feldforschung selbst nur sehr am Rand eine Rolle gespielt hat.
• Recherchiert eine Kurzgeschichte zu einem zentralen Motiv aus dem Forschungsfeld und überlegt euch eine besondere Raumanordnung, in der ihr diese Geschichte verlest.
• Überlegt, an welchen Ausschnitt des Forschungsfeldes ein ethisch heikles Thema geknüpft sein könnte. Entwickelt eine Szene, die den im Feld angelegten heiklen Aspekt hervorhebt, indem sie die tatsächlich beobachtete Realität zuspitzt, übertreibt oder radikalisiert. Vielleicht findet ihr zusätzliche Texte oder Materialien, die das unterstützen können. Traut euch, darin zynisch, »böse« oder politisch inkorrekt zu sein.
• Findet eine im Feld zentrale Handlung, bei der sich Hierarchien oder grundlegende Verhältnisse umkehren lassen. Entwickelt eine Szene, die mit dieser Umkehrung spielt und bezieht dabei ein reales Objekt aus dem Feld ein.

Tabelle 7: Aufgabenstellungen zum Schwerpunkt Körpereinsatz

Körpereinsatz
• Auf welches Element aus dem Feld entsteht eine neue und oder interessante Perspektive, wenn ihr es mit einem menschlichen Körper ersetzt? Entwickelt eine Präsentation, bei der genau dieses Ersetzen zentral ist.
• Welche nicht-menschlichen Elemente wie Tiere, Maschinen oder große Objekte waren im Feld wichtig? Entwickelt eine Verkörperung für solch ein Element über Bewegung und einfache Kostümteile.
• Recherchiert Bild-/Fotomaterial, das im Feld beobachtete Vorgänge oder Bewegungen abbildet. Präsentiert diese Bilder und kopiert das jeweils auf dem Bild Sichtbare in einem Standbild oder einer Bewegung.
• Wiederholt einen Vorgang aus dem Feld live auf der Bühne – dieser Vorgang sollte eine sinnliche Komponente haben: etwas im Raum erzeugen, was ihr riechen, hören, fühlen, sehen, schmecken, … könnt.
• Entwickelt eine Serie von Standbildern zu einem im Feld wichtigen Moment.

Tabelle 8: Aufgabenstellungen zum Schwerpunkt Material aus dem Feld nutzen

Material aus dem Feld nutzen
• Welcher besondere Gegenstand im Feld hat das Potenzial, bei Menschen starke Affekte hervorzurufen (wie Ekel, Zuneigung, Abneigung, Angst, ...)? Bringt diesen Gegenstand entweder real oder repräsentiert über ein Bild/Video auf die Bühne.
• Über welches besondere oder ungewöhnliche Objekt wurde im Feld gesprochen, von dem wenige Leute wissen, wie es genau aussieht/was es ist? Findet einen Alltagsgegenstand, von dem ihr behauptet, dass es sich um dieses Objekt handelt.
• Welchen ungewöhnlichen Dingen seid ihr im Feld begegnet? Findet ein Alltagsobjekt, das einem realen Artefakt aus dem Feld in Form und Beschaffenheit ähnelt, es aber offensichtlich nicht ist, und behauptet, dass dieses Objekt das reale Artefakt aus dem Feld ist.
• Wählt ein großes Objekt, dem ihr im Feld begegnet seid und macht dieses Objekt zu einem realen Element eurer Szenografie.
• Überlegt, welches Artefakt aus dem Feld entweder über seine Materialität oder die Themen, die wir damit assoziativ verbinden, einen emotionalen Effekt erzeugen kann wie Ekel, Betroffenheit, Angst, Faszination, ...
• Wählt einen besonderen Aspekt, ein besonderes Objekt aus eurem Forschungsfeld und recherchiert: Wo findet ihr außerhalb des Feldes ähnliche Aspekte oder Objekte, die zwar Gemeinsamkeiten mit denen aus dem Feld haben, sich aber auch von ihnen unterscheiden? Findet eine Form, wie ihr die Ergebnisse in Serie präsentieren könnt.
• Über welche Vorgänge wurde im Feld gesprochen, die ihr aber nicht real beobachten konntet? Benutzt Material, das ihr tatsächlich im Feld gefunden habt, um diese Vorgänge in einer Interaktion mit Publikum sichtbar zu machen.

Tabelle 9: Aufgabenstellungen zum Schwerpunkt Einsatz von Medien

Einsatz von Medien
• Findet einen Popsong oder Schlager, der textlich an das Forschungsfeld anknüpft.
• Was war das Besondere/Eindrücklichste am Forschungsfeld? Filtert genau solche Videoaufnahmen aus dem gesammelten Material, die diese Besonderheit am besten wiedergeben.
• Schneidet Interview-Schnipsel rhythmisierter zusammen, so dass eine Art Hip-Hop oder Rap-Clip entsteht. Vielleicht könnt ihr den Clip auch zusätzlich mit Musik unterlegen.
• Verdichtet das gefilmte Interview zu einem kurzen Clip, der lediglich die zentralen Informationen beinhaltet.
• Verdichtet gefilmtes Material zu einem Clip, der lediglich die Protagonisten des Feldes zeigt.
• Über welche Vorgänge wurde im Feld gesprochen, die ihr aber nicht real beobachten konntet? Recherchiert und präsentiert ein kurzes Video, das einen solchen Vorgang zeigt.
• Schneidet einen Clip mit relevanten oder absonderlichen Teilen des aufgenommenen Interview-Materials. Unterlegt den Clip mit Musik (ohne Gesang) oder Sounds, die in Verbindung mit dem Feld stehen könnten.
• Wählt ein zentrales Motiv aus den im Feld gemachten Videoaufnahmen, das ihr in Endlosschleife abspielen könnt. Findet für die Projektion dieser „Videotapete" einen Gegenstand oder Material, das etwas mit dem Forschungsfeld oder eurem Thema allgemein zu tun hat und das dennoch eine gute Sichtbarkeit des Videos ermöglicht.
• Verdichtet die Tonaufnahmen aus dem Feld zu einer Soundspur, die die Atmosphäre im Feld wiedergibt.
• Recherchiert über youtube oder vimeo Videoclips, die einen für euer Feld zentralen Vorgang in anderen Kontexten oder Umgebungen zeigen.
• Sichtet das im Feld aufgenommenen Videomaterial und entscheidet, wo es euch gelungen ist, damit zentrale Motive einzufangen. Schneidet diese Sequenzen zu einem Videoclip.
• Schneidet aus dem aufgenommenen Interviewmaterial die ungewöhnlichsten, überraschendsten oder skurrilsten Aussagen zu einem kurzen Audioclip zusammen.

2.3 Zwischenpräsentation und Auswertung

Über die benannten Aufgabenstellungen werden in Kleingruppen Präsentationen von ästhetischem Material und damit verbundenen Diskursen entwickelt. Die so aus den Feldbeobachtungen entstehenden Präsentationen stellen wiederum einen wichtigen Punkt im Probenprozess dar, da sie zum ersten Mal den Möglichkeitsraum dessen eröffnen, wohin sich der weitere Prozess entwickeln könnte:

> „Durch die anschließende Zusammenführung und Präsentation der ‚künstlerischen' Feldforschungsergebnisse entsteht eine Übersicht über den Verlauf des ästhetischen Prozesses, der dadurch kommunikabel wird. Diese Phase steigert den Prozess der Erfahrungsbildung durch den kommunikativen Austausch über das Erlebte im Gruppenprozess" (Brenne 2008, S. 4).

Es geht darum, dass die Präsentationen einen Kommunikationsraum eröffnen, der greif- und diskutierbar werden lässt, welche im Feld gefunden Materialien für die Gruppe von weiterem Interesse sind bzw. sein könnten. Eine Spielleitung sollte dies bereits im Vorfeld transparent machen und auch deutlich kommunizieren, dass der Anspruch an diese Zwischenpräsentationen nicht der einer Aufführungen fertiger Szenen ist, sondern vielmehr einer Materialschau gleichkommt. Die folgende Regelsammlung für die Zwischenpräsentationen kann den Schüler*innen helfen, sich dies in der Probenpraxis zu vergegenwärtigen:

Tabelle 10: Regeln für die Zwischenpräsentationen

Regeln für die Zwischenpräsentation
• Ein Kommentieren der Präsentation, beispielsweise zur Erklärung weiterer angedachter Details, Hinweise auf Unvollständigkeit oder alternative Vorgehensweisen, sind möglich.
• Die Präsentationen müssen nicht in sich abgeschlossen und perfekt sein – technische oder organisatorische Absprachen werden offen und direkt getroffen.
• Die einzelnen Elemente müssen nicht zwangsläufig inhaltlich oder ästhetisch miteinander verbunden sein, sie können assoziativ verknüpft werden oder einfach lose hinter einander stehen.
• Texte können improvisiert oder abgelesen werden.
• Ein Spiel mit dem Wahrheitsgehalt des dokumentarischen Materials, eine Vermischung von real Beobachtetem und ausgedachten Elementen, Fakten und Fiktion ist möglich.
• Es sollte möglichst konkretes und vielfältiges Material aus der Feldforschung eingebracht werden.
• Zusätzlich zu dem im Feld erhobenen Material können weiteres Material recherchiert und fehlende Fakten ergänzt werden. Eine Vermischung unterschiedlicher Quellen und Autorenschaft ist hierbei nicht zwangsläufig zu kennzeichnen.

Die konkrete Auswertung kann je nach Anzahl der Arbeitsgruppen und der zur Verfügung stehenden Zeit entweder direkt im Anschluss an jede Präsentation erfolgen oder nach zwei oder drei Präsentationen hintereinander. Im Sinne eines Materialsammlungsgedankens stellt sich hierin nicht so sehr die Frage nach detailliertem Feedback, wie einzelne Elemente oder die Präsentation im Ganzen verbessert werden könnten, sondern es steht zuallererst lediglich im Fokus, sich gegenseitig zurückzumelden, welche Ideen besonders spannend waren, welches Material besonders interessant. Die Gruppe filtert so aus dem Gesehenen im gemeinsamen Gespräch, welche präsentierten Ideen und Materialien sie im Probenprozess gerne weiterverfolgen möchte.

Wieder gilt es, hier im Sinne einer Praxis der Wahrnehmungsvergleiche auch Wahrnehmung und Beurteilung von ästhetischen Eindrücken zu schulen: Was hat mir aus welchem Grund gefallen? Dabei sollten die individuell erlebten Wirkungen und Reaktionen auf das Gesehene thematisiert und von der Spielleitung darauf geachtet werden, dass sich das Gespräch in erster Linie auf eine ästhetische und dramaturgische Ebene fokussiert, da die Fallstudie gezeigt hat, dass sich Schüler*innen sehr schnell in inhaltlichen Debatten verlieren und die ästhetischen Aspekte dabei aus dem Blick geraten. Zuletzt kann es im Auswertungsgespräch darum gehen, gemeinsam Schwerpunkte und Leerstellen zu markieren. Welche Themen oder Aspekte tauchen immer wieder auf? Was war uns eigentlich am Thema wichtig oder erschien uns interessant und findet sich jetzt aber gar nicht mehr wieder? Hieran schließt sich der Phantasie- und Möglichkeitsraum, was aus dem Gesehenen perspektivisch entwickelt werden könnte. Er sollte von der Spielleitung gezielt eröffnet werden. Vielleicht können die „Highlights" und „Lieblingsmomente" der Schüler*innen sowie die thematischen Schwerpunkte zuerst gut sichtbar festgehalten werden, um dann in einem zweiten Schritt danach zu fragen: Was könnten wir denn mit diesen einzelnen Elementen weiter anfangen?

Tabelle 21: Feedback zur Auswertung der Zwischenpräsentationen

Feedback zur Auswertung der Zwischenpräsentationen
• Was hat mir in der Präsentation besonders gut gefallen? Was fand ich schön? Was war besonders eindrücklich? Wie komme ich zu diesem Urteil?
• Welche Elemente von den Beobachtungen aus dem Feld wurden zentral gemacht?
• Welche Wirkung hat das Material, das direkt aus dem Feld auf die Bühne gebracht wurde?
• Welche ästhetischen Mittel wurden angewendet? Was haben sie mit dem Material gemacht?
• Welche Inhalte wurden zentral gesetzt?
• Welche mir wichtigen Aspekte unseres Themas haben mir gefehlt? Welches Material könnte genutzt werden, um sie einzubringen?
• Wohin könnte uns dieses Material führen? Was könnten wir daraus entwickeln?

2.4 Weiterentwicklung und Präsentation

Über die weitere Probenarbeit können hier nur skizzenhafte Aussagen getroffen werden – zum einen, da dieser Prozess nicht Teil der empirischen Auseinandersetzung mit dem Datenmaterial war, zum anderen, weil je nach tatsächlichem Forschungsfeld, Gruppenzusammensetzung, Vorerfahrungen, infrastruktureller und zeitlicher Rahmung, getroffener Materialauswahl in den Zwischenpräsentation, etc. sehr unterschiedliche Wege denkbar sind, in deren Richtung der weitere Stückentwicklungsprozess laufen kann.

Da das Theater es als kollektive und kollaborative Kunstform erfordert, *gemeinschaftliche* Lösungen für ein *gemeinschaftliches* Produkt zu entwickeln, das am Ende präsentiert werden kann, wird für den generellen Probenprozess von entscheidender Bedeutung sein, inwieweit es nun gelingt, ein Grundprinzip von kollektiver Autorenschaft zu etablieren, das ermöglicht, frei mit dem von einzelnen Schüler*innen oder Kleingruppen entwickelten Material umzugehen. Daher ist es ratsam, die am Anfang des realen Probenprozesses stehende Zwischenpräsentation nicht direkt von den Gruppen im Detail ausarbeiten und weiterentwickeln zu lassen, sondern als Ideenpool und Materiallager zu nutzen. Nur so wird eine Gruppe nicht in szenische Fragmente von Kleingruppen zerfallen, die sich am Ende nur noch schwer wieder zu einem Ganzen zusammenfügen lassen. Ein möglicher Arbeitsschritt ist in diesem Zusammenhang das Zurückspielen von Material in das Probenkollektiv: Welche spezifischen Elemente der einzelnen Materialpräsentationen können ins Kollektiv zurückgespielt und als Probenaufgabe genutzt werden, über die dann *alle* Beteiligten wiederum neues Material generieren? So könnten beispielsweise folgende Aufgaben für die Gesamtgruppe aus Aspekten einzelner Präsentationen entwickelt werden: In einer Zwischenpräsentation hat eine Person vom Tod des ersten Haustieres berichtet? Alle Schüler*innen werden aufgefordert, einen kurzen Text über den Tod ihres ersten Haustieres zu schreiben (oder eine Geschichte von jemand anderem einzufangen) und entwickeln gemeinsam eine Form, diese Geschichten zu präsentieren. In einer anderen Zwischenpräsentation wurde eine kleine Tanzsequenz mit Tierbewegungen gezeigt? Gemeinsam mit allen wird im Probenprozess eine Bewegungssequenz entwickelt, in die alle Schüler*innen Bewegungsmaterial einbringen können. Wichtig ist natürlich aus didaktischer Perspektive, dass die Spielleitung oder Gruppe aus *jeder* der unterschiedlichen Zwischenpräsentationen Elemente herausgreift, die im Probenprozess weiterbearbeitet werden sollen, damit alle Beteiligten etwas zum kollektiven Prozess beigetragen haben und das Gefühl von Wertschätzung entstehen kann.

Das in solchen vergemeinschaftlichten Einzelelementen entwickelte Material wiederum eignet sich hervorragend als Anlass für Wahrnehmungsvergleiche: Was gefällt mir an der einen Version besser als an der anderen? Warum genau? Was beeinflusst mich in dieser Entscheidung? Was sind unterschiedliche Qualitäten der verschiedenen Versionen? Welche dieser Qualitäten wollen wir weiterverfolgen und vielleicht noch stärken?

Die Spielleitung sollte außerdem ihren Blick immer auch ein Stück weit darauf richten, wo sich in entwickelten Szenen Ansatzpunkte finden, über welche die wahrscheinlich sehr verschiedenen Elemente unterschiedlicher Arbeitsgruppen später zusammengeführt werden können. Gibt es ein Thema, was auch in anderen Szenen gestärkt oder genutzt werden kann, um dort den Fokus zu verschieben? Eine Idee für ein Bühnenbild oder ein Kostüm, die sich gut auf alle Ansätze übertragen lässt? Ein dramaturgisches Format, was in einer Szene angelegt ist und in das sich andere Szenen integrieren lassen? Das gilt auch dann, wenn im weiteren Prozess gar nicht auf ein gemeinsames Endprodukt hingearbeitet werden soll, sondern ein Ergebnis unterschiedliche Spuren verfolgt und deutlich collagenhaft bleibt. Denn auch ein Nebeneinander, Kontrast oder Verschnitt unterschiedlicher Ansätze will erarbeitet und ausdefiniert sein, braucht gegenseitige Bezüge und Entsprechungen, damit die ästhetischen Mittel als solche wahrgenommen werden können und nicht beliebig erscheinen.

Eine der zentralen Herausforderungen wird im gesamten folgenden Probenprozess darin bestehen, einen Spagat zu gestalten zwischen einem Raum, der es ermöglicht, individuelle Spuren und Interessen der Prozessbeteiligten zu verfolgen und einem gemeinsam zu entwickelnden Produkt, was in sich nach einer gewissen Konsistenz verlangt. Durch den sehr offenen Materialsammlungsprozess im Rahmen der Feldforschung und einen didaktischen Fokus auf das Ermöglichen von Fremderfahrungen (siehe oben) erfährt das Spannungsverhältnis in gewisser Weise eine Zuspitzung – es stellt aber letztendlich eine grundlegende Herausforderung von ergebnisoffenen, kollektiven Theaterprozessen dar, die der Spielleitung durchaus aus anderen Kontexten bekannt sein dürfte.

Tabelle 32: Orientierungspunkte für die Weiterarbeit im Probenprozess

Orientierungspunkte
• Welche Elemente einzelner Präsentationen lassen sich als Aufgaben für alle stellen? Welche verbindenden Themen oder Motive finden sich in den unterschiedlichen Szenen? Wie können diese Verbindungen weiter herausgearbeitet werden?
• Welche Formate sind angelegt, die für eine spätere Inszenierungsidee oder Dramaturgie nutzbar sind? Wie ließen sie sich auf andere Szenen übertragen?
• Wie lässt sich die Forschungsfrage weiter konkretisieren oder zuspitzen?
• Wie können individuelle Interessen und Ausdrucksmöglichkeiten im gemeinsamen Produkt ermöglicht werden?
• Welche Möglichkeiten gibt es, Inhalte aus anderen Fächern in den Probenprozess einfließen zu lassen?

Am Ende eines solchen Prozesses kann ein szenisches Produkt stehen, welches als eine Art performativer, „dichter Beschreibung“ (Geertz 1987) ein kulturelles Phänomen ästhetisch beleuchtet. Eine solche Präsentation, die Grundmotive eines ästhetischen wie forschungsbezogenen Interesses aufweist, stellt einen Hybrid dar, in welchem die Orientierungsrahmen Erkenntnisinteresse und Ästhetik miteinander ringen und in einen Verhandlungsraum treten (vgl. Pfeiffer 2018). Manchmal rücken sie damit so weit von einer klassischen Theateraufführung weg, dass sich die Frage stellt, ob die Behauptung einer Aufführung überhaupt den „richtigen“ Vergleichshorizont dafür eröffnet. Denn allein die Ankündigung „Premiere“ oder „Theaterstück“ oder das Bespielen eines Theaterraums gehen unweigerlich mit einer bestimmten Erwartungshaltung des Publikums einher, das auf Grund einer entsprechenden Kontextualisierung zumindest unterschwellig nach Aspekten wie Narration, Geschlossenheit, dramaturgischem und darstellerischem Feinschliff sucht. Wenn Feldforschung auch deswegen zum Teil des theaterpädagogischen Prozesses gemacht wurde, weil unter didaktischer Perspektive nach Ermöglichungsstrategien für Fremderfahrungen gesucht wird, dann würde der Anspruch, Begegnungen mit dem Fremden zu ermöglichen, konsequent weitergeführt zwangsläufig in einem hybriden und schwer einzuordnen szenischen Endprodukt münden:

> „Theater, das sich als Schauplatz des Fremden bestimmt, ist im Grunde stets ein Experimental-Theater. [...] Theater, das geltende Ordnungen in Frage stellt, kann sich nicht in klassische Gewänder hüllen, so publikumswirksam diese auch sein mögen. Es bleibt fremden Ansprüchen verpflichtet, die von sich aus zur Darstellung drängen und kreative Antworten erheischen. Dies betrifft alle, die am Bühnengeschehen beteiligt sind, also auch die mitspielenden Zuschauer" (Waldenfels 2010, S. 250).

Letztlich ist es aber eine Frage dessen, was Spielleitung und Gruppe interessiert und begeistert, denn selbstverständlich muss nicht zwangsläufig auch noch im Produkt versucht werden, Fremderfahrungen zu ermöglichen. Probenprozesse, die auf der Basis von Material aus Feldforschungen entstehen, können auch sehr viel weniger experimentelle Formen entwickeln: ein klassisches Tanzstück, das aus im Feld beobachteten Bewegungen entwickelt wird, ein rein biografischer Abend mit Erlebnisberichten. Vielleicht wird es sogar eine an gängigen dramatischen Formaten entwickelte Bühnenerzählung, die aus den beobachten Inhalten geschrieben wird und ästhetische Elemente aus dem Feld zur Entwicklung von Bühnenbild und Kostümen nutzt.

Für den Kontext Schule und Unterricht bietet der weitere Probenprozess, unabhängig von der entstehenden Form, die Möglichkeit, fächerübergreifend verfolgt zu werden. Dies könnte entweder formell als dezidierte Kooperation unterschiedlicher Fächer geschehen – oder aber auch informell, indem die Schüler*innen gezielt danach gefragt werden: Was könnten Inhalte aus anderen Fächern, mit denen ihr euch gerade beschäftigt oder bereits beschäftigt habt, mit unserer Forschungsfrage und unserem Projekt zu tun haben? Impulse aus unterschiedlichen Fächern wie Philosophie, Deutsch, Sport, Geschichte, Kunst, Biologie oder Physik könnten so in das Projekt einfließen und den Probenprozess im Fach Theater zu einem Ort für Wissenstransfer machen, ohne große curriculare Abstimmungsprozesse vorauszusetzen.

Literatur

Bähr, Ingrid/Gebhard, Ulrich/Krieger, Claus/Lübke, Britta/Pfeiffer, Malte/Regenbrecht, Tobias/Sabisch, Andrea/Sting, Wolfgang (2018): Irritation und Bildung. Didaktische Wendung der Denkfigur transformatorischer Bildungsprozesse. In: Bähr, Ingrid/Gebhard, Ulrich/Krieger, Claus/Lübke, Britta/Pfeiffer, Malte/Regenbrecht, Tobias/Sabisch, Andrea/Sting, Wolfgang (Hrsg.): Irritation als Chance. Bildung fachdidaktisch denken. Wiesbaden: Springer.

Beer, Bettina (2008): Methoden ethnologischer Feldforschung. Berlin: Reimer.

Bourdieu, Pierre (1997): Zur Genese der Begriffe Habitus und Feld. In: P. Bourdieu: Der Tote packt den Lebenden. Hamburg: VSA.

Brenne, Andreas (2008): Künstlerische Feldforschung. Ästhetisch-forschende Zugänge zur Lebenswelt. In: Kunst und Unterricht, H. 320/2008. Seelze: Friedrich-Verlag, S. 4-17.

Buck, Günther (1981): Hermeneutik und Bildung: Elemente einer verstehenden Bildungslehre. München: Fink.

Fischer, Hans (2002): Feldforschungen – Erfahrungsberichte zur Einführung. Berlin: Reimer-Verlag.

Gebhard, Ulrich/Lübke, Britta/Pfeiffer, Malte/Sting, Wolfgang (2018): Antworten auf Irritationsmomente im Biologie- und Theaterunterricht. In: Bähr, Ingrid/Gebhard, Ulrich/Krieger, Claus/ Lübke, Britta/Pfeiffer, Malte/Regenbrecht, Tobias/Sabisch, Andrea/ Sting, Wolfgang (Hrsg.): Irritation als Chance. Bildung fachdidaktisch denken. Wiesbaden: Springer.

Geertz, Clifford (1987): Dichte Beschreibung. Beiträge zum Verstehen kultureller Systeme, Frankfurt a. M.: Suhrkamp.

Hauser-Schäublin, Brigitta (2008): Teilnehmende Beobachtung. In: Beer, Bettina (Hrsg.): Methoden ethnologischer Feldforschung. Berlin: Dietrich Reimer Verlag. S. 37-57.

Kämpf-Jansen, Helga (2001): Ästhetische Forschung. Wege durch Alltag, Kunst und Wissenschaft. Köln: Salon.

Koller, Hans-Christoph (2012): Bildung anders denken. Einführung in die Theorie transformatorischer Bildungsprozesse. Stuttgart: Kohlhammer.

Lehmann, Harry (2016): Gehaltsästhetik. Eine Kunstphilosophie. Paderborn: W. Fink.

Peters, Sibylle (2013): Das Forschen aller – ein Vorwort. In: dies. (Hrsg.): Das Forschen Aller. Artistic Research als Wissensproduktion zwischen Kunst, Wissenschaft und Gesellschaft. Bielefeld: transcript, S. 7–21.

Pfeiffer, Malte (2018): Dritte Räume. Zur Hybridität eines Theaters zwischen Wissenschaft und Kunst am Beispiel des Künstler*innenkollektivs Frl. Wunder AG. In: Hinz, Melanie/Kranixfeld, Michael/Köhler, Norma/Scheurle, Christoph (Hrsg.): Forschendes Theater in Sozialen Feldern. Schriftenreihe Kulturelle Bildung, 62. München: kopaed, S. 161178.

Pfeiffer, Malte (i. E.): Feldforschung als künstlerische Praxis in der Theaterpädagogik. München: kopaed (erscheint 2019).

Reinmann, Gabi/Sesink, Werner (2011): Entwicklungsorientierte Bildungsforschung. Diskussionspapier. Auf: http://gabi-reinmann.de/wp-content/uploads/2011/11/Sesink-Reinmann_Entwick lungsforschung_v05_20_11_2011.pdf (Abfrage: 16.03.2018).

Sons, Eric (2017): Interaktivität und Dinge in der kulturellen Bildung. Theoretische Reflektionen und Ergebnisse einer Grounded Theory der Bildhauerei. Wiesbaden: Springer VS.

Waldenfels, Bernhard (1997): Topographie des Fremden. Studien zur Phänomenologie des Fremden. Frankfurt a. M.: Suhrkamp.

Waldenfels, Bernhard (2010): Sinne und Künste im Wechselspiel. Modi ästhetischer Erfahrung. Frankfurt a. M.: Suhrkamp.

Autorinnen und Autoren

Ulrich Gebhard, Jg. 1951, Dr. phil., ist Professor für Erziehungswissenschaft/ Biologiedidaktik an der Universität Hamburg. Arbeits- und Forschungsschwerpunkte: Bedeutung von Natur für psychische Entwicklung und Gesundheit, Sinndimension schulischer Lernprozesse, Bedeutung von intuitiven Vorstellungen („Alltagsphantasien") bei Bildungsprozessen.

Christian Gefert, Jg. 1967, Dr. phil., Studium der Philosophie, Geschichte und Erziehungswissenschaft; Promotion mit einer Didaktik theatralen Philosophierens an der Universität Hamburg; Regie- und Lehrtätigkeit in unterschiedlichen Performance- und Bildungsprojekten zur Philosophie, gegenwärtig als Schulleiter des Marion Dönhoff Gymnasiums in Hamburg tätig.

Melanie Hinz, Jg. 1980, Dr. phil., ist Professorin für Bildende und performative Künste an der FH Dortmund. Ihre Arbeitsschwerpunkte sind Theater als Soziale Kunst, Probenprozesse, Gender/Queer Studies. Sie ist Gründungsmitglied der Frl. Wunder AG.

Britta Lübke, Jg. 1986, ist wissenschaftliche Mitarbeiterin in der Biologiedidaktik an der Fakultät für Erziehungswissenschaft der Universität Hamburg. In ihrem Promotionsprojekt untersucht sie den Umgang von Schüler_innen mit Irritationsmomenten in einer Unterrichtseinheit zum Thema Gentechnik. Forschungsschwerpunkte: Bildungstheorie, Diskursivität im Biologieunterricht, Alltagsphantasien.

Hannah Claire Kowalski, Jg. 1981, realisiert als Performerin, Dramaturgin, Regisseurin und Theaterpädagogin Performances und Theaterprojekte, u. a. beim FUNDUS THEATER/ THEATER OF RESEARCH und mit der geheimagentur. Promoviert hat sie zu kollektiven Entscheidungsprozessen als performative Praxis.

Eva Meyer-Keller, Jg. 1972, studierte Fotografie, Bildende Kunst und Choreographie. Zu ihren zahlreichen Arbeiten zählen u. a. die Performances DEATH IS CERTAIN (2002 aufgeführt an mehr als 200 Orten weltweit) und SOME SIGNIFICANCE (2017 Pact Zollverein in Essen, Mercat des les Flors in Barcelona). Ihre Arbeitsweise ist von einer konstruktiven Missachtung der Genregrenzen zwischen Bildender und Darstellender Kunst geprägt. www.evamk.de

Hanna Sybille Müller, Jg. 1976, Studium der Tanzpädagogik mit Schwerpunkt Improvisation in Rotterdam sowie Gesellschafts- und Wirtschaftskommunikation in Berlin. Ihr künstlerischer Schwerpunkt liegt in den Wechselbeziehungen von Sprache und Tanz. Aktuelle Arbeiten: REVOLUTIONS (2018 tangente, Montreal, CA) und TRANSPOSITION (2016 Usine C, Studio 303, offta, (CA). www.hannasybillemuller.com

Dörthe Ohlhoff, Jg. 1972, ist wissenschaftliche Mitarbeiterin in der Biologiedidaktik in der Fakultät Erziehungswissenschaft der Uni Hamburg. Ihre Arbeitsschwerpunkte sind Wissenschaftsreflexion und Science Studies im Kontext der Fachdidaktik Biologie und Metaphern und Bilder als reflexiver und ideologiekritischer Zugang zum Wissen der Biologie.

Malte Pfeiffer, Jg. 1982, ist Professor für Ästhetik und Kommunikation in der Sozialen Arbeit an der Hochschule Hannover sowie Mitglied des Theater- und Performancekollektivs Frl. Wunder AG. Seine Arbeitsschwerpunkte liegen in den Bereichen Theaterpädagogik und transdisziplinäre künstlerische Forschung.

Wolfgang Sting, Jg. 1957, Dr. phil., ist Professor für Erziehungswissenschaft/ Theaterpädagogik an der Universität Hamburg. Seine Arbeitsschwerpunkte sind Theorie und Praxis der Theaterpädagogik, Theater und Schule, kulturelle Bildung.